노자와 인생이라는 바둑을 두다

통찰의 발견,
도덕경을 읽는 새로운 즐거움

노자와 인생이라는 바둑을 두다

왕이자 지음
심규호 옮김

라의눈

　『도덕경』을 다시 읽으니 생각이나 시야가 예전과 다르다는 걸 알게 되었다. 전에는 주로 노자가 무슨 이야기를 했는지, 또 전문가들은 어떻게 이야기하고 있는지가 궁금했다. 하지만 이순耳順의 나이가 된 지금은 노자나 전문가들의 주장을 어떻게 볼 것인가? 그리고 그것을 어떻게 평가할 것인가에 관심이 쏠렸다. 이것은 단순한 '자료 정리'가 아니기 때문에 독자적으로 탐색하고 사고할 시간이 필요했다. 나는 그 안에서 나름대로 즐거웠다. 그곳에 오래된 경전에 대한 새로운 해석의 묘미가 존재하기 때문이었다.

　하지만 해독하기에 앞서 노자와 『도덕경』에 대한 간단한 위상 정립, 다시 말해 객관적 평가가 필요했다. 나는 개인적으로 역사에서 '노자'라고 칭해지는 인물이 이이李耳 이외에도 최소 두 사람, 즉 노래자老萊子와 태사담太史儋이 포함된다고 믿는다.[1] 그들은 시간적으로 춘추전국시대에 존재했던 인물로 알려져 있기 때문에 『도덕경』은 당연히 집체 창작물이며, 이이는 최초 편찬자 또는 가장 중

---

1 사마천(司馬遷), 『사기·노자한비열전』, "노자란 이는 초나라 고현 여향 곡인리 사람인데 성은 이씨요, 이름은 이, 자는 백양이고 시호는 담이다. 주나라 수장실의 관리를 했다(老子者, 楚苦縣厲鄕曲仁里人, 姓李氏, 名耳, 字伯陽, 諡曰聃, 周守藏室之史也)." 그러나 사마천은 「노자한비열전」에서 "혹자들이 말하길, 노래자 역시 초나라 사람으로 저서가 열다섯 편 있는데 도가의 쓰임에 대해 말하고 있으며 공자와 동시대 사람이다(或曰, 老萊子亦楚人也, 著書十五篇, 言道家之用, 與孔子同時云)"라고 하였으며, 다시 주나라 태사 담(儋)에 대해 이렇게 말하고 있다. "혹자들은 담이 노자라고 하고 혹자는 아니라고 하는데 세상 사람들은 과연 그러한지 여부를 알지 못한다(或曰儋卽老子, 或曰非也, 世莫知其然否)."

요한 편찬자(이후 누군가에 의해 지속적으로 첨가 또는 수정되었다)라고 보는 것이 비교적 합당하다. 그렇다면 『도덕경』의 요지는 과연 무엇인가? 누군가는 당시 왕후王侯들을 위한 일종의 통어술統馭術이라고 주장하고 또 다른 누군가는 병서 또는 모략서謀略書라고 말하기도 한다. 기본적으로 나는 대다수 학자들의 관점, 즉 『도덕경』이 철학서라는 점에 동의한다. 하지만 다른 이들의 주장도 결코 배제하지 않는다. 이것이 필자가 이 책의 제목을 『노자와 인생이라는 바둑을 두다』로 정하고, 『도덕경』 전체 81장을 굳이 81국局으로 바꾼 근본 이유이다. 이 책에서 이야기하고자 하는 것은 인생에 관한 것이지만 본문 내용에는 바둑을 둘 때의 묘미가 적지 않게 들어가 있다. 바둑을 두다 보면 바둑의 가장 큰 즐거움이 바로 '뒤집기'에 있다는 것을 알게 될 것이다. 물론 이는 바둑판을 뒤집어엎는다는 뜻이 아니라 바둑을 둘 때 고심 끝에 승부가 반전되는 것을 의미한다.

노자의 철학 관점은 순응자연順應自然, 허정무위虛靜無爲, 수유시약守柔示弱 이렇게 세 가지의 큰 범주로 요약할 수 있다. 나는 이와 관련된 내용이 나오는 대로 자세히 논술할 것이다. 하지만 '허정무위'든 '수유시약'이든 간에 이는 모두 당시의 주류 관점에 대한 일종의 뒤집기이자 우리 인생의 판을 뒤집는 것이었다. 유무有無, 고하高下, 강유剛柔, 강약強弱 등에서 대다수의 사람들은 높은 것, 강한 것을 생각할 따름이다. 하지만 노자는 오히려 그 뒷면에 초점을 맞추고 그것을 통해 정면을 실현하고자 했다. 예를 들어 그는 '무위'를 강조했으나 '무위'를 통해 '유위有爲'를 실현하고자 했으며, '유약柔弱'을 표방했으나 '유약'으로 '강강剛強'을 이기고자 했다. 이는 상당히 독특한 역방향의 변증법으로 우리에게 또 다른 시야를 제공하여 또 다른 세계와 인생을 볼 수 있도록 한다.

노자 철학의 정수는 물론 이것만이 아니다. 『도덕경』은 겨우 5천 자에 불과하지만 읽다 보면 여러 차례 뒤집어진다는 느낌을 받기에 충분하다. 물론 뒤집어진다고 하여 머리가 어지러워 방향을 찾지 못할 지경이 되는 것은 아니다. 오히려 세속의 근심과 걱정이 깨 끗이 씻겨 정신이 맑아지게 된다. 일단 노자와 '대국'하기로 한 이 상 설령 그가 천하제일의 고수라고 할지라도 바둑알을 힘차게 두 어야 할 것이다. 나처럼 불민한 사람도 모든 판에서 패할 수는 없으 며 당연히 그에게 배울 것은 배우고, 그가 내 인생에 '큰 뒤집기'를 감행할 때 나 역시 최선을 다해 그와 『도덕경』에 대한 '작은 뒤집 기'를 행해야 할 것이다.

나의 '뒤집기'는 주로 두 가지이다. 하나는 노자의 관점 일부에 대해 의심을 품고 질의를 하는 것이다. 예를 들어 자연에 대한 그의 관점이라든지 천도天道와 인도人道의 관계, 유가에 대한 비판, 논술 시점 당시의 선택적 인지 문제, 그리고 그의 '생각 변화'로 '현황 변 화'를 대체하는 적합성 문제 등이다. 이는 고의로 트집을 잡으려는 것이 아니라 이를 통해 많은 사람들의 주의와 생각을 끌어내어 노 자의 원래 관점을 더욱 확대하고자 함이다.

다른 하나는 주로 관념에 대해서만 이야기하고 사람이나 사례에 대한 언급은 거의 찾아볼 수 없는 『도덕경』의 내용에 대한 뒤집기이다. 나는 세속에 살고 있는 일반적인 사람이기 때문에 세상 사람들에 대해 관심이 많으며, 우리의 삶과 관련이 있는 문제에 특히 흥미를 지니고 있다. 그래서 매 국마다 여러 인물, 예를 들어 유방, 소동파, 증국번, 니체, 프로이트, 아인슈타인 등을 거론했으며, 이외에도 여러 사례들, 예를 들어 부탄 왕국의 행복 지수, 생태계의 균형 문제, 중국과 대만의 관계 등 시사時事나 세상 사람들에 대한 이야기도 곁들였다. 물론 이 책을 집필한 이유는 독자들이 노자의 관점을 정확하게 파악하도록 하는 것이다. 하지만 이외에도 독자들이 노자의 철학을 남김없이 이해하고 깊이 깨달아, 인생과 사회를 객관적으로 인식하는 데 도움을 얻을 수 있기를 바란다. 노자는 여전히 현재의 우리에게 적절한 경고와 인도를 해주기에 충분하다고 여기기 때문이다.

인생은 바둑처럼 매 국이 새롭다. 하지만 바둑의 규칙은 변함이 없고 승부 역시 일정한 맥락을 따르니, 그것이 바로 노자가 말한 '도'이다. 도를 정확하게 파악해야만 인생이라는 바둑을 잘 둘 수 있다. 그렇다면 무엇이 '도'인가? 나는 독자 여러분께서 바쁜 와중에서도 여유를 갖고, 노자가 우리를 위해 펼쳐 놓은 대국의 형세 속에서 '도'를 느껴보시기를 바란다.

왕이자

차례

일러두기

• 혁후어弈後語

'바둑이 끝난 뒤에 하는 말'이라는 뜻으로 쓰인다.

이 책에서 저자는 『도덕경』 매 장을 한판의 바둑에 비유하고 있다.

고수는 단 한 수만 두어도 진가를 알 수 있다

언어로 도를 서술할 수 있다면 영원한 도가 아니다.

영원한 이름이 아니다.

'무'는 천지가 혼돈하여 아직 열리지 않은 시원始原이고

이름을 언어로 한정 지을 수 있다면

'유'는 우주만물이 생겨난 본원이다.

그러므로 항시 '무'에서 도의 오묘함을 살피고

'유'에서 '도'의 종적을 관찰할 수 있다.

'무'와 '유'는 근원은 같고 명칭은 다르나

모두 현묘하고 심원하다고 말할 수 있다.

현묘하고 심원하니 천지만물이 생멸하는 오묘한 문이다.

道可道, 非常道. 名可名, 非常名.
도가도　　비상도　　　명가명　　비상명

無, 名天地之始. 有, 名萬物之母².
무　　명천지지시　　　유　　명만물지모

故常無欲, 以觀其妙. 常有欲, 以觀其徼³.
고상무욕　　이관기묘　　　상유욕　　이관기요

此兩者同出而異名, 同謂之玄4. 玄之又玄, 衆妙之門⁵.
차량자동출이이명　　　　동위지현　　　현지우현　　중묘지문

2 무, 명천지지시. 유, 명만물지모(無, 名天地之始. 有, 名萬物之母): 왕필(王弼)은 '무명, 천지지시, 유명, 만물지모'로 해석한다. '무명', '유명'은 명칭이 있고 없음을 의미한다. 많은 이들이 이를 따랐지만 송대 왕안석(王安石)은 본문과 같이 읽었다. 본문은 '명'을 동사로 보고 '이름하다'는 뜻으로 풀이하였다. 본서의 원문 해석은 기본적으로 저자의 것을 따랐으나 주석은 천구잉(陳鼓應)의 「노자 주역과 평가(老子注譯及評介)」를 참조했다.
3 요(徼): 원래 뜻은 경계나 테두리인데, 여기에서는 파생된 실마리, 단서의 뜻으로 풀이한다.
4 현(玄): 물은 본래 색이 없으나 깊은 물은 검은 색처럼 보인다. 도는 현묘하고 심원하여 가히 추측하거나 추론할 수 없다는 뜻이다.
5 중묘지문(衆妙之門): 도에 근원을 둔 우주만물은 다종다양하여 온갖 현묘함을 드러낸다.

●○

고수는 한 수만 두어도 진가를 알 수 있다. 노자의 첫마디는 비할 바 없이 현묘하다. 인생에 대해 호기심을 갖고 생각하기를 좋아하며, 속세와 주변의 모든 사물이 과연 무엇인지 알고 싶은 사람이라면 분명 그의 첫마디에 빠져들 것이다(노자가 누구인지에 대해 중설이 분분하기 때문에 이하 노자라는 호칭은 『도덕경』을 쓴 모든 작가를 뜻한다).

우주만물은 어떻게 생겨났고 활동하는가? 많은 이들이 그것을 조물주의 전능이라고 여기지만 노자는 '도'라고 답변한다. 하지만 그가 첫머리에서 분명하게 밝힌 것처럼 도는 말로 이야기할 수 있는 것이 아니다. 언어나 문자로 완전하고 정확하게 전달할 방법이 없다는 뜻이다. 왜냐하면 언어는 자체적으로 한계를 지니고 있기 때문이며, 또한 다의적이어서 다양한 해석이 가능하기 때문이다. 노자가 말한 도나 뒤이어 나오는 '무'나 '유'도 모두 '명', 즉 이름이다. 그렇다면 그것의 진정한 함의는 무엇인가? 이 역시 중설이 분분하다. 하지만 내가 생각하기에 이는 노자가 의도적으로 현묘하게 만들고자 했던 것이 아니라, 인류가 여러 가지 문제를 인지하고 탐구할 때 직면하는 곤경을 한마디 말로 타파한 것이다.

혹자는 노자가 첫마디로 "도가도, 비상도道可道, 非常道"라고 했는데도 장황하게 이야기하는 이유가 무엇이냐고 힐난하기도 한다. 일종의 자기모순이 아니냐는 뜻이다. 나는 오히려 이것이 위대한 사상가가 갖춰야 마땅한 풍모이자 자세라고 생각한다. 다시 말해 깊이 사고하고 여러 가지 문제에 대한 자신의 관점을 제시함과 동시에, 타인들에게 자신의 관점이 결코 '절대 진리'라거나 완전무결한 것이 아니기 때문에 언제라도 비평할 수 있음을 상기시켜준다는 뜻이다. 생각건대, 이것이야말로 후생인 우리가 『도덕경』을 읽을 때 마땅히 지녀야 할 태도가 아닌가 싶다. 노자가 아무리 좋은 말을 한다고 할지라도 맹목적으로 모든 것을 받아들일 수는 없다. 당연히 우리 나름대로 고민하고 이것저것 헤아리면서 결점이나 착오가 있을 경우 지적할 수 있어야 한다.

우주만물은 모두 '유', 즉 실물로 존재한다. 그렇다면 '유'는 어디에서 오는 것인가? 사람들은 위로 거슬러 올라가서 흔히 하느님을 이야기한다. 그렇다면 하느님은 또 어디에서 왔는가? 노자는 우주만물의 최초 근원을 '무'라고 했다. 여기서 말하는 '무'는 텅 비어 형체가 없으며, 불가사의한 상태를 의미한다. "'무'에서 '유'가 나왔으며, 다시 하나에서 둘이 생겨나고, 둘에서 셋이 생겨나며, 셋에서 만물이 나왔다"라고 말하고 있다. 그렇다면 '무'에서 어떻게 '유'가 생겨나는가? 답은 바로 '도'이다. 이런 설법은 현묘한 것처럼 보이지만 물리학계의 우주 기원에 대한 관점과 상당히 유사하다. 우주의 밀도는 무한하지만 부피는 무한히 작고 형체나 명칭을 붙일 수 없는 불가사의한 '기점奇點(기이한 한 점)'이다. 빅뱅 이론에 따르면 대략 137억 년 전에 거대한 폭발이 이루어져 부단히 확장되면서 만물이 생겨나기 시작했다. 그 이전에는 아무것도 존재하지 않았다. 심지어 시간조차 존재하지 않았다. 이것이 바로 '무'이다.

노자가 말한 '도', '무', '유'는 알베르트 아인슈타인Albert Einstein의 다음과 같은 말을 상기시키기에 충분하다.

"모든 사물은 모두 우리가 통제할 수 없는 역량에 의해 결정된다. 위로는 수많은 별에서 아래로는 곤충에 이르기까지 그것의 영향력은 미치지 않는 바가 없다. 인류는 물론이고 채소까지 모두 우주의 먼지에 불과하다. 우리는 모두 신비한 음악에 맞춰 춤을 추고 있지만 연주자는 아득하여 헤아릴 수 없다."

아인슈타인이 말한 '연주자'는 기독교에서 말하는 '하나님'을 생각나게 하지만 나는 오히려 그것이 노자가 말한 '도'에 가까우며, 양자가 적지 않게 상통하는 부분이라고 생각한다.

아인슈타인은 우주만상의 배후에 공통된 운행 법칙, 현재 통칭되는 '물리物理'가 존재한다고 여겼다. '물리'는 지향하는 방향이 두 가지 있다. 하나는 '물'로 천상의 수많은 별, 인류, 곤충, 식물 등의 존재물이고, 다른 하나는 '리'로 신비한 음악, 만유인력, 자장, 에너지 등의 법칙이다. '물'은 노자가 말한 '유'이고, '리'는 '무', 즉 무형의 법칙이다. 물질 면에서 우리는 '도'의 종적을 살필 수 있고觀其徼,

법칙 면에서 '도'의 오묘함을 인식할 수 있다觀其妙. 물질과 법칙은 '도'의 양면이다同出而異名. 그렇다면 왜 물질과 법칙이 생겨난 것이고, 어떻게 형성되었는가? 아인슈타인은 신비하고 난해하며, 아득하여 헤아릴 수 없다고 했다. 노자가 말한 '현'과 상통한다.

이렇듯 양자가 유사한 결론을 내리고 있지만 견강부회하여 노자를 현대 물리학이나 우주학의 선지자로 간주해서는 안 된다. 노자는 철학가, 사상가이지 과학자나 물리학자가 아니기 때문이다. 그가 우주 기원과 법칙에 대해 서술한 것은 당연히 철학적이며, 관찰과 사고 속에서 유추한 것이다. 따라서 그 시작과 까닭이 서구의 현대 물리학자들의 이론과 유사한 것은 스위스 심리학자 장 피아제Jean Piaget가 말한 바와 같이 지식의 구조가 심지心智의 구조를 반영하고 있기 때문이다. 고금과 국내외를 막론하고 위대한 인류의 심지는 동일한 문제를 사색할 때 동일한 결론을 얻는 경우가 허다했다. 또한 아인슈타인은 실제로 노자의 독자이기도 했다. 저명한 재미화교 수학자 천성陳省은 미국 보스턴 대학에서 연구할 당시 아인슈타인의 초청을 받아 그의 집을 방문했다. 그런데 서가에 있는 많지 않은 책들 가운데 독일어로 번역된 『도덕경』이 꽂혀 있는 것을 보았다. 천성은 총명한 사람들끼리 서로 아낀다는 말처럼 노자에 대한 아인슈타인의 관심이 그런 듯했다고 말한 바 있다.

하지만 노자의 '도'와 아인슈타인의 '신비한 음악'은 분명 다르다. 기본적으로 아인슈타인은 물리학자이며, 그의 이론 역시 자연계의 물질, 현상, 법칙 등 이른바 '천도天道'에 국한된다. 하지만 철학자로서 노자의 관점은 천도에서 인도人道로 확충되고 있다. 그는 자연 현상과 법칙에 대한 관찰과 사고를 통해 안심입명安心立命이라는 인생의 오묘한 철학적 이치를 설명하는 데 치중하고 있다. 과연 이것이 성립 가능할까? 하나의 층면天에서 발생하는 현상이나 법칙이 필연적으로 또 다른 층면人에서 재현되거나 적용될 수 있을까? 자, 이제부터 천천히 살펴보기로 하자.

진리는 늘 그렇듯 상대적이다

세상 사람들이 무엇이 아름다운가를 알게 되자
추악한 것이 생겨났다.
모든 이들이 무엇이 선한가를 알게 되자
선하지 않은 것이 생겨났다.
유와 무는 서로 의존하고 어려움과 쉬움이 서로 전화하며
긴 것과 짧은 것이 서로 드러나고 높은 것과 낮은 것이 서로 채우며
악기의 소리와 사람의 음성이 서로 조화를 이루고
앞과 뒤가 서로 따른다.
그래서 성인은 '무위'로 세상일에 대처하며
불언不言의 방식으로 가르침을 행한다.
만물이 자연스럽게 이루어지게 하나 간섭하지 않고
만물을 낳고도 소유하지 않으며 행하고도 교만하게 굴지 않고
공적을 이루고도 자신의 공으로 자처하지 않는다.
자신의 공으로 자처하지 않으니 공적을 잃지 않는다.

天下皆知美之爲美, 斯惡已[1]. 皆知善之爲善, 斯不善已[2].
천하개지미지위미　　　사악이　　　개지선지위선　　　사불선이

有無相生, 難易相成, 長短相形, 高下相傾[3], 音聲相和,
유무상생　　　난이상성　　　장단상형　　　고하상경　　　음성상화

前后相隨. 是以聖人處無爲之事, 行不言之敎, 萬物作焉而不爲始
전후상수　　　시이성인처무위지사　　　행불언지교　　　만물작언이불위시

[4], 生而不有, 爲而不恃[5], 功成而不居. 夫唯不居, 是以不去[6].
　　　생이불유　　　위이불시　　　공성이불거　　　부유불거　　　시이불거

6 지미지위미, 사악이(知美之爲美, 斯惡已): 세상 사람들에게 '미'에 대한 가치 기준이 생기게 되자 그
  반대의 것인 '악'이 생기게 되었다는 뜻이다. 여기서 '악'은 추(醜)하다는 뜻이다.
7 선지위선, 사불선이(善之爲善, 斯不善已): '미'와 '악'의 경우와 마찬가지로 세속에 '선'에 대한 가치기
  준이 생기게 되자 반대급부로 '불선'이 생기게 되었다는 뜻이다.
8 경(傾): 채움, 의존, 백서본(帛書本)은 영(盈)으로 썼다.
9 작(作): 흥기, 발생, 창조.
10 불시(弗恃): 교만하거나 자랑하지 않음.
11 만물작언이불위시, 생이불유, 위이불시, 공성이불거. 부유불거, 시이불거(萬物作焉而不爲始, 生而不
   有, 爲而不恃, 功成而不居, 夫唯不居, 是以不去): 돈황본, 부혁본(傅奕本)을 따랐다. 백서을본(帛書乙本)
   과 장쑹루(張松如)의『老子校讀』은 "萬物作而弗始, 生而弗有, 爲而弗恃, 功成而弗居, 夫唯弗居, 是以不
   去."라고 썼다.

●○

　　우리는 어떤 세상에서 살고 있는가? 조금만 주의를 기울여보면
쉽게 알 수 있다. 우리는 비교와 차별의 세계에서 살고 있다. 세상
의 만물에 대해 우리는 습관적으로 아름다움과 추함, 선함과 악함,
지혜와 어리석음, 있음과 없음, 어려움과 쉬움, 높음과 낮음 등 비
교하는 데 익숙하다. 노자는 우리에게 이러한 구분은 모두 인위적
이고, 주관적이며, 상대적이어서 검증할 수 없고 오히려 수많은 분
란만 일으킬 뿐이라고 말한다.

　　"세상 사람들이 무엇이 아름다운가를 알게 되자 추악한 것이 생
겨났다." 이는 사람들이 아름다운 것을 알기 때문에 추한 것이 생
겨났다거나 아름다운 것이 추한 것으로 변할 수 있다는 말이 아니

24

다. 그러니까 아름다움이나 추함은 상응하여 생겨나는 것임에도 사람들은 여전히 서로 다른 평가를 하고 있다는 뜻이다. 대다수의 사람들은 아름다운 것을 좋아하기 때문에 결과적으로 아름다움을 추구하게 되고 오히려 각종 억지와 거짓으로 인해 추한 일이 생겨난다. 선과 악에 대한 구분이나 평가도 마찬가지이다. 선하다는 미명을 얻기 위해 사람들은 의도적으로 애쓰며, 결국 '위선'이 참된 선을 앞서는 경우가 허다하다.

아름다움과 추함, 선함과 악함, 지혜와 어리석음, 있음과 없음 등에 대한 범위를 확정 짓는 일은 상대적인 것일 뿐이다. 비교는 시대나 문화, 또 개인에 따라 차이가 있을뿐더러 언제라도 바뀔 수 있기 때문이다. '유'에서 '무'로 '무'에서 '유'로 바뀌고, 오늘의 아름다움이 내일의 추함이 될 수도 있으며, 어제의 악함이 오늘의 선함이 되기도 한다. 다시 말해 그것들은 서로 상대적으로 생겨나기도 하고 변화하기도 한다는 뜻이다. 그럼에도 대다수의 사람들은 여전히 이원적인 대비의 경직에 갇혀 초조하고 불안한 삶을 살아간다. 비교와 차별에서 벗어나기만 하면 편안해질 수 있다. 하지만 어떻게 벗어날 것인가?

노자는 여기서 '성인'의 자세를 보여준다. 물론 이는 유가의 성인과 다르다. 유가의 성인은 덕행에 하자가 없는 완벽한 인격 또는 집정자를 말한다. 하지만 노자가 말하는 성인은 자연에 순응하고 천도에 부합하는 이상적인 인물이자 영도자이다. 노자의 성인처럼 마음의 창을 활짝 열고 광대한 세상을 바라본다면 자연의 무위, 천지의 불언不言을 발견하게 된다. '천도'는 자신이 낳은 만물에 분별심이 있는가? 그 어떤 고하나 미추, 선악을 구별하고 있는가? 그렇지 않다. 우리는 이러한 '도'를 먼저 체득해야만 비로소 인간이 지닌 차별관에서 벗어날 수 있다. 물론 자연처럼 아무런 인위적 행동도 취하지 않고, 말조차 하지 않는다는 것은 너무 지나친 것처럼 보인다. 하지만 "무위로 세상일에 대처한다"라는 노자의 말은 단순히 아무 일도 하지 않는다는 뜻이 아니라, 애써 인위적인 일을 하지 않는다는 뜻이다. 다시 말해 자신의 주관적인 고집을 앞세워 제멋대로 행하지 않는다는 뜻이다. "불언의 방식으로 가르침을 행한다"라는 말은 아무 말도 하지 않는다는 뜻이 아니라, 말보다는 실천을 중시한다는 뜻이다. 그러므로 걸핏하면 자신이 무조건 옳다는 식의 설교는 삼가라는 의미로 보는 것이 옳다. 이상 두 가지는 결코 간단한 일이 아니다. 범인의 경지를 넘어 성인의 경지에 들어서는 것이라고 말할 수 있다.

'천도'의 또 다른 특색은 만물을 생장시키면서도 간섭하지 않고, 자신의 소유로 삼지 않으며, 자신의 능력을 자랑하거나 공적을 내세우지 않는다는 점이다. 예를 들어 자식이 노벨상을 받거나 회사의 당해 연도 수입이 1억 달러를 달성했는데도, 자신의 공을 크게 내세우지 않고 오히려 다른 이들의 공로로 돌리는 것과 같다. 결론적으로 "공적을 이루고도 자신의 공으로 자처하지 않기 때문에 오히려 공적을 잃지 않는다"라는 것을 의미한다.

이런 관점은 이후에도 계속 나오는데, 이는 노자의 독특한 사유를 반영하는 것이자 지혜로운 인생의 오묘한 이치를 담은 것이기도 하다. 예를 들면, 자신을 대단한 인물로 여기지 않기 때문에 오히려 남들에게 존경을 받고 대단하다는 느낌을 주게 되는 경우가 그러하다. 진정으로 위대한 인물은 스스로를 위대하다고 여기지 않는다. 자신을 위대하다고 자랑하는 것은 소인의 자세이지 진정한 위인의 자세가 아니다. '무'로 인해 '유'가 있다. 이것이 바로 인간 상대론의 가장 위대한 초월이 아니겠는가!

욕망을 다스릴 줄 알아야 한다

현명한 사람을 존중하지 않으면
백성들이 공명을 다투지 않는다.
얻기 어려운 재물을 귀하게 여기지 않으면
백성들이 도둑질을 하지 않으며
탐욕을 일으킬 물건을 드러내놓지 않으면
민심이 어지럽지 않게 된다.
그래서 성인의 다스림은 백성들의 마음을 텅 비게 하고
백성들의 배를 부르게 하며
백성들의 추구 의지를 약화시키며
백성들의 몸과 마음을 강하게 한다.
하여 백성들이 지혜나 욕망이 없게 하고
스스로 지혜롭다고 여기는 이들이
섣불리 헛된 일을 하지 못하도록 한다.
'무위'로 행하면 천하에 다스려지지 않음이 없다.

不尙賢, 使民不爭. 不貴難得之貨, 使民不爲盜.
불상현   사민부쟁   불귀난득지화   사민불위도

不見¹可欲, 使民心不亂.
불현가욕   사민심불란

是以聖人之治, 虛其心², 實其腹, 弱其志³, 强其骨.
시이성인지치   허기심   실기복   약기지   강기골

常使民無知無欲. 使夫智不敢弗爲也. 爲無爲, 則無不治.
상사민무지무욕   사부지불감불위야   위무위   즉무불치

1 현(見): 나타내다. 드러내다. 현시하다. 드러내 자랑한다는 뜻이다.
2 허기심(虛其心): 옛날 사람들은 '심'이 사유를 담당한다고 생각했다. 따라서 사람들의 생각이나 욕망을 없애 텅 비운다는 뜻이다.
3 약기지(弱其志): 명예나 욕망을 추구하려는 의지나 지기(志氣)를 약화시킨다는 뜻이다.

●○

사람이 살다 보면 온갖 욕망에 사로잡히게 된다. 사람이 어떤 욕망을 지니고, 욕망에 어떻게 대처하는가에 따라 인생의 문양과 색채가 결정되기 마련이다. "백성들이 지혜나 욕망이 없게 한다." 본국本局 후반부에 나오는 이 말은 때로 노자가 사람들에게 아무런 지식이나 욕망조차 지니지 말 것을 요구한 것으로 인식되기도 한다. 마치 사람들에게 속세의 음식을 먹지 못하게 하는 것처럼 들린다. 하지만 내가 생각하기에 이는 노자에 대한 오해일 뿐이다.

먼저 욕망에 대해 이야기하겠다. 사람에게 욕망은 있을 수밖에 없다. 만약 식욕이나 성욕이 없다면 인류는 이미 멸종되고 말았을 것이다. 세상 사람들의 욕망은 다종다양하지만 크게 두 가지로 나

눌 수 있다. 하나는 자연적인 욕망이다. 예를 들어 음식, 성, 수면, 보온, 혈육지간의 정이 그러하다. 이런 것들은 모두 자연적인 것으로 우리의 동물적 본능이다. 다른 하나는 문명(비자연 또는 초자연적인 것)적인 욕망이다. 재물, 명예, 지식, 권세, 지위에 대한 추구, 구매에 대한 욕구 등으로 인류가 문명화한 이후에 존재하게 된 비자연적 욕망, 또는 문명에 의해 포장된 초자연적 욕망이다.

자연적인 욕망은 반드시 필요한 것인데 쉽게 만족을 얻을 수 있다. 대부분의 사람들은 밥 한두 그릇이면 배가 불러 더 이상 먹지 않는다. 하지만 문명저인 욕망은 반드시 필요한 것도 아니고 쉽게 만족할 수 없다. 많은 이들이 막대한 재물과 높은 지위를 지니고 있음에도 여전히 더욱 많은 것을 차지하기 위해 동분서주하고 경쟁하며 심지어 싸운다. 인류가 문명화하면서 각축하게 된 이유는 대부분 문명의 욕망 때문이다. 하지만 그런 것들이 오히려 사회를 어지럽히고 사람들의 마음을 불안정하게 만든다.

노자가 말하고 있는 '무욕'은 앞서 말한 '무위'와 유사하게 자연적이지 않은 문명의 욕망을 추구하지 말라는 뜻이다. 그리고 '무지'는 문명으로 인한 욕망의 지식을 추구하거나 만족시키지 말라는 뜻이다. 그렇다면 어떻게 해야 하는가? 노자는 구체적으로 가능한 방법 두 가지를 제시하고 있다.

하나는 현대 인지심리학認知心理學의 부저추신법釜底抽薪法(상대방의 논거를 반박하여 의론 자체가 성립되지 않도록 하는 방법-역주)과 상당히 부합한다. 문명에서 기인한 욕망은 사실 보편적으로 존재하는 것이 아니라 주로 개인, 시대 또는 종족의 특별한 인지와 가치관에서 비롯되는 경우가 대부분이다. 부저추신법은 이러한 가치관과 인지를 바꾸자는 것이다. 만약 정부나 회사에서 명성이 있는 사람은 채용하지 않는다는 규칙을 정한다면 명성을 추구하려는 사람이 몇 명이나 되겠는가? 이것이 바로 "현명한 사람을 존중하지 않으면 백성들이 공명을 다투지 않는다"라는 뜻이다. 만약 모든 이들이 다이아몬드를 그저 탄소 알갱이로 간주한다면, 다이아몬드를 갖고 다니는 것은 단지 자신의 속됨을 드러내는 것에 불과할 것이다. 하지만 다이아몬드를 누구나 귀한 것으로 여긴다면 심지어 강탈하려는 이들까지 생겨나기 마련이다. 노자는 이에 대해 이렇게 말하고 있다. "얻기 어려운 재물을 귀하게 여기지 않으면 백성들이 도둑질을 하지 않는다." 사실 욕망의 대부분은 원초적인 것이 아니다. 대부분 우리가 접촉함으로써 야기되는 것들이다. 예를 들어 백화점에 가서 멋진 상품을 보게 되면 당연히 갖고 싶은 욕구가 생기고, 살 수 없을 경우 심사가 복잡해진다. 하지만 그곳에 가지 않는다면 아예 그런 문제가 생기지 않을 것이니 굳이 사서 고생할 필요가 있겠는가? 이것이 바로 "탐욕을 일으킬 물건을 드러내놓지 않으면 민심이 어지럽지 않게 된다"라는 뜻이다.

다른 하나는 정신분석학의 소원고본법溯源固本法(문제의 근원을 찾아 본질을 공고히 하는 방법-역주)과 유사하다. 지그문트 프로이트 Sigmund Freud는 사람들이 명예나 권세, 지식 등을 추구하는 까닭은 본능적인 욕망이 억눌려져 '대체 만족'을 추구하기 때문이라고 했다. 이런 각도에서 볼 때, 노자가 말한 "백성들의 마음을 텅 비게 하고, 백성들의 배를 부르게 하며, 백성들의 추구 의지를 약화시키며, 백성들의 몸과 마음을 강하게 한다"라는 말은 계시하는 바가 크다. 개인적인 수양 면에서 우리는 마음을 청정하게 하고虛其心, 명예나 권력을 추구하려는 의지를 감소시키며弱其志, 현실의 삶에서 배부르게 하고實其腹, 신체 건강을 유지하면强其骨 자연스러운 포만감을 회복하여 마음이 편안해진다. 결국 더 이상의 명예나 권력 등의 대체 만족을 갈망하지 않게 된다.

노자가 말한 '무지무욕'은 사실 이런 심경을 말한다. 자연스럽게 포만감을 회복하면 마음에 어떤 응어리도 존재하지 않아, 지식이니 욕망이니 하는 것들을 잊고 그것이 '어리석은 짓'인 것조차 잊게 된다면 좋지 않겠는가?

본국은 물론이고 이어지는 여러 대국에서도 노자는 현명한 통치자가 나라나 백성을 어떻게 다스려야 하는가에 착안점을 두고 있다. 현대 독자들의 입장에서 이는 개인의 삶과 그다지 관련이 없는 것이라고 여길 수도 있다. 하지만 우리가 잠시 생각을 달리해보면, 노자가 제시한 한 나라의 임금에 대한 문제는 한 집안의 가장, 또는 어느 한곳을 주관하는 이들에게 참고가 될 수 있다. 결론적으로 말해서 모든 사람은 자신의 몸과 마음의 '통치자'이다. 그러니 노자가 제시한 방식대로 자신의 몸과 마음을 관리하는 것이 가능하지 않겠는가.

물론 현대 문명의 이기를 향유하고 있는 지금의 우리에게 문명적인 욕망은 있을 수밖에 없으며, 많은 지식을 지녔다고 하여 심하게 비난받아야 하는 것은 아니다. 다만 본말이 전도되거나 근본을 버리고 지엽을 좇아서는 안 된다. 명리와 권력, 지위를 추구하기 위해 배불리 먹지도 못하고 잠도 못 자며, 처자식을 버리고 심지어 자신의 몸까지 상하게 만든다면 얻는 것보다 잃는 것이 더 많지 않겠는가?

도는 어디에나 깃들어 있다

대도大道는 형체가 없이 텅 비어 있지만
그 작용은 무궁무진하다.
심원하도다! 마치 만물의 종주와 같구나.
은미隱微하고 고요하여 마치 있는 듯 없는 듯하니.
나는 그것이 어디에서 생겨났는지 알 수 없지만
천제天帝보다 앞선 것 같도다.

道沖[1], 而用之或不盈.
도충　　　　이용지혹불영
淵兮, 似萬物之宗.
연혜　　　사만물지종
湛兮, 似或存[2].
담혜　　사혹존
吾不知誰之子, 象帝之先.
오부지수지자　　　　상제지선

1 충(沖): 충(盅: 그릇 이름, 빌)과 통한다. 기물이 텅 비어 있음.
2 사혹존(似或存): 있는 듯 없는 듯하다.
3 소동파, 「영소환(詠素紈)」, "素紈不畵意高哉, 倘著丹靑墮二來. 無一物處無盡藏, 有花有月有樓臺."

● ○

저명한 영국의 물리학자 스티븐 호킹Stephen Hawking 박사가 홍콩
에서 강연을 할 당시 누군가 그에게 하느님의 존재 여부에 대해 질
문을 한 적이 있었다. 그러자 그는 다음과 같은 일화를 인용하며 답
을 대신했다.

프랑스의 과학자 피에르 시몽 라플라스Pierre Simon Laplace가 나폴
레옹Napoleon Bonaparte에게 과학 법칙이 우주의 변화와 발전에 어떤 영
향을 끼치는가에 대해 설명했다. 나폴레옹이 설명을 다 듣고 나서
물었다.

"라플라스 경, 창조주는 그 과정에서 어떤 역할을 맡았소?"

라플라스가 대답했다.

"저에게는 그런 가설이 필요하지 않습니다."

2천여 년 전의 노자에게도 그런 가설이 필요 없었다. 그는 우주만물과 그 배후의 운동 법칙이 모두 '도'에서 비롯된다고 여겼다. 『도덕경』에 나오는 '도'자는 모두 일흔세 개이다. 그 가운데 '말하다'라는 뜻으로 사용한 경우(제1장 "도가도道可道"에 나오는 두 번째 '도'자)를 제외하고 나머지는 대략 다음 네 가지 함의로 해석할 수 있다.

첫째, 무형의 것으로 인류의 감관 경험을 초월한 절대적이고 영원한 존재이다. 둘째, 우주만물 창조의 원동력이다. 셋째, 우주만물의 운동 법칙이다. 넷째, 사람의 처세에 관한 이상적인 준칙이다.

때로 한 가지 함의로 사용되는 경우도 있기는 하지만 대부분의 경우 두 가지 또는 세 가지 이상의 함의를 지닌다. 왜냐하면 네 가지 함의가 실질적으로 서로 연계되어 있기 때문이다.

본국에서 말하는 '도' 자 역시 함의가 다층적이다. "도충道沖"이란 말을 통해 '도'가 텅 빈 무형임을 강조하고 있으며, 아무런 형체도 없이 텅 비어 있기에 무궁무진한 작용用之或不盈이 가능하다고 말하고 있다. 일반적으로 사람들은 구체적인 형체가 있어야 작용이 가능하다고 여긴다. 하지만 형체가 있는 것의 작용은 필연적으로 유한할 수밖에 없다. 형체가 그 작용을 제한하기 때문이다. '도'는 텅 비어 형체가 없기 때문에 오히려 모든 가능성을 지니고 있다. 그 중에 가장 중요한 작용이 바로 우주와 만물을 창조하는 것이다萬物之宗.

앞서 말한 대로 우주만물의 기원에 대한 노자의 관점은 현대 물리학자들의 관점과 유사한 면이 있다. "심원함淵兮"과 "은미하고 고요하여 마치 있는 듯 없는 듯함湛兮, 似或存"은 우주 창생 전후의 상태를 형용한다. 비록 그는 우주 창생의 원동력이나 운행 법칙이 어디에서 오는 것인지 모른다고 말하고 있지만, 그 두 가지 '도'가 사람들이 말하는 창조주 출현 이전에 이미 독립적으로 존재하고 있다고 여겼다. 여기서 알 수 있듯이 그는 우주만물이 어떤 창조주에 의해 창조되었다는 관점을 배제하고 있다. 2천여 년 전에 제시한 특별한 관점이 아닐 수 없다.

본국에서 노자는 자신이 인지하고 있는 '천도'를 '인도'까지 부연하고 있지는 않다. 하지만 우리는 여기서 선종에서 말하는 "공무지처존묘유空無之處存妙有"나 소동파의 시 「영소환詠素紈」의 내용을 떠올리게 된다. 소동파는 이렇게 읊었다. "흰 비단에 채색하지 않아도 뜻이 높나니, 적색이나 청색으로 그려 넣으면 분별의 경계에 떨어질세라. 어느 한 곳도 의식하지 않는 곳에 무진장無盡藏이 있나니, 꽃도 있고, 달도 있고, 누대로 있음일세."³ 흰 비단에 그림을 그리기 이전의 의경意境이 뛰어나 채색하게 되면 이품二品으로 전락하고 만다는 뜻이다. 그는 이를 통해 '공무空無'의 무한한 잠재능력, 즉 꽃이나 달, 누대樓臺 등 온갖 사물로 변할 수 있는 잠재력을 깨달았다. 영웅들의 견해는 대체로 비슷하다는 말처럼 노자나 선종禪宗, 소동파의 견해가 서로 닮았음을 알 수 있다.

'진공묘유眞空妙有'의 개념은 우리의 일상생활에서도 적용할 수 있다. 우리가 어떤 사람이나 사물을 접할 때 집념이나 잡념 등 모든 선입견을 깨끗이 털어내고, 마음이 텅 비어 형체가 없는 상태에서 모든 것을 웃으며 받아들이면 세상의 모든 것이 자신의 꽃, 달, 누대가 되어 스스로 풍부하고 아름다운 마음의 우주를 창조하게 된다. 이리하여 '천도'와 '인도'가 서로 호응하니 이것이 바로 '천인합일'의 이상적인 경계가 아니고 무엇이겠는가? 이런 연상도 당연히 괜찮다. 많은 이들이 이러한 연상을 좋아하는 까닭은 그것이 사람의 감성을 더욱 아름답고 심원하게 만들기 때문이다. 하지만 선종이나 소동파가 텅 빈 허공에 대해 인지한 것은 결코 우주에 대한 탐색이나 관찰에서 비롯된 것이 아니기 때문에, '천인합일'을 언급할 필요는 없을 것이다. '천인합일'이 없어도 생명은 여전히 아름답고 심원하다는 것이 어쩌면 더욱 진실에 가까울지도 모른다.

우리의 인생에는 기복이 있기 마련이다

천지는 편애하지 않아
만물을 추구芻狗처럼 대하고
성인은 편애하지 않아
백성들을 추구처럼 대한다.
하늘과 땅 사이가 어찌 풀무와 같지 않은가?
비어 있으나 고갈되지 않고
움직일수록 더욱 많아진다.
정령政令이 많으면 패망이 가속될 것이니
허정虛靜을 지키는 것만 못하다.

天地不仁, 以萬物爲芻狗[1].
천지불인   이만물위추구
聖人不仁, 以百姓爲芻狗.
성인불인   이백성위추구
天地之間, 其猶橐龠[2]乎.
천지지간   기유탁약호
虛而不屈[3], 動而愈出.
허이불굴   동이유출
多言數窮[4], 不如守中[5].
다언삭궁   불여수중

1 추구(芻狗): 풀로 만든 개. 고대 제사에서 사용하였는데, 제사가 끝난 후 불에 태워 버렸다. 하찮아
  쓸데없는 물건을 비유한다.
2 탁약(橐龠): 고대에 제련할 때 쓰는 풀무의 바람통.
3 불굴(不屈): 고갈되지 않다.
4 다언삭궁(多言數窮): '삭(數)'은 속(速)과 통하니 빠르다. 금세의 뜻이다. 정령이 많아지면 금세 나라가
  궁핍해진다는 뜻이다.
5 수중(守中): 가운데를 지키다. '중'은 충(冲)과 통하니 내심의 허정을 뜻한다.

●○

인생은 끊임없이 변화하여 일정치 않으며 기복起伏이 심하다.
그러나 사실 이 역시 자연의 '도'이다. 자연과 인생이 보여주는 기
복의 '도'를 이해시키기 위해 노자는 두 가지 비유를 들고 있다. 하
나는 추구이고, 다른 하나는 풀무이다.

먼저 추구에 대해 이야기하자. 추구는 풀을 엮어 만든 개로 제
사 때 주로 사용하는데 화려하게 장식하고 중시된다. 하지만 다 쓴
다음에는 불에 태우거나 아무 데나 버려져 뭇사람들에게 짓밟힌
다. 만물과 백성을 추구에 비유한 것은 그것들을 초개草芥처럼 여긴
다는 뜻으로 천지와 성인이 냉담하고 무정함을 반영한다. 하지만
비교적 원만한 의견에 따르면 '불인'은 냉담하고 무정함이 아니라
'편애가 없음'이다. 천지가 만물을 추구로 여기는 것은 그것이 스스

로 생겨나고 사라질 수 있도록 하기 위함이다. 또한 '천도'에 부합하는 성인이나 지도자 역시 백성을 추구로 여겨 그들이 스스로 흥하고 쇠하도록 하니 편애가 있을 리 없다.

번영과 쇠퇴는 때가 있고 흥망성쇠는 무상하다. 사실 이는 자연스러운 일이다. 만물과 사람들은 각기 자신의 리듬과 의향에 따라 발전하기 때문에, 수많은 기복 속에서 굳이 개인의 호오로 인해 함부로 간섭할 필요는 없다. 어쩌면 이것이 노자가 말한 '천도'에 부합하는 것이자 그가 우리에게 요구하는 '인도'인지도 모르겠다.

이어서 풍상風箱, 즉 풀무에 대해 이야기하자. 풀무는 쇠를 달구거나 녹일 때 공기를 불어넣는 기구를 말한다. 풀무는 속은 비어 있지만 조금만 움직여도 바람을 일으키며, 움직임이 커질수록 바람도 커지면서 그침이 없다. 그 작용은 텅 빈 공간에서 비롯된다. 그렇기 때문에 '천도'를 체득한 성인 역시 '수중守中', 즉 텅 비어 있음을 중시하고 고수한다. 하지만 여기서 말하는 '중'은 유가에서 말하는 중용의 도가 아니라 허정, 즉 희로애락이 드러나기 이전의 고요하고 텅 빈 상태를 말한다. 인위적인 방식으로 간섭하게 되면 혼란만 가중될 뿐이다.

일반적으로 노자가 풀무에 비유한 것을 두고 '허정'과 '무위'를 주장한 것이라고 하지만 나는 이보다 더 심각한 함의가 있다고 생각한다. 풀무는 그저 속이 비어 있을 뿐, 풀무질을 하여 팽창과 수축(또는 일종의 기복)이 반복되어야만 비로소 바람을 일으킨다. 그래서 혹자는 이를 통해 노자를 '우주 팽창 이론'의 선구자라고 말하기도 한다. 이러한 이론은 우주가 어느 '기점'에서 대폭발을 일으켜 부단히 팽창하는데, 일단 임계점에 이르면 수축하기 시작하여 무한하게 작은 '기점'에 이른 후 또 다시 대폭발을 일으켜 또 다른 순환 단계에 진입한다고 주장한다. 노자의 '풀무설'을 '우주 팽창 이론'과 접목하는 것은 물론 대단한 상상력이기는 하지만 내가 생각하기에 그것이 노자가 우리에게 전하고자 했던 핵심은 아닌 것 같다.

핵심은 역시 만물의 영고성쇠, 국가의 흥망성쇠이다. 길게 보면 이 역시 풀무의 팽창과 수축처럼 피차간에 연동 관계를 지닌다. 예를 들어 국가의 팽창은 또 다른 국가의 수축을 야기하는 것과 같다. 현재 우리는 그것이 세상의 법칙이라는 것을 이미 알고 있다. 캐나다의 눈 토끼와 살쾡이의 경우가 대표적인 예이다. 포식자인 살쾡이가 많지 않으면 눈 토끼가 대량으로 번식하게 된다(팽창). 하지만 눈 토끼가 많아짐에 따라 먹이가 풍부해진 살쾡이도 덩달아 대량으로 번식하여 결국 눈 토끼가 감소하는 결과를 야기한다(수축). 눈 토끼가 감소함에 따라 먹이가 부족해진 살쾡이가 줄어드는데, 이 번에는 반대로 눈 토끼가 또 다시 대량으로 번식하면서 새로운 순환기로 접어든다. 자연계는 이러한 팽창과 수축에 따라 생태 평형과 안정을 유지한다. 이것이 바로 "천지불인天地不仁"의 또 다른 양상이다. 만약 눈 토끼가 살쾡이에게 잡아먹히는 것이 가련하여 '어진 마음'으로 '천도'에 간섭할 경우 예상할 수 없는 나쁜 결과를 초래할 수 있다.

인생이나 세상사나 모두 기복이 있기 마련이다. 그것은 마치 추구가 무엇보다 중시되다가 한순간에 버려지는 것이나 풀무가 팽창과 수축을 반복하는 것과 같다. 하지만 이것이 우주와 만물이 끊임없이 살아 움직일 수 있는 '도'이다. 어찌하여 이로 인해 마음과 몸을 해치려 하는가? 굳이 간섭하는 방법보다 차라리 허정한 마음으로 받아들이는 것이 낫지 않겠는가? 그리하여 자신도 자연의 리듬에 따라 오르내리고, 거대한 천지의 변화에 순응하는 것이 비교적 지혜롭고 편안한 방법이 아니겠는가!

예로부터 여성의 창조력은 위대했다

공허하고 현묘함이 비할 바 없어
만물을 낳아 끊임없이 변화시키기에
이를 일러 '현빈'이라 칭하는데
불가사의한 생식력을 지니고 있다.
'현빈'의 문은 천지만물의 근원이다.
그것은 숨은 듯 드러난 듯 끊임없이 이어지며
작용이 무궁하다.

谷神[1]不死, 是謂玄牝[2].
곡신불사   시위현빈

玄牝之門[3], 是謂天地根.
현빈지문   시위천지근

綿綿[4]若存, 用之不勤[5].
면면약존   용지불근

1 곡신(谷神): '곡'은 산골짜기처럼 텅 비어 깊고 거대함을 형용한 것이고, '신'은 변화무쌍하고 신기함
  을 형용한다.
2 현빈(玄牝): 현묘(玄妙)한 모성. 천지만물을 낳고 기르는 모체(母體)이자 근본을 말한다. '현'은 신비하
  고 미묘하여 헤아리기 어렵다는 뜻이다.
3 문(門): 자성(雌性)의 생식기 입구를 말한다. 천지를 만들고 만물을 생육하는 근원을 비유한 말이다.
4 면면(綿綿): 끊어지지 않고 이어지는 모양.
5 근(勤): 진(盡)과 통한다. 무궁무진함.

●○

　　2013년 가을, 필자는 호남성 북서부에 위치한 장가계張家界로
여행을 갔다가 우연히 산중에서 손에 활을 들고 있는 나비Navi인의
동상을 보았다. 주변의 수려한 산봉우리와 잘 어울리는 독특한 조
형물을 보면서 문득 뇌리에 영화 「아바타」의 여러 장면, 제임스 카
메론 감독, 봉황, 모계 사회, 그리고 노자가 떠올랐다. 영화 「아바
타」에서 나비인이 거주하는 판도라는 장가계를 모델로 삼았다고
한다. 특별한 풍경은 물론이고 나비인이 타고 다니는 새, 이크란이
묘족과 토가족土家族이 숭배하는 신성한 봉황과 상당히 닮았다는 점
에서 미묘한 연상을 일으키기에 충분하다. 또한 그들 역시 대지의
모친을 받들고, 자연과의 공존을 주장하며, 모계 사회의 색채가 농
후하다는 점도 그러하다. 제임스 카메론은 아주 적절한 곳을 선택

했다고 말할 수 있다.

그렇다면 노자는 왜 생각이 난 것일까? 장강 중류의 호남과 호북이 초楚 문화의 발상지이기 때문이다. 비록 노자와 그의 고향에 대해 중설이 분분하지만 대다수 사람들은 그가 춘추전국시대 초나라 사람이며, 『도덕경』이 초 문화의 대표작이라는 점을 공인하고 있다. 본국은 비록 몇 마디되지 않지만 분명히 모계 사회의 문화를 반영하고 있다. 노자는 '곡신'이나 '현빈'을 통해 자신이 자성雌性(여성성)을 우주만물 창생의 원동력이자 주도자(천지의 뿌리)로 간주하고 있음을 보여준다.

문자의 의미로 볼 때 '곡'은 계곡으로 심원하고 텅 비어 고요하다空寂는 뜻이고, '신'은 현묘, 신비의 뜻이며, '불사'는 끊임없이 살아 움직인다는 뜻이다. 따라서 "곡신불사"는 심원하고 텅 비어 고요하며, 신비한 곳에서 우주만물을 창생하는 끊임없는 원동력이 나온다는 뜻이다. 노자가 굳이 이를 '현빈'이라고 칭한 것은 무엇 때문일까? 중국에서 '곡', 즉 계곡은 여성의 상징이기 때문이다. 『대대예기大戴禮記』에 따르면, "구릉은 모牡(자성雌性), 계곡은 빈牝(웅성雄性)이다." 프로이트 역시 용기처럼 생긴 계곡은 자궁과 여성의 상징이라고 말한 바 있다. 혹자는 금문金文에 나오는 '도道' 자를 태아를 분만하는 모습을 본뜬 상형자라고 보기도 하는데, 필자는 굳이 그렇게까지 이야기할 필요는 없다고 생각한다. 노자의 뜻은 아주 분명하다. 우주만물을 창생하는 '도'가 여성의 생식 능력과 유사한 역량이고 불가사의한 힘이라는 뜻이다.

세계적으로 오래된 문명에서 여성의 생식 능력을 찬양하고 경외하는 것을 흔히 볼 수 있다. 또한 적지 않은 문화권에서 우주만물이 불가사의하고 신비한 '동굴'에서 나왔다는 전설이나 신화를 찾아볼 수 있다. 이 역시 모계 사회의 산물이다. 『도덕경』에 나오는 빈도수로 볼 때 빈牝은 5번, 자雌는 2번, 모母는 7번 등장하여, 모牡는 2번, 웅雄은 1번, 부父는 1번에 비해 훨씬 많으며 특히 더욱 중요한 의미를 지니고 있다. 이는 노자의 사상이 특히 제자백가의 사상에 비해 모계 사회의 색채가 확연하다는 뜻이다.

중국 춘추전국시대나 또는 그 이전 시대의 경우 이런 색채는 주로 남방에 속하며, 초 문화권의 특징이기도 하다. 노자의 이런 사상 역시 이러한 지역성을 반영하고 있다. 하지만 분명한 것은 당시 초나라 지역에서 귀신이나 무술의 영향력이 상당했으나 『도덕경』의 경우 귀신에 관한 이야기가 완전히 배제되어 있다는 점이다. 다시 말해 신비주의 색채가 거의 없으며 오히려 이성적이었다는 뜻이다. 우리는 이를 일종의 '모계의 이성'이라고 부를 수 있는데, 이것이 바로 노자의 특별한 점이다. 노자가 '곡신불사'를 강조하고 '현빈지문'을 가송歌頌한 것은 단순히 불가사의한 생식력을 내세우기 위함이 아니라, 끊임없는 창조력을 칭송하기 위한 것이라는 해석이 바로 이런 점에서 가능하다.

이는 오늘날에도 특별한 의의를 지닌다. 「아바타」는 서양인들이 서양인들을 위해 찍은 영화이다. 우리가 살고 있는 사회는 권력과 폭력으로 타인의 재물과 권리를 강탈하는 일종의 부계 가치관이 득세하면서 그릇된 결과를 낳고 있다. 이에 제임스 카메론은 서양인들에게 판도라에 살고 있는 나비인의 모계 사회와 그 가치관을 제시하고 있다. 당연히 참고할 만하다. 『도덕경』은 남성이 남성을 위해 쓴 책이다. 노자 역시 사회를 온통 엉망진창으로 만든 남자들에게 춘추시대에 여성의 창조력을 가송하던 자연철학이 존재했고, 이를 새롭게 인식하고 가까이하며, 또한 받들고 지켜야만 사회가 올바른 길로 나아갈 수 있다는 사실을 일깨워주고 있다.

우리의 인생은 역설로 가득하다

하늘과 땅은 유구하다.
하늘과 땅이 유구할 수 있는 까닭은
스스로를 위해 도모하지 않기 때문이니
그런 까닭에 지속적으로 생존할 수 있다.
그래서 도를 지닌 성인은 자신을 뒤에 두지만
오히려 앞에 서게 되고
자신의 몸을 도외시하지만 오히려 생명을 보전하게 된다.
이는 그가 사사로움이 없기 때문이 아니겠는가?
사사로움이 없기에 오히려 사사로움을 이루게 되는 것이다.

天長地久.
천장지구
天地所以能長且久者，以[1]其不自生，故能長生.
천지소이능장차구자　　　이기부자생　　　　고능장생
是以聖人後其身而身先，外其身[2]而身存.
시이성인후기신이신선　　　외기신이신존
不以其無私邪？ 故能成其私.
불이기무사야　　　고능성기사

1 이(以): 까닭.
2 외기신(外其身): 치지도외(置之度外)의 뜻.

●○

인생은 여러 가지 역설적이고 기이한 일이 넘쳐난다. 그 가운데 흔히 볼 수 있는 역설은 무엇을 추구하거나 욕망할수록 오히려 더욱 멀어지고, 반대로 욕망하지 않으면 오히려 그것이 눈앞에 나타난다는 점이다. 예를 들어 빨리 잠들고 싶어 애쓸수록 오히려 잠들지 못하고 괜히 뒤치락거리며, 맑은 정신을 유지해야 할 때 오히려 잠이 오는 경우가 그러하다. 노자는 본국에서 이러한 역설에 대해 독특한 관점을 제시하고 있다.

그는 "천장지구"부터 이야기를 하면서, 천지가 오랫동안 존재할 수 있는 까닭에 대해 묻고 있다. 그런 다음 천지를 대신하여 애써 자신을 위해 도모하지 않기 때문에 오히려 유구한 세월 내내 존속할 수 있다고 답하고 있다. 천지에 '앎'이 있는지 여부를 따지지

우리의 인생은 역설로 가득하다　　　49

않으며, 그것이 천지의 '의향'인지 여부도 논하지 않고 있다. 노자는 자신이 생각하는 '천도'에서 다음과 같이 '인도'를 추론하고 있다.

'천도'를 체득한 성인은 "자신을 뒤에 두지만後其身" 오히려 "앞에 서게 되고身先(뭇사람들의 추대를 받아 앞에 서게 됨)", "자신의 몸을 도외시하지만外其身" 오히려 "생명을 보전하게 된다身存". 계속해서 노자는 이렇게 말하고 있다. "사사로움이 없어無私" 오히려 "사사로움을 이루게 된다能成其私". 이런 추론 방식은 제2국에 나오는 "자신의 공으로 자처하지 않으니 공적을 잃지 않는다 夫唯弗居, 是以不去"라는 말과 똑같다.

우리는 이를 '반향사고反向思考(역방향 사고)', '역방향 변증법'이라고 부를 수 있다. 앞서 말한 바와 같이 모든 개념은 각기 대립적인 면을 지닌다. 장단이 그러하고, 선후가 그러하며, 미추나 선악, 정반이 또한 그러하다. 노자는 우리에게 어떤 상황이나 사물을 바라볼 때 일면만 보지 말고 정과 반 양면을 두루 관조할 것을 일깨워주고 있다. 그런 관계에 대해 노자는 제2국에서 이렇게 말한 바 있다.

"유와 무는 서로 의존하고, 어려움과 쉬움이 서로 전화하며, 긴 것과 짧은 것이 서로 드러나고, 높은 것과 낮은 것이 서로 채운다有無相生, 難易相成, 長短相形, 高下相傾." 두 개의 대립적인 부분이 서로 생겨나고 이루어지며 서로 전화한다는 뜻이니, "상생상극相生相剋"의 주류 사조와 크게 다른 점이다. 노자의 독특성은 정반의 양면에서 초점을 뒷면에만 두지 않고 뒷면에서 정면을 실현하고자 한다는 점에 있다. 다시 말해 뒷면에서 정면으로 전화하고 있다는 뜻이다. 예를 들어 '유위'와 '무위'를 대비하면서 그는 '무위'를 강조한 다음

'무위'로써 '유위'를 실현하고 있으며, '사私'와 '무사無私'의 상대적인 관계 속에서도 '무사'에 중점을 둔 후 '무사'를 통해 '사'의 성취를 이야기하고 있다. 이는 듣기에 역설적인 것 같기도 한데, 구체적인 실례를 통해 이를 설명해보자.

노자 사상을 설명하고 있는 『회남자』에 보면 이런 이야기가 나온다. 공의휴公儀休는 물고기를 매우 좋아했다. 노나라 재상을 맡고 있을 당시 많은 이들이 그에게 물고기를 헌상했지만 일절 받지 않고 사절했다. 제자들이 그 까닭을 물었다. "선생님은 물고기 요리를 좋아하시는데 왜 사람들이 보내온 물고기를 받지 않으십니까?" 공의휴가 대답했다. "물고기 요리를 좋아하기 때문에 그들이 보내온 물고기를 받지 않는 것이다. 만약 내가 그들이 보낸 뇌물을 받으면 재상 자리에서 쫓겨나 물고기조차 제대로 살 수 없을 지경이 되고 말 것이다. 내가 그들이 보낸 물고기를 받지 않으면 재상 자리도 보존할 수 있고, 계속해서 물고기도 사서 먹을 수 있지 않겠느냐?"

남들이 뇌물로 보낸 물고기를 받지 않아야만 맛있는 물고기 요리를 계속 먹을 수 있다. 반대로 말하자면 계속 물고기 요리를 먹고 싶다면 남들이 보내온 물고기를 받지 말라. 이러한 '역방향 변증법'은 우리가 어떤 일을 하거나 문제를 생각할 때 또 다른 시각과 사유를 제공한다. 우리는 누구나 사사로운 욕망을 가지고 있다. 예를 들어 쾌락이 그러하고, 명성이나 재물, 권력 등이 그러하다. 그렇다면 어떻게 사적인 욕망을 얻을 것인가? 노자는 우리에게 이렇게 말하고 있다.

자나 깨나 자신의 욕망을 채우기 위해 애쓰거나 오로지 이를 추구하기 위해 노심초사하지 말라! 오히려 '무사', 즉 자신의 욕망을 잊어버리고 다른 이들을 위해 생각한다면 오히려 즐거움, 명성, 재물, 권력을 얻을 수 있을 것이다. 혹자는 이것이야말로 '권모술수'가 아니냐고 반문할 수 있다. 하지만 이렇게 생각하고 이렇게 행하면 또한 좋지 않겠는가?

물의 일곱 가지 장점

최고의 선은 물과 같다.

물은 만물을 이롭게 하면서도 만물과 다투지 않으며

모든 이가 싫어하는 곳에 머물기에

도에 가장 가깝다고 하는 것이다.

득도한 자는 물과 같아 낮은 곳에서도 안거하고

마음이 깊고 고요함을 유지하여

다른 사람을 대하는 데 어짊과 사랑으로 하고

언사를 진실로 믿을 수 있으며

다스리는 데 사람들을 편안하게 살도록 하고

일을 하는 데 자신의 최선을 다하며 행동이 시기적절하다.

이렇듯 남들과 다투지 않아야만 허물이 생기지 않게 된다.

上善若水. 水善利萬物而不爭, 處衆人之所惡, 故幾[1]於道.
상선약수　　　수선리만물이불쟁　　　거중인지소악　　　고궤어도

居善地, 心善淵, 與[2]善仁, 言善信, 政善治[3], 事善能, 動善時[4].
거선지　心선연　여선인　언선신　정선치　사선능　동선시

夫唯不爭, 故無尤.
부유불쟁　　고무우

1 기(幾): 거의, 접근함, 가까움.

2 여(與): 다른 사람과 교류하거나 접함.

3 정선치(政善治): 정치를 하는 데 있어 다스림이 간소해야 한다는 뜻으로 풀이하기도 한다.

4 동선시(動善時): 행위나 행동을 할 때는 적절한 시기를 알아야 한다는 뜻이다.

5 중화민국 사공자(四公子) 가운데 한 명인 위안커원(袁克文)의 시에 나오는 구절이다. 부친인 위안스카이에게 칭제하지 말기를 권유하며 쓴 시이다. 원문은 다음과 같다. "絕憐高處多風雨, 莫到瓊樓最上層."

6 "공자가 동쪽으로 흐르는 물을 바라보고 있었다. 자공이 공자에게 묻기를 '군자가 큰물을 보게 되면 골똘히 바라보는 것은 무엇 때문입니까?' 공자가 말했다. '무릇 물은 여러 생명에게 두루 베풀면서도 작위적이지 않은 것이 덕과 비슷하다. 낮은 곳으로 흐르고 굽이치는데 순리에 맞으니 의(義)와 비슷하다. 백 길이나 되는 계곡에 이르러도 두려워하지 않으니 용(勇)과 비슷하다. 그릇에 부어도 항시 평평하니 법(法)과 비슷하고 가득 차도 평미레 나무(되나 말질을 할 때 윗부분에 쌓인 곡식을 깎아내리는 나무막대)를 구하지 않아도 괜찮은 것은 평(平)과 비슷하다. 가냘프더라도 미세한 부분까지 닿는 것은 찰(察: 자세히 살핌)과 비슷하다. 들고나면서 신선하고 깨끗해지는 것은 선화(善化: 착하게 교화됨)와 비슷하다. 그것이 만 번이나 꺾여도 반드시 동쪽으로 향하는 것은 지(志)와 비슷하다. 그런 까닭에 군자는 큰물을 보면 반드시 살피는 것이다." 『순자(荀子)』의 「유좌(宥坐)」. 이처럼 공자는 물의 속성을 통해 이상적인 인격을 지닌 군자의 형상을 묘사하고 있는데 덕과 의, 도와 용기, 법도와 올바름, 찰(察)과 지(志), 선화 등 다양한 도덕 범주가 동원되고 있다.

물을 보면 무슨 생각이 나는가? 나는 가보옥賈寶玉(청나라 때의 소설 『홍루몽』의 주인공)이 제일 먼저 뇌리에 떠오르며, 그 다음에 여인의 이미지가 떠오른다.

가보옥은 이렇게 말했다. "여인은 물로 이루어졌다." 노자가 생각한 것은 '최고의 선'이지만 말하고 있는 것은 여인이다. 중국 문화에서 물은 여성의 본질과 역량을 상징한다(불은 남성의 본질과 역량을 상징한다). 노자가 물을 중시한 것은 단순히 그가 수향택국水鄉澤國(강과 연못이 많은 지역) 출신이기 때문이 아니라 여성의 본질과 역량에 대해 높은 평가를 하고 있기 때문이다.

우선 노자는 물에 대해 이렇게 말하고 있다. "물은 만물을 이롭게 하면서도 만물과 다투지 않으며, 모든 이가 싫어하는 곳에 머문다." 이는 최고의 선행으로 '도'의 특성이며, 전통적인 여성의 특질이기도 하다. 이어서 그는 물의 일곱 가지 특징에 대해 언급하면서, 이를 사람들이 마땅히 배워야 할 처세의 방법으로 간주하고 있다. 하지만 언사가 지나치게 간단하여 정확한 의미를 이해하기가 쉽지 않다. 그래서 북송의 문인 소철蘇轍이 『노자해老子解』에서 노자가 말한 일곱 가지 특징에 대해 언급한 내용을 통해 살펴보고자 한다.

첫째, 물은 "높은 곳을 피해 낮은 곳으로 향하여 거스르지 않으니 선지善地이다." 우리는 물이 낮은 곳을 향해 흐르는 것처럼 겸손해야 한다. 또한 "높은 산봉우리는 비바람이 많으니 어찌하여 굳이 더 높은 곳으로 오르려 하는가?"[5]라는 말처럼 매사에 앞장서려고 애써서는 안 된다. 이런 원칙을 지킨다면 제대로 처신한다고 말할 수 있다.

둘째, 물은 "공허하고 적막하여 그 깊이를 측정할 수 없으니 선연善淵이다." 여기서 '공허'나 '적막'은 현대인이 말하는 고독이나 무료함의 의미가 아니라, 심경이 깊은 연못처럼 평온하고 고요하며, 텅 빈 듯 맑고 깨끗하여 외부의 간섭을 받지 않으며, 함부로 자신의 심경을 드러내지 않는다는 뜻이다. 그렇기 때문에 광활하여 막힘이 없다는 느낌을 받는다.

셋째, 물은 "만물을 윤택하게 하면서도 보답을 바라지 않으니 선인善仁이다." 물은 만물을 적셔주지만 그것으로 보답을 요구하지 않는다. 사람의 관계에서도 이런 물처럼 상대를 배려하고 사물을 아끼는 마음으로 최선을 다하면서도 오히려 은혜를 베푼다는 생각을 하지 않는다.

넷째, 물은 "둥근 곳에서는 선회하고 모난 곳에서는 꺾이며, 막힌 곳에서는 멈추고 터진 곳에서는 흐르니 선신善信이다." 물은 둥근 곳을 만나면 선회하고, 각진 곳을 만나면 방향을 꺾는다. 또한 막힌 곳에서는 더 이상 흐르지 않고 정지하며 터진 곳으로 흐른다. 이는 마치 사람과 사람 간의 신뢰를 뜻하는 듯하다. 이러한 물처럼 신뢰를 줄 수 있는 사람이 되는 것이야말로 우리가 지향할 목표이다.

다섯째, 물은 "모든 더러운 것들을 세척하며 높고 낮은 것들을 균등하게 하니 선치善治이다." 물은 더러워진 것들을 깨끗이 닦거나 침전시켜 청결하게 만든다. 또한 높낮이가 다른 곳에서도 언제나 평형을 유지한다. 나라를 다스리는 것은 물론이고 회사나 가정을 다스릴 때도 마땅히 이런 원칙에 따라야만 한다.

여섯째, 물은 "사물에 따라 형체를 부여하고 한쪽으로만 흐르지 않으니 선능善能이다." 물은 어디에서든 만나는 것에 따라 편하게 바뀐다. 모난 용기에 담기면 모난 모양이 되고, 둥근 용기에 담기면 또한 둥근 모양이 되니 격식에 얽매임이 없고 거리낌도 없다. 우리는 어떤 환경에 처할지라도 물처럼 격식을 타파하고 자신의 잠재 능력을 최대한 발휘해야만 한다. 이것이 가장 이상적인 능력이다.

일곱째, 물은 "겨울이 되면 얼고 봄이 되면 녹으며, 때가 되면 고갈되고 또 때가 되면 넘쳐 시기를 잃지 않으니 선시善時이다." 물은 이렇듯 시절에 따라 각기 다른 형태를 보여준다. 사람들 역시 어떤 일을 하든지 적합한 때에 적합한 곳에서 적합한 일을 해야 한다.

소철은 마지막으로 이렇게 결론짓고 있다. "선善을 지니고 있음에도 다른 이들의 비방을 면할 수 없는 까닭은 다툼이 있기 때문이다." 사람이 물과 같은 장점을 지닐지라도 다른 이들과 경쟁한다면 비방을 면할 수 없다는 뜻이다. 이런 면에서 '부쟁不爭', 즉 다투거나 견주지 않음이야말로 가장 중요한 덕목이다. 파도가 앞서거니 뒤서거니 하며 마치 뒤처지면 큰일이라도 나는 듯 달려간다고 부러워할 필요가 없다. 파도가 제아무리 크게 넘실댄다고 해도 결국 낮은 곳으로 흘러갈 뿐이다.

물이 지닌 일곱 가지 장점이 곧 여성의 장점이라고 말할 수는 없다. 하지만 특히 전통적인 여인상에서 우리는 그러한 기질을 찾아볼 수 있다. "물은 배를 띄울 수도 있지만 배를 엎을 수도 있다水則載舟, 水則覆舟." 『순자荀子』, 「애공哀公」, 「왕제王制」에 나오는 유명한 말이다. 물은 이렇듯 객관적으로 장점도 있지만 또한 단점도 있다. 예를 들어 산에서 큰물이 나면 아래로 치닫는 홍수가 저지대로 몰려들어 큰 재앙이 된다. 또한 물은 만물을 깨끗이 씻고 더러운 것을 침전시키지만, 때로 오랫동안 부패하고 독소를 내뿜기도 한다. 일부러 꼬투리를 잡으려고 이렇게 말한 것이 아니다. 물의 장점을 본받고자 할 때 어떤 상황에서는 장점이 결점이 될 수 있음을 상기시키기 위함이다. 이것이 바로 노자가 말한 "유와 무는 서로 의존하고有無相生", "높은 것과 낮은 것이 서로 채운다高下相傾"라는 뜻이 아니겠는가? 맹목적으로 고집스럽게 따르기만 한다면 오히려 노자에게 코가 꿰여 자칫 실망할 수도 있다.[6]

적절한 시기에 물러나라

쌓아 가득 채우는 것은
적당할 때 그만두는 것만 못하고
수없이 단련하여 예리하게 만들면
그 예리함을 오랫동안 보존할 수 없다.
금과 옥이 집 안에 가득하면 지킬 수 없고
부귀로 교만하면 스스로 허물을 자초하게 된다.
공적을 이루면 몸이 물러나야 '천도'에 부합한다.

持而盈之¹, 不如其已.
지이영지　　불여기이

揣而銳之², 不可長保.
줴이예지　　불가장보

金玉滿堂, 莫之能守.
금옥만당　　막지능수

富貴而驕, 自遺其咎³.
부귀이교　　자유기구

功遂身退⁴, 天下之道.
공수신퇴　　천하지도

1 지(持): 손으로 잡거나 받듦.
2 줴(揣): 두들김.
3 구(咎): 허물, 재앙.
4 공수신퇴(功遂身退): 어떤 자리에서 공적을 이루면 그 자리에 머물지 않고 물러난다는 뜻이니, 때에 맞춰 적절하게 물러날 줄 알아야 함을 말한다. '신퇴'는 산림으로 은거한다는 뜻이 아니라 공적과 직위를 탐하지 않고 물러난다는 뜻이다.
5 송대의 저명한 문학가 구양수(歐陽修)는 「어가오(漁家傲)－조강정공에게 주다(與趙康靖公)」에서 이렇게 읊었다. "공적을 이루고 용퇴하여 영광과 총애를 떠나 백발로 고향에 돌아와 생활을 껴안고 노래한다네(定冊功成身退勇, 辭榮寵, 歸來白首笙歌擁)." 이 시구야말로 '공수신퇴' 정신을 적절하게 표현하고 있다.

●○

　　무릇 어떤 일이든 시작하기가 쉽지 않다. 하지만 멈추기는 더욱 더 어렵다. 전자의 경우 능력이 있으면 능히 가능하지만 후자는 식견이 필요하기 때문이다. 특히 어떤 일이 순조롭게 진행되면서 의기양양해질 때 멈춰야 한다면 포기할 수 있는 용기와 더불어 큰 지혜가 필요하다. 본국에서 노자는 우리에게 바로 이 점을 이야기하고 있다. 재물을 모으거나, 명성을 쌓거나, 자아 성취를 드러내고자 할 때도 응당 멈춰야 할 때 그만두어야 한다. 그것은 마치 항아리에 물을 붓는 것과 같아 일단 넘치기 시작하면 그 즉시 물 붓기를 그쳐야 한다. 넘쳐나는데도 계속 물을 붓는다면 그건 낭비일 뿐이며, 심지어 주변을 더럽게 만들기도 한다. 확실히 지나치게 예리하고 뾰족하면, 다시 말해 자신의 재간이나 예기銳氣를 지나치게 드러내면 오래 지속하기 힘들다. 어디에서든지 질투와 원한을 야기할 수 있기 때문이다. 재물도 많이 가지면 가질수록 행복할 것 같지만 다 쓰지 못하고 괜히 도둑맞을까 걱정할 따름이다. 정점에 이르러 오히려 재앙을 초래하는 것보다 스스로 알아 용퇴함으로써 명철보신明哲保身하는 것이 옳지 않겠는가?

역사적으로 이를 예증할 만한 실례가 적지 않다. 자신의 재간이나 예기를 지나치게 드러내 오히려 화를 당한 경우는 동한 말년의 양수楊修가 대표적이다. 양수라는 인물은 한시이 뛰어나고 제주도 훌륭했다. 하지만 자신의 능력을 자랑하기를 좋아하여 결국 화를 자초하고 말았다. 한 번은 위나라 무제武帝(조조曹操)가 상우上虞 출신의 효녀 조아曹娥의 비석 부근을 지나친 적이 있었다. 그런데 비문 뒤에 "황견유부, 외손제구黃絹幼婦, 外孫齏臼"라는 글이 적혀 있는 것을 보고 양수에게 무슨 뜻인지 해독할 수 있겠느냐고 물었다. 양수가 해독할 수 있다고 답하자 위 무제가 말하길, 아직 답하지 말고 자신이 생각해낼 때까지 기다리라고 했다. 무제가 30리 길을 간 뒤에 해답을 찾은 후 양수에게 다시 물었다. 그러자 양수가 대답했다. "황견은 색실이니 '절絶'이 되고, 유부는 젊은 여자이니 '묘妙'가 되며, 외손은 딸의 아들이니 '호好'가 되고, 제구는 매운 양념이니 '사辭'가 됩니다. 그러니 '절묘호사絶妙好辭'라는 뜻입니다." 위 무제는 자신이 해독한 뜻과 같다는 것을 알고 감탄하며 이렇게 말했다. "나의 재지가 그대만 못하니 그 차이가 30리로구나!"

조조는 비록 양수의 총명함을 칭찬했지만 내심 시샘하는 마음이 없지 않았다. 또 어느 날 조조가 화원花園의 문門에 '활活' 자를 적어놓았는데, 양수가 이를 보고 말하길 "문 안에 '활'이 있으면 '활闊' 자가 되니 왕께서 문이 너무 크다고 못마땅하게 생각하신 것이다" 라고 말하며 즉시 대문을 허물어버렸다. 자신의 뜻을 간파당한 조조는 내심 그를 꺼렸다.

또 이런 일도 있었다. 한중에서 유비와 싸움이 한창일 때 조조가 문득 야간 암호를 계륵鷄肋으로 정했다. 양수가 이를 듣고 군사들에게 군장을 꾸려 집으로 돌아갈 준비를 하라고 일렀다. 누군가 이유를 묻자 양수가 대답했다. "오늘 밤 암호를 듣고 위왕께서 곧 철군하실 것임을 알게 되었네. 계륵은 먹자니 딱히 먹을 만한 것이 없고, 버리자니 아까운 그런 것이다. 지금 진격하자니 승산이 없고, 그렇다고 물러서자니 사람들의 비웃음이 두려운 마당이다. 이렇듯 전혀 이로움이 없으니 차라리 일찍 돌아가는 것만 못하다. 분명 내일쯤 위왕께서 군사를 물리실 것이다. 그래서 일이 닥치더라도 서둘지 않도록 미리 군장을 챙기라고 한 것이다." 과연 그의 말대로 조조가 철군을 명했다. 이후로 한중 역시 유비의 것이 되고 말았다. 그 이후 조조는 그 사실을 알고 크게 노하여 군심을 어지럽힌 죄로 그를 참하도록 했다. 물론 조조가 양수를 주살한 실제 이유는 그가 태자 책봉을 둘러싸고 벌어진 정치 싸움에서 조식曹植을 도왔기 때문이라고 한다. 하지만 설사 그렇다고 할지라도 그가 자신의 능력을 믿어 오만방자하고, 재주를 드러내기를 좋아하여 결국 조조의 미움을 받게 된 것이니 멸망을 자초한 셈이다.

이에 반해 춘추시대 사람 범여范蠡(도주공陶朱公: 춘추시대 월나라의 재상)는 공적을 이루고 시기적절하게 물러난 대표적인 인물이다. 그는 월왕越王 구천句踐의 모사였다. 구천이 오왕吳王 부차夫差에게 크게 패하자 그는 부차에게 몸을 낮추고 어떤 치욕도 견뎌낼 것을 권유했다. 그리고 그를 따라 오나라로 가서 3년 동안 노예처럼 살았다. 훗날 월나라로 돌아온 그는 월나라의 부흥과 오나라에 대한 복수를 다짐하며 재상 문종文種과 협력하여 부국강병에 힘썼다. 그는 후방에서 전략을 수립하여 월왕 구천을 도와 오나라를 멸망시키고 마침내 패업을 성취하여 상장군이 되었다. 그런데 뜻밖에도 그는 용퇴하여 서시西施를 데리고 배를 타고 월나라를 떠났다. 아예 이름까지 바꾸고 또 다른 인생길을 따라 장사로 거부가 되어 중국의 재신財神이라는 영예를 얻었다.

범여가 월나라를 떠날 때 문종에게 이런 말을 남겼다. "새를 잡으면 좋은 활은 곳간에 처박히고, 토끼를 잡으면 사냥개는 삶아 먹힌다오. 구천은 목이 길고 입이 새처럼 뾰족하니 고난은 함께할 수 있어도 부귀영화는 함께 나눌 수 없는 사람이오." 그는 문종에게 이렇게 말하며 공적을 이루었으니 함께 떠나자고 말했지만 문종은 끝내 듣지 않았다. 결국 문종은 구천에게 사사되고 말았다.

역사가 증명하듯이 '적절한 때 그만두는 것適可而之이 참으로 중요하다. 하지만 무엇이 '적適(적절함)'이고 또 어느 때가 '가可(옳은 시기)'인가? 우물쭈물하다 시기를 놓치기가 쉽다. 그만큼 적절한 시기를 잡는 것이 어렵다는 뜻이다. 설사 공적을 이루고 물러나야 할 시간이 명확하다고 할지라도, 막상 모든 것을 놓는 것은 그리 쉬운 일이 아니다. 또한 자신의 능력을 드러내는 일도 모순적인 부분이 있다. 예컨대 지나치게 자신의 능력을 드러내면 남들의 질시와 원한을 사게 된다. 하지만 전혀 드러내지 않는다면 남들이 어떻게 당신의 능력을 알 수 있겠는가? 노자는 "수없이 단련하여 예리하게 만

62

들면 그 예리함을 오랫동안 보존할 수 없다揣而銳之, 不可長保"라고 했다. 그렇다면 이렇게 해석해보는 것은 어떨까? 자신의 능력을 드러낼 필요가 있다면 한두 번 내보이는 것은 가능하다. 하지만 계속해서 자신의 재능을 자랑한다면 오히려 좋지 않은 결과를 초래할 수 있다. 이런 해석이 비교적 설득력이 있어 보인다.

마지막으로 노자의 판 뒤집기를 살펴보고자 한다. 노자는 본국 말미에서 "공적을 이루면 몸이 물러나야 '천도'에 부합한다功遂身退, 天下之道"라고 말했다. 비록 그가 '천도'가 무엇인지 구체적으로 말하지는 않았지만, 『문자文子』의 다음과 같은 문장을 통해 대략 유추할 수 있다.

"노자가 말하길 '천도는 극에 달하면 되돌아오고, 가득 차면 덜어내니 해와 달이 그러하다天道極則反, 盈則損, 日月是也.'"

여기서 알 수 있듯이 "해가 중천에 뜨면 기울고, 달이 가득 차면 이지러진다日中則移, 月滿則虧"는 뜻으로 자연현상을 통해 사람들이 마땅히 따라야할 인생의 법도를 제시한 것이다. 물론 현대 사회에 살고 있는 우리는 이른바 "해가 중천에 뜨면 기울고, 달이 가득 차면 이지러진다"라는 것이 인간이 지닌 감관의 착각일 뿐이라는 사실을 잘 알고 있다. 그러니 이를 어찌 '천도'라고 할 수 있겠는가? 노자가 굳이 '천도'에 견준 것은 아마도 자신의 논점에 설득력을 더하기 위함이자, 자신의 '천인합일' 관념을 만족시키기 위함이었을 것이다. 하지만 그럼에도 그가 제시한 '물극필반', '공성신퇴' 자체는 확고한 이치이니 굳이 거부할 이유가 없다.

'천도'를 연구한 아인슈타인은 이렇게 말한 바 있다. "나는 내 과학 연구에서 어떤 윤리 관념도 얻은 적이 없다." 이런 점에서 그

는 노자보다 훨씬 '절제'하고 있다. "천도는 천도로 말미암고, 인도
는 인도로 말미암는다." 굳이 천도와 인도를 관련지으려고 애쓸 필
요 없다. 억지로 관련을 지으려고 하면 오히려 견강부회하거나 서
투른 솜씨로 일을 망치는 결과를 초래할 수 있다. 이런 면에서도
'적절한 때 그만두는 것'이 바른 이치가 아니겠는가?[5]

최고의 경지에 이르게 하는 여섯 가지 수련

정신과 형체가 서로 하나로 합쳐져
능히 떨어지지 않을 수 있는가?
호흡을 부드럽고 평온하게 하여
능히 갓난아이처럼 할 수 있는가?
잡념을 씻어 없애고 깊이 관조하여 흠이 없을 수 있는가?
백성을 사랑하고 나라를 다스리는 데
능히 자연무위로 할 수 있는가?
천문(天門, 감관)이 열리고 닫히는 데
암컷의 덕성처럼 고요함을 유지할 수 있는가?
모든 방면에 통달하면서도
능히 심기心機가 없을 수 있는가?
성인은 만물을 생장시키고 만물을 양육한다.
생장시키지만 소유하지 않고,
덕업을 이룩하나 자랑하지 않는다.
만물의 으뜸이 되지만 통제하지 않으니,
이것이 바로 현묘한 덕이다.

載營魄抱一[1], 能無離乎? 專氣[2]致柔, 能如嬰兒乎?
재영백포일　　　　　능무리호　　　　전기치유　　　　능여영아호

滌除玄覽[3], 能無疵乎? 愛民治國, 能無爲乎?
척제현람　　　　　능무자호　　　　애민치국　　　　능무위호

天門開闔, 能爲雌乎? 明白四達, 能無知乎?
천문개합　　　　　능위자호　　　　명백사달　　　　능무지호

生之畜之, 生而不有, 爲而不恃, 長而不宰. 是爲玄德[4].
생지축지　　　생이불유　　　위이불시　　　장이부재　　　시위현덕

1 재영백포일(載營魄抱一): '재(載)'는 어조사로 '부(夫)'와 같다. '영백'은 정신과 육체를 말한다. '일'은 하나이자 '도'. 몸과 마음이 합일되어 도에 부합함.

2 전기(專氣): 기를 모음. '전'은 결집의 뜻이다.

3 척제현람(滌除玄覽): 잡념을 씻어 없애고 깊이 관조함. '척'은 씻다, '제'는 없앰. '현람'은 거울처럼 명철하고 오묘한 마음의 깊은 곳을 관조함. '람'은 관조 또는 거울로 풀이하기도 한다.

4 "生之畜之, 生而不有, 爲而不恃, 長而不宰, 是爲玄德."은 51장에도 나온다. 앞에 나오는 문장과 상관이 없다는 점에서 착간(錯簡)으로 보기도 한다.

5 서엄선사(瑞嚴禪師): 당대 선종 청원행사(靑原行思) 선사파의 6세 법손으로 민월(閩越, 복건) 출신의 선사이다. 『경덕전등록(景德傳燈錄)』 권17, 『송고승전(宋高僧傳)』 권13 등에 전기가 실려 있다.

● ○

어떻게 하면 수양을 통해 자신의 생명 또는 마음을 이상적인 경계에 이르도록 할 수 있을까? 어떻게 하면 지속적으로 그런 경지에 이르도록 마음을 다독일 수 있을까? 노자는 여기서 여섯 가지 항목을 제시하고 있다. 이는 후대 도가들이 수련 목표로 삼은 것이기도 하며 또한 선종의 수행 방식과 유사하다. 이런 면에서 문화적으로 특수한 함의를 지닌다. 다음은 이에 대한 일종의 부연 설명이다.

첫째, "재영백포일, 능무리호?載營魄抱一, 能無離乎?" 표면적으로 볼 때 형체營와 정신魄은 일체, 즉 하나인 것 같지만 사실 그렇지 않다. 우리는 흔히 넋이 나가다, 혼이 빠지다, 심지어 혼비백산魂飛魄散이란 말을 쓰곤 한다. 몸은 여기에 있는데 마음, 정신, 혼백이 저 멀리 하늘 밖으로 날아가고 말았다는 뜻이다. 분명 어떤 일을 하면

66

서도 생각은 다른 곳으로 향하고 있는 경우가 있다. 마음이 딴 곳에 가 있다는 것이다. 결국 의식이 흩어져 아무리 일을 해도 힘만 들 뿐 성과가 있을 리 없다. 도가의 "정신을 집중하여 안으로 수렴하는凝身內斂" 공부나 서엄선사瑞嚴禪師[1]의 "마음속 주인공을 세 번 소환하라"라는 말씀 또한 잃어버린 마음을 다스려 형체와 합일시키도록 노력하라는 뜻이다. 이렇게 해야만 한 가지 뜻에 전념하여 자유롭고 편안함을 얻게 되며 성실하게 임한다.

둘째, "전기치유, 능여영아호專氣致柔, 能如嬰兒乎." 사람의 호흡은 자신도 모르게 감정의 기복에 따라 빨라지거나 느려진다. 반대로 호흡이 빨라지거나 늦어지면 자연스럽게 사람의 심신에 영향을 주기 마련이다. '전기'는 호흡을 조절하는 것, 즉 조식調息이니, 호흡을 편안하고 부드럽게 하라는 뜻이다. 도가나 선종에서 좌선을 할 때 무엇보다 중요한 것이 '조식'이다. 그 목적은 호흡을 부드럽고 순통하게 만들어, 어린아이처럼 평안하고 청정한 심경을 유지하여 잡념이나 걱정을 떨쳐버리라는 것이다.

셋째, "척제현람, 능무자호滌除玄覽, 能無疵乎." 이러저러한 생각이 분산되면 마치 먼지가 날아오르는 것처럼 뇌리에 잡념이 가득 차 심신이 불안해진다. '척제'는 이러한 마음속 먼지를 깨끗이 제거하여 마음을 청정하게 만들라(무자無疵)는 뜻이다. 그렇다면 어떻게 해야만 이런 경지에 오를 수 있는가? 선종 선사 신수神秀는 이렇게 말했다.

"시시때때로 먼지를 털고 훔쳐 먼지가 나지 않도록 하라時時勤拂拭, 不使惹塵埃." 점수漸修의 방법이다. 이에 반해 혜능慧能 선사는 "본래 하나의 사물도 없는데 어디에서 먼지가 나오는가本來無一物, 何處

惹塵埃"라고 말했다. 돈오頓悟의 방법이다. 점수와 돈오 두 가지 방법을 병행하여 마음이 명징해질 때 우리는 비로소 더 깊은 관조의 세계로 들어가서 자신과 속세에 대한 명징한 견해를 지닐 수 있게 된다.

넷째, "애민치국, 능무지호愛民治國, 能無爲乎." 이는 이미 앞서 여러 차례 나온 바 있다. 노자는 사람이나 사물을 대하거나 또는 크고 작은 일을 처리할 때 무엇보다 '자연'에 따르기를 설파하고 있다. '무위'는 어떤 일도 하지 않는다는 뜻이 아니라 작위적으로 조작하지 않는다는 뜻이다.

다섯째, "천문개합, 능무자호天門開闔, 能爲雌乎." '천문'은 사람이 지닌 각종 감관을 뜻하며, '개합'은 외적인 자극을 받아들여 감응하는 것을 말한다. '자'는 여성의 고요하고 안정적인 수용의 특징을 대표한다. 노자는 여기서 모계 문화의 가치를 재차 강조하고 있다. 그러나 조용하고 안정적인 수용이 소극적이고 피동적인 것은 결코 아니다. 오히려 맑은 거울처럼 외부의 자극을 애써 배척하거나 왜곡하지 않고 있는 그대로 받아들임을 뜻한다. 『채근담』은 이를 다음과 같은 경계로 표현한 바 있다.

"성긴 대나무 숲에 바람이 불어도 바람이 지나가면 대나무 숲은 소리를 남겨두지 않고, 차가운 연못을 기러기가 날아가도 기러기가 지나가면 연못은 그림자를 남기지 않는다. 하여 군자는 일이 생기면 마음이 비로소 발현하지만 일이 지나가면 마음도 따라서 비워진다風流疏竹, 風過而竹不留聲. 雁過寒潭, 雁去而潭不存影. 故君子, 事來而心始現, 事去而心隨空."

여섯째, "명백사달, 능무지호明白四達, 能無知乎." 사리에 밝아 사

68

통팔달의 인간이 되려면 당연히 지식을 갖추고 있어야만 한다. 그렇기 때문에 여기에 나오는 '무지'는 계략이나 잔꾀를 부리지 않고 간사하거나 교활함이 없음을 뜻한다.

종합적으로 볼 때 이상 여섯 가지 수련에서 노자는 네 개의 '무' 자를 활용하고 있다. 그것의 최대 교집합은 '방공放空', 즉 자신의 생각과 욕망, 계략, 작위를 제거하라는 것이다. 이렇게 볼 때 수련의 목적은 단순히 자신만을 위한 것이 아니라 다른 사람의 이익도 포함되어 있는 것이다. 예컨대 자신의 불로나 장생을 위한 것이 아니라, 만물(자녀나 회사 등을 포함하여)을 양생할 때 그들이 성장할 수 있도록 하면서도 자신의 공로로 생각하지 않으며, 자신의 소유물로 여겨 통제하지 말라는 뜻이다. 이렇게 해야만 진정 심오한 덕행이 아니겠는가?

역방향 사고와 전이식 사고

서른 개의 바퀴살이 하나의 바퀴통에 모이지만
바퀴통 중간이 비어야 수레로 쓸모가 있다.
진흙을 이겨 질그릇을 만드는데
질그릇 안이 비어야 그릇으로 쓸모가 있다.
문이나 창을 내어 방을 만들지만
문과 창, 방 안이 비어야만 방으로 쓸모가 있다.
그런 까닭에 '유'가 이롭게 쓰이는 것은
'무'가 쓰임이 있기 때문이다.

三十輻¹共一轂², 當其無, 有車之用.
삼십복공일곡　　　　당기무　　유차지용

埏埴以爲器, 當其無, 有器之用.
연식이위기　　　　당기무　　유기지용

鑿戶牖以爲室,³ 當其無, 有室之用.
착호유이위실　　　　당기무　　유실지용

故有之以爲利, 無之以爲用.
고유지이위리　　　　무지이위용

1 복(輻): 바퀴살. 바퀴에서 바퀴통과 바퀴 테를 연결하는 나무 조각. 고대의 수레바퀴는 일반적으로 서른 개의 바퀴살로 구성되어 있었다.
2 곡(轂): 바퀴통. 바퀴 중심에 있는 나무로 만든 둥근 통. 가운데 둥근 구멍이 있어 차축을 넣는다.
3 호(戶)는 실내의 문, 유(牖)는 창문이다

●○

　　노자는 위대한 철학가이자 깊은 사고력을 갖춘 인물이었다. 본국에서도 그는 수레, 도기, 방 등 모든 이들이 익히 알고 있는 실례를 통해 사람들이 흔히 지나칠 수 있는 심오한 진리와 철리를 끄집어낸다. 구체적인 생활이나 추상적인 사유 속에서 사람들은 주로 유형의 사물에 관심을 두고 그것이 지닌 '유'의 작용에 주목한다. 하지만 실제로 작용하는 것은 '유'가 아니라 무형의 공간, 즉 '무'이다.

　　앞서 노자는 '유'와 '무'의 상호 의존에 대해 언급한 바 있다. 창문이나 벽이 존재하여 지탱해야만 일정한 공간이 생겨나 거주하거나 활동하는 등 '무'의 작용이 발휘된다. "'유'가 이롭게 쓰이는 것은 '무'가 쓰임이 있기 때문이다有之以爲利, 無之以爲用"라는 말은 바로 이런 뜻이다. 하지만 우리는 습관적으로 '유'에 모든 사고를 집중할 뿐이다. 예컨대 벽을 치장하거나 창문의 재질이나 규격을 고민한다. 노자는 우리에게 생각을 돌려 '무'에 마음을 둘 것을 요구하고 있다. 이것이 바로 앞서 말한 '역방향 사고'이자 '전이식 사고'이다.

이러한 역방향 사고, 전이식 사고는 모두 현대 심리학에서 새로운 사유, 새로운 계기를 마련하기 위한 창의적 사고에 속한다. 인류 역사에서 이와 관련된 구체적인 실례가 적지 않다. 예를 들어 천연두는 한때 인류에게 가장 무서운 악성 전염병 가운데 하나였다. 의사들은 천연두와 대항하면서 주로 '유'에 초점을 맞추었다. 히지만 영국의 의사 에드워드 제너Edward Jenner는 사고의 중심을 '무'로 옮겼다. 천연두 병변이 전혀 나타나지 않는 건강한 사람, 특히 시골에서 우유를 짜는 부인네들의 경우에는 소의 천연두牛痘를 경험한 후 천연두에 걸리지 않는다는 사실을 발견한 것이다. 이렇게 해서 그는 우두라는 예방법을 발명하여 당시 인류에게 가장 큰 위협을 제거했을 뿐만 아니라, 면역학 방면에서도 참신한 영역을 열어나갈 수 있었다. 이는 또한 인류의 지식 영역을 확대한 것이자 인류의 운명을 바꾼 일이기도 했다.

삶의 여러 가지 문제들 가운데 '전이식 사고', 즉 사고의 전이가 우리에게 일깨워주는 것이 적지 않다. 현대 사회는 물질을 향유하는 데 치중하고 있다. 사람들은 너나 할 것 없이 더욱 많은 물건, 더욱 좋은 물건을 찾느라 혈안이 되어 있다. 비근한 예를 들자면 자동차와 같은 경우가 그러하다. 물론 차를 소유하면(유有) 훨씬 편리하고 좋은 점이 많다. 하지만 만약 '유'만 본다면 '무', 즉 차를 소유하지 못한 사람은 좌절을 느낄 수밖에 없다. 하지만 차가 없어도(무

無) 나름대로 좋은 점이 많다. 예컨대 시내에서 택시를 타면 차를 이용하는 것보다 더 빠르게 목적지에 도착할 수 있으며, 굳이 주차장을 찾느라 애쓸 필요도 없다. 또한 비싼 차를 도난당할 걱정을 하지 않아도 된다. 시외로 여행을 할 때 버스나 기차를 타면 주변 풍광을 보면서 시간을 여유롭게 보낼 수 있다. 또한 훨씬 넓은 시야가 확보되어 차를 타고 간다면 볼 수 없는 풍경을 볼 수도 있다. 이렇듯 사고의 초점을 바꾼다면 인생이 더욱 넓어진다.

이외에도 우리는 사람이나 사물을 대할 때 '볼 수 있는' 부분보다 '볼 수 없는' 부분이 더욱 중요할 때가 있음을 깨달아야 한다. 사람의 용모, 의상, 말솜씨, 행동 등 '볼 수 있는' 부분에 현혹될 것이 아니라 그의 인격, 마음 씀씀이, 가치관 등 '볼 수 없는' 부분을 헤아릴 수 있어야 한다는 뜻이다. 볼 수 없기 때문에 오히려 더욱 자세하게 관찰하고 깊이 생각하여 비로소 상대의 진정한 가치를 찾아내게 된다. 어떤 일을 할 때도 눈앞에 보이는 득실만 생각하지 말고 '볼 수 없는' 득실까지 장기적으로 고려하는 것이 관건이다.

사상의 깊이는 장기간에 걸친 숙련을 통해 이루어진다. 하지만 창의적 사고는 지금 당장 시작할 수 있다. 어떤 문제에 직면했을 때 노자의 말에 따라 사고의 중심을 '유'에서 '무'로 전환하고, '무'에서 '유'를 생각한다면 지금까지 볼 수 없었던 풍경을 볼 수 있으며, 전혀 다른 인생이 펼쳐진다.

감관의 자극에서 벗어나라

화려한 색깔은 사람의 눈을 어지럽게 만들고
온갖 음악 소리는 사람의 귀를 멀게 만들며
갖가지 음식을 내놓으면 사람의 혀가 마비되고 만다.
제멋대로 치달리며 사냥을 하면
사람의 마음이 발광하게 되고
얻기 어려운 재물은
사람의 행동을 어긋나게 한다.
그래서 성인은 그저 배부르기만 구할 뿐
가무와 여색의 즐거움을 좇지 않으니
그런 까닭에 물욕을 버리고
내적으로 만족하는 삶을 취하는 것이다.

五色[1]令人目盲, 五音[2]令人耳聾[3], 五味[4]令人口爽, 馳騁[5]畋獵[6],
오색령인목맹   오음령인이롱   오미령인구상   치빙전렵

令人心發狂, 難得之貨, 令人行妨[7].
령인심발광   난득지화   령인행방

是以聖人爲腹不爲目[8]. 故去彼取此.
시이성인위복불위목   고거피취차

1 오색(五色): 청, 황, 적, 백, 흑. 여기서는 화려한 색깔을 의미한다.
2 오음(五音): 궁, 상, 각, 치, 우. 여기서는 다양한 음악소리를 의미한다.
3 이농(耳聾): 귀가 멀다.
4 오미(五味): 산(酸: 신맛), 고(苦: 쓴맛), 감(甘: 단맛), 신(辛: 매운맛), 함(鹹: 짠맛). 여기서는 온갖 음식
  을 의미한다.
5 치빙(馳騁): 치달리다. 제멋대로 거리낌 없음을 비유한다.
6 전렵(畋獵): 수렵. '전'은 봄 사냥의 뜻이나 사냥의 통칭으로 사용된다.
7 행방(行妨): 행동에 방해가 되다. '방'은 방해의 뜻이다.
8 위복불위목(爲腹不爲目): 배부르고 편안한 것을 구할 뿐 눈의 즐거움(성색聲色의 즐거움)을 좇지 않
  는다는 뜻이다.
9 독일의 생물학자인 에른스트 하인리히 베버(Ernst Heinrich Weber)와 독일의 물리학자인 구스타프
  페히너(Gustav Fechner)가 발견한 법칙이다. 흔히 베버의 법칙(Weber's law)이라고 불린다. 감각기
  에서 자극의 변화를 느끼기 위해서는 처음 자극에 대해 일정 비율 이상으로 자극을 받아야 된다는
  이론을 말한다. 처음에 약한 자극을 받으면 자극의 변화가 적어도 그 변화를 인지할 수 있다. 하지
  만 처음에 강한 자극을 받으면 자극의 변화가 커야 그 변화를 인지할 수 있다는 것이다.

●○

오색은 원래 홍색, 황색, 남색, 백색, 흑색 등 다섯 가지 색깔이
고, 오음은 궁, 상, 각, 치, 우 다섯 가지 소리이며, 오미는 쓴맛, 신
맛, 매운맛, 단맛, 짠맛 등이다. 노자는 이를 각종 감관 자극의 대표
적인 예로 삼고 있다. 사실 많은 이들이 감관 자극은 경험과 마찬가
지로 다양하고 많을수록 예민해지며 그럴수록 더욱 풍부한 느낌을
받게 된다고 믿고 있다. 하지만 노자는 감관 자극은 사람의 눈을 어
지럽히고, 청각을 마비시키며, 입맛을 버리게 만들 뿐이라고 하면
서 부정적으로 보고 있다. 그렇다면 도대체 누구의 말이 옳은가?
  현대 생물학의 감관 자극에 대한 연구에 따르면 대다수의 의견

이 아닌 노자의 주장이 옳다. 다시 한 번 그의 지혜를 보여준 셈이다. 생물학에는 베버의 법칙 또는 베버—페히너의 법칙이란 것이 있다.[9] 사람이 강렬한 자극을 받은 후 다시 작은 자극을 주었을 경우 반응이 미미하다는 것이다. 다시 말해 첫 번째 자극이 크기 때문에 두 번째에 작은 자극을 받아도 전혀 감각을 느끼지 못한다는 뜻이다.

"푸른 바다를 본 사람은 작은 강물을 물로 여기지 않는다觀滄海者難爲水"라는 말이 있다. 원래 『맹자·진심상』에 나오는 말로 태산에 오르면 천하가 작게 보인다는 뜻과 같다. 만약 당신이 자극을 받아 즐거운 느낌을 받았다면 이후에는 더욱 큰 자극을 원하게 될 것이다. 예를 들어 더욱 아름다운 풍경이나 훨씬 맛있는 음식을 원하는 것이 그러한데, 이렇게 하다 보면 결국 악순환의 고리에 빠지고 만다. 강력한 자극으로 인해 감정적으로 고조된 상태가 되면 아무리 더한 자극을 주더라도 더 이상 느낄 수 없게 된다. 결국 감각 마비 상태가 되고 마는 것이다. 흔히 볼 수 있는 예로 음식을 들 수 있다. 만약 당신이 사천요리처럼 자극이 강한 음식을 좋아한다면 입맛은 점점 자극적이고 강한 맛에 끌리게 될 것이다. 결국 절강浙江이나 강소江蘇의 음식처럼 담백한 맛에는 그다지 흥취를 느끼지 못하게 된다. 맛을 알 수 없으니 결국 계속해서 사천요리만 찾게 될 것이고, 결국 맛에 관한 한 마비 상태가 되고 만다.

생물학적으로 볼 때 감관 자극이 우리를 유쾌하게 만드는 까닭은 주로 대뇌의 보상 메커니즘이 자극을 받아 활성화하면서 도파민 분비를 촉진하여 쾌감을 주기 때문이다. 만약 보상 메커니즘이 계속 활성화하면 이에 대한 의존성이 강해지기 때문에 더 새롭고 강렬한 쾌감을 찾기 마련이다. 사람들이 더 감각적인 쾌락을 추구하거나 심지어 술이나 마약에 중독되어 이를 통한 쾌락이나 환각을 찾는 것 역시 같은 원인 때문이다. 설사 중독이 되지 않는다고 할지라도 앞서 말한 베버의 법칙으로 인해 악순환의 고리에 벗어나지 못하게 된다.

미국의 어떤 바람둥이는 일상적으로 잠자리 상대를 바꾸었고, 뇌 속의 도파민이 과다하게 분비되어 더욱 흥분과 쾌감을 느낄 수 있었다. 결국 그는 끊임없이 새로운 상대를 찾아 헤맸고, 그 숫자가 300여 명에 이르렀다. 그의 독특한 성적 경험을 부러워할 사람도 있겠으나 그는 오히려 매번 새로운 상대를 만날 때마다 성적 쾌감을 느끼는 시간이 점점 빨라지고, 상대에 대한 애정은 물론이고 성욕조차 줄어들어 만족감을 느낄 수 없었다고 한다. 이러한 결과 역시 끝없이 욕망을 추구하는 자의 말로를 보여주는 것으로 우리에게 시사하는 바가 크다.

사람들은 누구나 자신의 욕망을 만족시키기 위해 애쓴다. 하지만 과연 '만족'이란 것이 무엇인가? 사람들마다 그 기준이 같을 리 없다. 추구하면 할수록 그 기준이 더욱더 높아지기 때문이다. 어떤 심리학자가 장미꽃으로 다음과 같은 실험을 한 적이 있다.

밸런타인데이 두 달 전에 성장 배경이나 연령, 교제 과정 등이 유사한 남녀 두 쌍을 선발했다. 그러고는 한쪽 남자에게 매 주말마다 연인에게 장미꽃 한 다발을 보내도록 하고, 다른 남자에게는 밸런타인데이 당일에만 장미꽃 한 다발을 선물하도록 했다. 그 결과 매 주말마다 장미꽃을 받은 여자는 막상 밸런타인데이 당일에 받은 장미꽃 선물에 무덤덤했으나, 당일에 처음으로 장미꽃 선물을 받은 여자는 뛸 듯이 기뻐했다. 이는 반복적이거나 빈번하지 않은 자극이 오히려 사람들에게 더 높은 만족감이나 행복감을 준다는 것을 의미한다.

이러한 예에서 볼 수 있듯이 "배부르기만 구할 뿐 가무와 여색의 즐거움을 좇지 않는다"라는 노자의 말은 결코 소극적이거나 부정적인 뜻이 아니라 만족의 기준, 자극의 정도를 낮춤으로써 오히려 지극한 즐거움과 만족을 향유할 수 있다는 뜻으로 풀이할 수 있다.

제13국

총애를 받거나 모욕을 당해도 놀라지 말라

총애를 받거나 굴욕을 당하면 누구나 놀라 당황하며

영욕을 큰 우환으로 생각하며

마치 자신의 생명처럼 귀중하게 여긴다.

무엇을 일러 총애를 받거나 굴욕을 당하면

놀라 당황하는 것이라 하는가?

총애를 받는 것은 원래 하천下賤한 일인데,

총애를 받아도 놀라고 잃어도 놀란다.

이를 일러 총애나 굴욕도

모두 놀라 당황하는 것과 같다고 한다.

무엇을 일러 영욕을 큰 우환으로 생각하며

마치 자신의 몸처럼 귀중하게 여긴다고 하는가?

나에게 큰 우환이 있는 까닭은 내가 몸을 가지고 있기 때문이니

만약 나에게 몸이 없다면 어찌 내게 우환이 있겠는가?

그리하여 자신의 몸을 소중하게 여기듯이 천하를 위한다면

그에게 천하를 맡길 수 있으며

자신의 몸을 사랑하듯이 천하를 위한다면

그에게 천하를 위탁해도 좋을 것이다.

寵辱[1]若驚, 貴大患若身. 何謂寵辱若驚?
총욕약경　　귀대환약신　　　　하위총욕약경

寵爲下, 得之若驚, 失之若驚, 是謂寵辱若驚.
총위하　　득지약경　　실지약경　　시위총욕약경

何謂貴大患若身?
하위귀대환약신

吾所以有大患者, 爲吾有身, 及吾無身, 吾有何患?
오소이유대환자　　위오유신　　급오무신　　오유하환

故貴以身爲天下, 若可寄天下, 愛以身爲天下, 若可托天下.
고귀이신위천하　　약가기천하　　애이신위천하　　약가탁천하

---

1 총욕(寵辱): '총'은 총애의 뜻으로 득의(得意)의 총칭이고, '욕'은 모욕으로 실의(失意)의 총칭이다.

2 조맹(趙孟)은 춘추시대 진(晉)나라 정경(正卿)으로, 본명은 조순(趙盾)이고 맹(孟)은 자(字)이다. 자손들로 조문자(趙文子, 조무(趙武), 조간자(趙簡子, 조앙趙鞅), 조양자(趙襄子, 조무휼趙無恤) 등이 있는데 모두 조맹을 세습했다. 조맹은 권력자의 뜻으로 쓰였다.

3 「임강선(臨江仙)」, "鍾鼎山林都是夢, 人間寵辱休驚. 只消閑處遇平生. 酒杯秋吸露, 詩句夜裁冰. 記取小窗風雨夜, 對床燈火多情. 問誰千里伴君行. 晚山眉樣翠, 秋水鏡般明."

○●

'총욕약경寵辱若驚', 즉 총애를 받거나 모욕을 당해도 놀라지 않는다는 말은 많은 이들이 익히 알고 있는 성어이다. 외적으로 누군가에게 총애를 받거나 모욕을 당해도 전혀 개의치 않는다는 뜻인데, 『채근담』에 나오는 말이기도 하다. "영욕에 놀라지 않으며, 한가로이 뜰 앞에 꽃이 피고 지는 것을 바라보며, 가고 머무름에 뜻이 없어, 무심히 하늘 밖에 구름이 모이고 흩어지는 것을 바라본다寵辱若驚, 閒看庭前花開花落. 去留無意, 漫隨天外支卷雲舒." 초탈한 느낌, 말 그대로 소쇄한 경지에 이른 말이다. 하지만 노자가 말한 '총욕약경寵辱若驚'은 평범한 사람들의 반응이다. 실제로 사람들은 대부분 총애를 받거나 모욕을 당하는 것에 상당히 민감하다. 심지어 자신의 생명만큼이나 중시하기도 한다. 그래서 "선비는 죽일 수는 있지만 모욕을 줄 수는 없다±可殺不可辱"라는 말이 나왔을지도 모를 일이다.

그러나 노자는 우리를 이렇게 일깨워주고 있다. 총애든 모욕이든 모두 타인에게서 비롯된다. 맹자는 「고자告子」에서 이렇게 말했다. "조맹이 귀하게 만든 자는 조맹이 천하게 만들 수 있다趙孟之所貴, 趙孟能賤之."[2] 오늘 당신을 총애하는 자가 다른 날 오히려 당신을 모욕하고 천하게 만들 수 있다는 뜻이다. 그렇기 때문에 노자는 설사 총애를 입는다고 해도 취할 것이 아니라, 오히려 하찮게 여겨야 한다고 말한 것이다. 하지만 보통 사람들은 누군가의 총애를 입으면 크게 놀라 뛸 듯이 기뻐하고, 누군가에게 치욕을 당하면 또한 놀라 어찌할 바를 모른다. 이 어찌 가소로운 일이 아니겠으며 또한 비애가 아니겠는가? 사람들은 왜 이런 일로 근심 걱정하며 애를 태우는가? 우리 모두는 생명을 가지고 있으며, 생명이 가장 중시하는 것이 공명과 복록, 칭찬과 비난, 이해득실이기 때문이다. 하지만 만약 그런 생명이 없다면 무엇을 걱정하고 근심하랴!

노자는 이런 측면에서 '귀생貴生' 관념을 제시하고 있다. '귀생'이란 구차하게 연명한다거나 죽음이 두려워 비겁해진다거나 오로지 살기 위해 모든 것을 내버린다는 것이 아니다. 오히려 그것은 생명을 귀중하고 애석하게 여김이다. 다시 말해 무엇이 존재의 근본인지를 깨달아 총애와 모욕, 칭찬과 비난, 이해득실과 같은 몸 밖의 일이 오히려 생명을 훼손하고 희생시키지 않도록 해야 한다는 뜻이다. 만약 몸 밖의 것으로 몸(생명)을 훼손한다면 본말이 전도되고 근본이 되는 뿌리를 버리며 지엽적인 것을 따르는 것이 아니겠는가. 그리하여 노자는 다음과 같이 결론을 내리고 있다. 생명을 귀중하게 여기는 자세로 천하를 경영한다면, 그에게 천하를 맡길 수 있으며, 생명을 애석하게 여기는 태도로 천하를 경영한다면 그에게 천하를 위탁할 수 있을 것이다.

보기에 한 바퀴를 돌아 다시 제자리로 온 것 같다. 노자는 "총애를 받거나 모욕을 당해도 놀라지 말라"라고 말하고 있다. 타인이 당신에게 가하는 총애와 모욕, 영예와 비난에 개의치 않아야 자주성을 확보하고 편안함을 유지할 수 있다는 것이다.

1957년 북경대학 총장이자 저명한 경제학자인 마인추馬寅初가 「신인구이론新人口理論」을 제기했다. 지나치게 빠른 인구 성장이 중국의 발전에 저해가 될 것이니 출산을 통제해야 한다는 내용이었다. 그의 주장은 사회주의 우월성을 의심하고 인민대중을 멸시한다는 이유로 3년 동안 매서운 비판을 받았으며, 급기야 1960년 북경대학의 총장 자리에서 쫓겨나는 수모를 당했다. 그의 아들이 불행한 소식을 전하자 마인추는 무심한 표정으로 "아!"라고 답했다. 마치 자신과 전혀 관련이 없다는 듯한 반응을 보였다. 이후 그는 관직에서 물러나 한가로운 생활을 했다. 마오쩌둥이 세상을 뜨고 사인방四人幇이 쫓겨난 후인 1979년 중공중앙은 마인추의 이론이 사실로 증명되었음을 인정하고 사과하였으며, 그의 명예를 회복시키고 북경대학 명예 총장으로 초빙했다. 아들이 신이 나서 기쁜 소식을 부친에게 전하자 이번에도 그는 "아!"라고 답할 뿐이었다. 마치 자신과 전혀 관계가 없다는 듯 말이다.

이것이 바로 "총애나 모욕에도 놀라지 않는다"이다. 어떤 일이 닥치든 전혀 동요하지 않고 그저 '아!'라고 무심하게 말하며 마음에 둘 필요가 없다. 문득 남송 시대 문인 신기질辛棄疾(남송의 시인이자 사인詞人이다)의 사詞 「임강선臨江仙」이 생각난다.

조정이든 산림이든 모든 것이 꿈이나니

세간의 총애와 모욕에 놀라지 마시게나.

한가로운 곳에서 평생 보내야 되리니.

가을이면 술잔에 감로주 마시고

야밤에는 얼음처럼 차가운 시구를 읊나니.

비바람 불던 날 작은 창가 등불 아래에서

정담 나누던 때 잊지 마시게.

멀고 먼 길 누가 그대와 동반하는가.

늦은 밤 산색은 가인의 눈썹처럼 비취색으로 짙어가고

가을 물은 명정처럼 밝기만 하구나.[3]

이처럼 소쇄하고 활달한 이가 오히려 믿고 맡길 수 있는 사람이
아니겠는가?

도를 파악하여 사물을 다스려야 한다

보려고 해도 볼 수 없는 것을 이夷라고 하고,
듣고자 해도 들을 수 없는 것을 희希라고 하며,
만지려고 해도 만질 수 없는 것을 미微라고 한다.
이 세 가지는 형상을 찾을 수 없으니
본래 혼연일체로 뒤섞여 있기 때문이다.
그것은 위쪽이라고 해서 밝지 않고
아래쪽이라고 해서 어둡지 않다.
앞뒤 없이 끊임없이 이어지니
무어라고 이름 붙일 수 없다.
모든 운동은 사물이 없는 상태로 되돌아간다.
이는 형상이 없는 형상形狀이고,
사물의 형체가 없는 형상形象이다.
이를 일러 '황홀恍惚'이라고 한다.
앞에서 맞이해도 그 머리를 볼 수 없고
뒤에서 따라가도 그 뒤를 볼 수 없다.
예부터 존재하는 '도'를 파악하여
지금의 구체적인 사물을 다스려야 한다.
이렇게 하면 우주의 시원始原을 알 수 있을 것이니
이를 일러 '도기道紀', 즉 '도'의 규율이라고 한다.

視之不見, 名曰夷. 聽之不聞, 名曰希. 搏之不得, 名曰微.
시지불견　　　　명왈이　　　청지불문　　　명왈희　　　박지부득　　　　명왈미

此三者, 不可致詰[1], 故混而爲一.
차삼자　　불가치힐　　　고혼이위일

其上不曒, 其下不昧, 繩繩[2]兮不可名, 復歸於無物.
기상불교　　기하불매　　승승혜불가명　　　　부귀어무물

是謂無狀之狀, 無物之象, 是謂惚恍. 迎之不見其首,
시위무상지상　　　무물지상　　시위홀황　　　영지불견기수

隨之不見其後. 執古之道, 以御今之有[3]. 能知古始[4],
수지불견기후　　　집고지도　　이어금지유　　　능지고시

是謂道紀[5].
시위도기

1 치힐(致詰): 생각하고 의론하다. 힐은 추문, 반문, 힐문의 뜻이다.
2 승승(繩繩): 분명하지 않음, 분분히 끊어지지 않고 이어짐.
3 유(有): 구체적인 사물.
4 고시(古始): 우주의 시원, 예부터 존재해온 '도'.
5 도기(道紀): '도'의 기강, '도'의 규율.
6 초끈 이론(Superstring Theory): 미국 이론물리학자 존 슈바르츠와 영국 출신 마이클 그린이 발전
　시킨 것으로 우주만물이 소립자나 쿼크보다 훨씬 작은 구성 요소로 '진동하는 가느다란 끈'으로 이
　루어졌다는 이론이다.

●○

노자는 다시 원점으로 돌아와 '도'에 대해 말하고 있는데 더욱
현묘하다. "위쪽이라고 해서 밝지 않고, 아래쪽이라고 해서 어둡지
않다. 앞뒤 없이 끊임없이 이어지니 무어라고 이름 붙일 수 없다."
도대체 무슨 뜻인지 분명하게 드러나지 않는다. 언사가 간단하고
애매모호하지만 상상력의 공간은 그만큼 넓어진다.

　상상력이 풍부한 이들은 '승승繩繩'이란 말에서 양자역학과 상대
성 이론을 결합한 '초끈 이론'[6]이 연상된다고 말하고 있다. '초끈 이
론'에 따르면 전자나 양자, 쿼크 등 우주의 입자들은 모두 '에너지
를 지닌 끈'으로 이루어져 있다. 물론 이런 끈들은 볼 수도 없고 들
리지도 않으며, 만져볼 수도 없으니 그저 황홀하여 있는 것 같기도
하고 없는 것 같기도 하다. 또 어떤 이들은 '승승'을 통해 생명 유전

혁후어

자의 본체를 이루는 물질인 DNA의 나선형 구조를 연상하기도 한다. 연구자들에 따르면, DNA는 뉴클레오타이드nucleotide라는 물질이 사슬과 같이 연결되어 있고, 그 사슬은 2중 나선형으로 되어 있다고 한다. 그래서 '승승'을 바로 이것과 연관시킨 것이다.

하지만 만약에 이로 인해 노자를 '초끈 이론'의 선구자로 보거나 DNA의 나선형 구조를 예언한 이로 간주한다면 한참 빗나간 것이 아닌가 싶다. 미국의 수학자 존 폰 노이만John von Neumann은 "이른바 물질의 본질이란 인류의 상상력이 빚어낸 허구일지도 모른다"라고 말한 바 있다. 그의 말대로 모든 진실은 인류의 상상에서 온 것일 수도 있다. 그렇다면 3천 년 전 노자가 우주만물에 대해 '상상'한 것과 현대 과학자들의 가설이 유사한 부분 역시 그리 크게 놀랄 만한 일은 아닌 듯싶다. 하지만 우리는 노자의 상상력과 사변 능력에 다시 한번 탄복할 수밖에 없다. 분명 그의 생명철학은 현대 과학의 인문학적 프레임과 호응하고 있다. 이는 당시 제자백가들이 따라올 수 없는 부분이었다.

여하튼 노자는 우리에게 다음과 같이 일깨워주고 있다. 인류의 시각, 청각, 촉각이 감지할 수 있는 범위는 유한하며, 우리의 생명 또한 유한하다. 하지만 무한대, 무한소의 시공간에는 우리의 감관으로 볼 수 없으며, 들을 수 없고, 또한 만져볼 수 없는 무형무상의 '도'가 존재한다. 그것은 우주만물의 기원이자 운동 법칙이다. 비록 '도'는 묘사하기 어렵고, 이해하거나 파악하기 힘들지만, 우리가 세심하게 관찰하고 진지하게 사고한다면 그것이 우주만상에서 드러내고 있는 단서를 발견할 수 있을 것이다. 그러한 단서를 수집하고 비교하여 그 안에서 '도'의 법칙을 귀납, 연역할 수 있다. 이것이 바로 '도기'이다. '도기'는 이미 오래전부터 존재하고 있지만 날로 새롭다. 만약 이미 오래전부터 존재하고 있는 '도'를 파악한다면 능히 지금의 생활에 준거로 삼을 수 있다. 그래서 노자는 "예부터 존재하는 '도'를 파악하여, 지금의 구체적인 사물을 다스려야 한다"라고 말했던 것이다.

많은 이들이 노자의 사상에 대해 소극적으로 아무것도 하지 않는다消極無爲고 비판하고 있다. 하지만 '도기'에 대한 그의 발언은 오히려 상당히 적극적인 일면을 지니고 있다. '천도' 방면에서 그는 우리가 우주만상 속에서 지금의 물리학, 생물학, 화학 등과 관련한 여러 법칙을 귀납한 다음, 이러한 법칙을 이용하여 현재의 문제를 해결하고 인류의 생활을 개선할 수 있기를 기대하고 있다. 또한 '인도' 방면에서 그는 우리가 고대 성현(노자를 포함하여)의 저술을 통해 입신과 처세에 도움을 줄 수 있는 부분을 찾아내기를 바라고 있다. 심지어 그는 '천도'와 '인도'가 서로 소통하는 교량을 건설하고자 생각했다. 다만 이처럼 비교적 적극적인 관념이나 방법은 『도덕경』에서 그리 흔한 것은 아니다.

도의 원칙에 순응하면 지혜롭게 대처할 수 있다

옛날에 도를 잘 닦은 이는 미묘하게 통달하고
심오하게 현원玄遠하여 일반인들은 그 깊이를 알 수 없었다.
제대로 알 수 없기에 그저 억지로 그를 형용하자면 다음과 같다.
예비하고 근신함이 마치 겨울날 내를 건너는 것과 같고
경계하고 준비함이 이웃 나라의 침략을 방비하는 것 같으며
공경하고 정중함이 연회에 손님으로 참가하는 것과 같고
행동에 거리낌이 없음이 얼었던 물이 녹아 흐르는 것 같으며
순박하고 두터움이 인위적으로 가공한 적이 없는 통나무 같고
구애받지 않고 너그러움은 깊고 아득한 계곡과 같으며
모든 것과 함께 섞이니 마치 탁한 하천과 같고
청정하며 안정되니 마치 깊고 깊은 바다와 같으며
가볍고 표일하니 마치 그침이 없는 것과 같다.
누가 능히 혼탁함을 편안하게 가라앉혀 천천히 맑게 할 수 있는가?
누가 능히 편안하고 고요함을 움직여
천천히 생기를 생겨나게 할 수 있는가?
이러한 '도'를 지닌 이는 스스로 가득 차려고 하지 않는다.
가득 차려고 하지 않기 때문에
능히 옛 것을 덮고 새로운 것을 이룰 수 있다.

古之善爲道者¹, 微妙玄通, 深不可識.
고지선위도자　미묘현통　심불가식

夫唯不可識, 故强爲之容. 豫²兮若冬涉川. 猶兮³若畏四鄰⁴.
부유불가식　고강위지용　예혜약동섭천　유혜약외사린

儼兮⁵其若客⁶. 渙兮⁷其若凌釋. 敦兮⁸其若樸. 曠兮⁹其若谷.
엄혜기약객　환혜기약릉석　돈혜기약박　광혜기약곡

混兮¹⁰其若濁. 澹兮¹¹其若海, 飄兮¹²若無止.
혼혜기약탁　담혜기약해　표혜약무지

孰能濁以靜之徐淸? 孰能安以動之徐生? 保此道者, 不欲盈.
숙능탁이정지서청　　숙능안이동지서생　　보차도자　불욕영

夫唯不盈, 故能蔽而新成.
부유불영　고능폐이신성

1 선위도자(善爲道者): '도'를 얻은 이를 말한다. 노자도 당연히 포함된다.
2 예(豫): 원래는 야수의 이름이다. 성격이 의심하고 근심을 잘한다. 이에서 주저하며 신중하다는 뜻이 파생되었다.
3 유(猶): 경비, 경계하는 모양. 본래 여우처럼 생긴 동물 이름이다.
4 약외사린(若畏四鄰): 감히 경거망동하지 않음이다.
5 엄혜(儼兮): 장엄, 공경하는 모양.
6 객(客): 용(容)으로 쓴 판본도 있으나 객이 맞다.
7 환혜(渙兮): 자재(自在)하여 거리낌이 없는 모양
8 돈혜(敦兮): 순박하고 성실한 모양.
9 광혜(曠兮): 마음이 탁 트이고 광달한 모양.
10 혼혜(混兮): 순박하고 온후한 모양. '混'은 '渾'과 통용된다.
11 담혜(澹兮): 청정하고 안정된 모양.
12 표혜(飄兮): 가볍고 표일한 모양.

●○

노자(여기서는 『도덕경』의 중요 저자이자 편찬자인 이이李耳를 말한다)는 과연 어떤 사람인가? 역사에 기재된 내용은 상당히 애매모호할 뿐 명쾌하지 않다. 어쩌면 본국에서 우리는 하나의 실마리를 찾을 수 있을지도 모른다.

필자가 느끼기에 그는 본국에서 말하고 있는 도를 잘 닦은 이처럼 "미묘하게 통달하며 심오하게 현원玄遠하여, 일반인들은 그 깊이를 알 수 없는" 인물이다. 그렇다면 구체적으로 어떤 특질을 지니고 있는가? 본국에서 노자는 상당히 구체적으로 근신, 경계, 정중, 자재自在(거리낌이 없음), 질박, 활달, 포용, 안녕, 표일飄逸 등 아홉 가지를 제시하고 있다. 설사 식견이 부족하다고 할지라도 노자가 제시한 아홉 가지 특질만 보면 도를 잘 닦은 이의 모습이나 행태가 상당히 복잡할뿐더러 심지어 모순적이라는 생각이 들 것이다. 예를 들어 본국에서 묘사하고 있는 것처럼 근신하면서 활달하거나 정중하면서도 거리낌이 없는 인물은 찾기 힘들 것이다. 사실 노자가 이처럼 구체적인 예를 제시한 까닭은 도를 잘 닦은 이가 각기 다른 정황에서 서로 다른 특징을 드러내고 있음을 표시하기 위함이다. 다시 말해 그들은 자신을 적절하게 조절하여 사회 또는 시대의 상황적 요구에 부합하는 데 능하다는 뜻이다. 그들은 이렇듯 탄력성이 풍부하고 변통이 가능하여 인생극장에서 각기 다른 배역을 맡을 수 있다.

혹자는 '기회주의자'가 아니냐고 비난할 수도 있을 것이다. 하지만 도를 잘 닦은 이라면 자연계의 카멜레온과 같아야만 한다. 왜냐하면 '도'는 고정적인 형상이 없으며, 자연계의 다른 시공간에서 각기 다른 면모를 보이기 때문이다. 도를 잘 닦은 이 역시 이와 마찬가지로 고정적인 인격, 경직된 모습이 아니라 서로 다른 정경에서 각기 다른 특질을 보여줄 수 있다. 겨울에 내를 건널 때 조심하고 신중한 자세를 취하는 것이나, 연회에 손님으로 참가할 때 상대를 공경하며 정중한 태도를 취하는 것은 모두 자연스럽고 합당하다. 그들이 보여주는 행동이나 처세의 모습은 다양하지만, 결코 원칙에 어긋나거나 기회를 틈타 사리사욕을 얻고자 함이 아니다. 오히려 자연스러운 도의 원칙에 순응하면서 이에 따른 적절한 반응으로 보이는 것일 따름이다.

연이어 나오는 '동動'과 '정靜'도 마찬가지이다. 양자는 대립적인 특징이자 역량이다. 하지만 도를 잘 닦은 이는 이 두 가지를 능히 겸용하여 '동'할 수도 있고 '정'할 수도 있다. 물론 시기나 정황에 따라 달라진다. 예컨대 시국이 요동치며 뒤숭숭하게 불안하다면 이를 안정시키고 혼탁한 것을 침전시켜 맑음을 회복할 수 있어야 한다. 하지만 장기간에 걸친 정체로 침전된 것이 많다면 물결을 요동치게 만들어 생기를 되찾아야만 한다.

이처럼 '동'하면서도 또한 '정'할 수 있는 것은 각기 다른 정황에서 서로 다른 특징을 드러내는 것으로 노자가 제8국에서 가송했던 물의 본질이기도 하다. 그렇기 때문에 노자처럼 이상적인 인격을 지니고자 하거나 득도하고자 하는 선비는 '물'의 본성에 따라 스스로 아래에 처하며 가득 차지 않고, 계속 흐르고 때로 소용돌이치면서 자신을 만물에 따라 변화시킨다. 부단히 낡은 것을 없애고 새로운 것을 이루면서 한곳에 교착되어 굳어지지 않는다.

모든 것이 근원으로 회귀한다

공명空明에 이르는 수련에 다하고
고요함을 지키는 수련을 철저하게 하라.
그래야만 만물과 함께 발전하면서
왕복 순환의 도리를 살필 수 있다.
만물은 무성하여 다양한 형태지만
각자 그 본래의 뿌리로 되돌아간다.
본래 뿌리로 되돌아가는 것을 일러 정靜(고요함)이라 하고
이를 일러 명命을 회복함이라 한다.
명을 회복하는 것을 일러 상常(불변의 규칙)이라고 하는데
상을 아는 것을 명明(밝게 앎)이라고 한다.
상을 알지 못하면 망령되게 흉한 일을 저지르게 된다.
상을 알면 일체를 포용할 수 있게 되고
포용하면 공정해질 수 있으며
공정하면 두루 퍼질 수 있고 두루 퍼지면 자연에 부합할 수 있으며
자연에 부합하면 도를 얻게 된다.
도를 체득해야 오래갈 수 있으니 죽을 때까지 위태롭지 않게 된다.

致虛極, 守靜篤¹. 萬物并作², 吾以觀復.
치허극　　수정독　　만물병작　　오이관복

夫物芸芸³, 各復歸其根. 歸根⁴曰靜, 靜曰復命.
부물운운　　각복귀기근　　귀근왈정　　정왈복명

復命曰常⁵, 知常曰明. 不知常, 妄作凶.
복명왈상　　지상왈명　　부지상　　망작흉

知常容⁶, 容乃公, 公乃全⁷, 全乃天⁸, 天乃道, 道乃久,
지상용　　용내공　　공내전　　전내천　　천내도　　도내구

歿身不殆.
몰신불태

1 치허극, 수정독(致虛極, 守靜篤): '허'와 '정'은 사람의 마음이 텅 비어 고요함을 묘사한 것이다. 사람의 마음은 외부의 간섭, 유혹으로 인해 사사로운 욕망이 일어나게 된다. 욕망이 일어나면 마음이 바빠지고 잡념으로 시달리게 된다. 그래서 온갖 외부의 유혹이나 잡념에서 벗어나 텅 비고 고요함을 유지하라는 것이다. '극'이나 '독'은 형용사로 최선을 다하라는 의미이다.
2 운운(芸芸): 무성하여 다양한 형태를 지닌다는 뜻이다.
3 귀근(歸根): '시위(是謂)'로 쓴 판본도 있다.
4 상(常): 만물이 운동하고 변화하는 영원한 규율, 불변의 규칙.
5 용(容): 포용, 관용.
6 전(全): 두루 퍼짐. '왕(王)'으로 쓴 판본도 있다.
7 천(天): 자연을 말한다.

●○

　　앞서 노자는 득도를 위해 '정'과 '동'을 겸비해야 함을 이야기했다. 본국에서는 '정'이 '동'보다 중요하며 더욱 근본적임을 강조하고 있다. 그는 우리에게 행동에 앞서 '허정'의 수련을 통해 사욕과 선입견을 제거하고, 더 객관적이고 청명한 마음으로 관찰하고 사고하여 만물의 무성하고 분분한 온갖 형태의 배후에 존재하는 규율을 파악할 것을 주문하고 있다. 여기서 노자가 제시하고 있는 규율이 바로 '복명'이다. 모든 생명은 삶과 죽음의 과정에서 왕복 순환하며 근본으로 돌아간다는 뜻이다. 그는 이를 우주의 '상도'라고 했으며, 이런 '상도'를 이해해야만 '명', 즉 밝은 앎이라고 했다. 만약 이러한 '상도'를 이해하지 못하거나 설사 이해했다고 할지라도 고의로 이를 위반하게 된다면 필연적으로 재앙이 닥치게 된다.

　20세기 초엽 미국에서 일어난 한 사건이 좋은 예이다. 당시 미국 애리조나 주 그랜드캐니언 주변에 자리한 카이바브Kaibab 고원에는 대략 4천여 마리의 야생 사슴이 살았는데, 늑대를 비롯한 포식 동물이 야생 사슴의 생존을 위협하고 있었다. 이에 야생 사슴을 보호해야 한다는 민의에 따라 시어도어 루스벨트Theodore Roosevelt 대통령은 카이바브를 1906년 국립 야생동물 보호구역으로, 1908년에는 국립 기념물로 지정하고 늑대 수렵을 전개하기로 결정했다. 이에 따라 1930년까지 6천여 마리의 늑대가 사살되었으며, 결국 카이바브에서 완전히 멸종되기에 이르렀다. 분명 대통령의 명령에 따른 '행동'은 성공적으로 끝났다. 하지만 이후 전혀 예기치 못한 결과가 나타나고 말았다. 천적이 사라진 상태에서 야생 사슴은 기하급수적으로 번식하여 얼마 후 10만여 마리로 늘어났다. 그들은 닥치는 대로 들풀을 먹어치우며 식생植生 환경을 훼손하여, 푸른 초원이 날로 감소하고 누렇게 메마른 토지가 맨얼굴을 드러내기 시작했다. 결국 먹이가 부족하게 된 야생 사슴 무리들은 기아와 질병으로 인해 서서히 줄어들기 시작하여 1942년 카이바브 숲에 사는 무리의 숫자가 8천여 마리로 크게 줄어들었다. 그마저도 병들고 허약한 사슴이 대부분이었다.

　만물의 생사 순환은 일정한 '상도'가 있다. 제5국에서 예를 든 캐나다의 눈 토끼와 살쾡이의 경우와 마찬가지로 야생 늑대가 사슴을 잡아먹는 일은 보기에 잔인하지만 카이바브의 생태평형을 유지하는 데 무엇보다 중요한 것임을 부정할 수 없다. 게다가 늑대들이 잡아먹는 사슴은 주로 병약한 것들이다. 이 역시 사슴의 전체 생존에 유리하게 작용했다. 이런 실정을 모르는 사람들은 사욕과 선입견(사슴을 좋아하고 늑대를 미워하는)에 따라 자연의 '상도'를 간섭하고 파괴했다. 결국 전혀 예견치 못한 나쁜 결과를 초래한 셈이다.

노자의 말대로 한다면, 사슴과 늑대를 공평하게 대하고容乃公, 보편적으로 두루 적용할 수 있는 방법을 택하는 것公乃全이라고 할 수 있다. 물론 가장 좋은 방법은 '무위'로 자연에 대한 간섭을 배제하는 것이다. 하지만 일단 '위爲', 즉 수렵 행위가 벌어진 상태이기 때문에 '복명', 즉 본래 상태로 회복하는 것이 필요하다.

미국 정부는 1970년 늑대를 다시 방생하는 계획을 입안하여 카이바브의 생태계를 회복하려고 했다. 하지만 일부 인사들의 반대에 부딪쳐 1995년에야 비로소 실행에 옮겼다. 사람들은 캐나다에서 야생 늑대를 가져다가 방생했다. 늑대들은 병약한 사슴을 잡아먹었고, 개체수도 적정한 수준으로 줄어들었다. 이렇게 함으로써 카이바브도 활기를 되찾았다. 이것이 바로 노자가 말한 "포용하면 공정해질 수 있으며, 공정하면 두루 퍼질 수 있고, 두루 퍼지면 자연에 부합한다." 즉 전반적인 고려를 통해 자연의 '상도'에 부합하도록 해야만 오래도록 생생불식生生不息할 수 있다는 뜻이 아니겠는가?

"움직이는 것보다 조용히 있는 것이 낫다一動不如一靜." 노자의 뜻은 바로 이것이다. 세상의 많은 일, 특히 자연계와 관련이 있는 일에 관해 이런 인식이 앞서야 마땅하다. 괜히 작위적인 일을 벌이게 되면 사람이 예기치 못한 그릇된 결과를 초래하기 때문이다. 하지만 사람이 어찌 아무 일도 하지 않을 수 있겠는가? 어떤 일이 닥쳤을 때 제대로 대처하지 못하고 우물쭈물할 수만은 없다.

이런 점에서 미국 옐로스톤 공원 당국이 산불에 대처하는 자세와 방식은 시사하는 바가 크다. 옐로스톤 공원은 전체 면적의 85퍼센트가 삼림으로 이루어져 있다. 이전까지 숲에 화재가 나면 즉각 진화하는 데 주력했지만 현재는 화재의 원인이 인위적이지 않을 경우(벼락이나 과도한 건조 상태 등으로 인한 경우) 사람의 생명이나 재산에 피해가 없는 범위에서 방치하고 있다. 공원 관리국은 이렇게 해야만 자연 생태계의 평형을 유지할 수 있으며, 인위적으로 간섭할 경우 오히려 자연 생태계의 질서를 파괴할 수 있다는 것을 알았기 때문이다. 물론 큰불이 났을 때 아무런 대책도 없이 수수방관하라는 소리가 아니다. 자연발화로 인한 화재가 인명이나 재산에 위협이 될 경우 즉각적인 조치가 필요하다. 다시 말해 '천도'와 '인도'를 적절하게 겸용해야 한다는 뜻이다.

'귀근복명'은 노자 사상의 핵심이다. 자연계의 사물은 어떤 것이든 생성되면 반드시 사멸된다. 왕복 순환하며 처음으로 돌아가는 것이다. 하지만 그것은 단순한 정태적靜態的 순환이 아니다. 모든 것이 근원 상태로 회귀한다는 말은 일정한 테두리 내에서 다람쥐 쳇바퀴 도는 것처럼 왕복한다는 소리가 아니다. 이에 대해서는 제40국에서 다시 언급하겠다.

스스로를 '위대한 조타수'로 자처하지 말라

가장 좋은 임금은 백성들이 통치자의 존재를 전혀 알지 못하고
다음은 백성들이 통치자를 친근하게 대하고 찬미하며
그 다음은 백성들이 그를 두려워하며
마지막은 백성들이 그를 경멸하고 업신여긴다.
임금에게 신실함이 부족하면
백성들은 자연히 그를 믿지 않게 된다.
임금은 유유히 자득自得하면서 말을 귀하게 여기니
공적을 이루고 일이 완성되어도
백성들은 모두 '우리가 절로 그렇게 되었다'라고 말한다.

太上¹, 不知有之. 其次, 親而譽之.
태상　　　부지유지　　　　기차　　　친이예지

其次, 畏之. 其次, 侮之.
기차　외지　기차　모지

信不足焉, 有不信焉. 悠兮²其貴言³.
신부족언　　　유불신언　　　유혜기귀언

功成事遂, 百姓皆謂, 我自然.
공성사수　　　백성개위　　　아자연

1 태상(太上): 가장 높은 자리에서 가장 잘 다스리는 통치자.
2 유혜(悠兮): 유유히 자득하는 모양
3 귀언(貴言): 함부로 정치적 명령이나 법령을 발하지 않는다는 뜻이다.
4 『제왕세기(帝王世紀)』에 보면 요 임금 시절에 대해 다음과 같이 기록하고 있다. "천하가 크게 조화롭
　고 백성들이 무사하니 노인네가 길가에서 땅을 치며 노래를 부르고 있었다. 이를 본 이가 감탄하여
　말하길, '위대하여라, 요 임금의 덕이여!'라고 하자 노인이 말하길, '해가 뜨면 나가 일하고 해가 지면
　들어와 쉬며, 우물을 파서 물을 마시고 논밭을 갈아 먹으니 제왕의 힘이 나에게 무슨 필요가 있겠
　는가'라고 했다."

●○

노자는 자신의 정치관에 대해 이야기하고 있다. 비록 고대 정치
에 관한 것이지만 현대 정치에도 여전히 시사하는 바가 적지 않다.

노자는 통치자를 다음 네 가지 등급으로 나누고 있다. 가장 좋
은 통치자는 그가 매우 강력하게 주장하는 '무위이치'를 통해 백성
들이 자연의 리듬에 따라 살아가도록 놔두고, 가능한 한 간섭하지
않는 것이다.⁴ 이런 통치자는 마치 공기처럼 모든 이들에게 필요하
지만 존재를 알지 못한다. 두 번째 통치자는 유가의 '덕치'와 유사
하다. 통치자는 자신의 뛰어난 덕성으로 통치하며 백성들을 구휼
하고 사랑을 베푼다. 백성들은 그의 존재를 인지하고 있으며, 그를
찬미하고 친근하게 여긴다. 세 번째 통치자는 법가의 '법치'와 유사

하다. 그는 엄격한 법률로 사회 질서를 유치하고 백성들을 감독하고 통제한다. 하지만 백성들은 겉으로 복종하는 것처럼 보이나 내심으로는 그를 두려워하고 불만스럽게 여긴다. 마지막으로 가장 형편없는 통치자는 능력이 부족하고 안목이 짧으며 마음이 편협하여 근본적으로 통치할 자격이 없는 이로 백성들의 경멸과 모욕을 받을 뿐이다.

천지는 아무런 말이 없지만 만물은 절로 생장하고 변화하며 발전한다. '무위이치'는 통치자들이 이러한 자연을 본받으라는 뜻이지 아무 말도 하지 말고 어떤 일도 하지 말라는 뜻이 아니다. 다만 '귀언'이라고 하였으니, 가능한 지시나 호령을 줄이고 어떤 일이든 심사숙고하여 신중하게 처리하고, 제도나 법령을 최소화하되 말한 것은 반드시 실천에 옮겨 통치자로서 믿음과 위신을 세움으로써 백성들이 믿고 따르되 간섭을 받고 있다는 느낌이 들지 않도록 하라는 뜻이다. 통치의 최고 경지는 어떤 일이 달성된 후에도 백성들이 저절로 이루어진 것이라 여기고 통치자의 공로라고 여기지 않는 것이다. 통치자가 무엇을 하는지 전혀 알지도 못하고 관심도 없는 상태에서 백성들이 행복하게 산다면 이것보다 좋은 것이 어디에 있겠는가?

중국사에서 이러한 정치 이상에 비교적 접근한 시기는 한나라 초년의 '문경지치文景之治'이다. 이를 다른 말로 '황로지치黃老之治'라고 하는데, 황제와 노자의 사상을 바탕으로 한 통치라는 뜻이다. 초기에 유방이 천하를 얻는 데 크게 이바지한 장량張良과 소하蕭何, "소하조수蕭規曹隨(한초 재상인 소하가 만든 법을 후임자인 조참이 그대로 따른다는 뜻의 성어)"曹參라는 성어의 주인공 조참曹參 등은 모두 노자의 영향을 받았다. 통상적으로 도가로 칭해지는 이들은 단순히 황제나 노자의 학설만을 취한 것이 아니라 그 밖의 다른 사상가들의 관점도 수용했다. 예를 들어 사마염은 『논육가요지論六家要旨』에서 이렇게 말한 바 있다.

"그들의 학술(도가의 학술)은 음양가의 사시운행의 순서大順에 관한 학설에 근거하고 유가와 묵가의 장점을 채용하며 명가와 법가의 핵심을 취했다."

사회가 나날이 복잡해지고 정무가 번다해지는 상황에서 그저 팔짱만 끼고 '무위의 다스림'에 의지할 수만은 없다. 그들은 기본적으로 노자의 '무위' 정신에 기반을 두고 사리도 법령을 두루 고려하면서, 정령을 최대한 간단하게 만들어 책임을 분담하였다. 이것이 바로 장량과 소하, 조참 등이 당시에 보여주었던 정치 방식이다.

지금 우리에게 노자가 제시한 이상적인 '무위이치'는 불가능하다. 오히려 지금의 통치자들은 노자가 가장 엉망이라고 했던 이들이다. 위업을 자랑하고 싶은 통치자들은 끊임없이 새로운 몽상을 꿈꾸며 거대한 프로젝트를 제시한다. 하지만 제대로 실천하지도 못하고 분란만 일으키다 결국 가장 기본적인 신뢰조차 잃어 국민들의 경멸과 비난에 직면한다. 노자가 말했던 네 번째 통치자의 모습이다.

회사나 가정을 관리하는 것 역시 국가 경영과 마찬가지이다. 노자가 말한 네 가지 방식은 가정이나 회사의 경우도 마찬가지로 통용될 수 있다. 최고의 경영자는 훌륭한 제도를 마련하고 자신이 솔선수범하는 것 이외에도 직원이나 가족 구성원들이 자신의 장점을 최대한 발휘할 수 있도록 한다. 경영자 또는 지배자의 입장에서 제멋대로 간섭하거나 그릇된 지시를 하지 않는다. 더 이상적인 경우는 '위대한 조타수'로 자처하지 않으며 사람들이 중요한 인물로 여기지 않도록 한다. 묵묵히 자신이 맡은 일에 최선을 다하지만 일을 완수한 후에도 결코 사람들이 그가 노력한 성과라는 것을 눈치 채지 못한다. 이 정도가 되어야 노자가 말한 최상의 경영자, 가장이 되지 않겠는가!

낡은 사고의 울타리에서 벗어나라

큰 도가 없어지니 인의가 나타나고
지혜가 나타나니 큰 거짓이 생겨난다.
가족이 화목하지 못하므로
효성이니 자애라는 것이 나타나며
나라가 어지러워지자 충신이 생겨나게 되었다.

大道廢, 有仁義.
대도폐　　유인의

智慧出, 有大僞.
지혜출　　유대위

六親[1]不和, 有孝慈.
육친불화　　유효자

國家昏亂, 有忠臣.
국가혼란　　유충신

1 육친(六親): 부자, 형제, 부부.

● ○

　　중화권에서 인의, 지혜, 효자, 충신 등은 최상의 덕목이다. 누구나 이런 인물을 높이 평가하며 최고의 가치로 삼는다. 하지만 본국에서 노자는 공공연하게 그들을 폄하하고 있다. 언뜻 보기에 상반된 주장을 하면서 대다수가 옳다고 여기는 판을 뒤집으려는 듯하다. 하지만 여기서도 노자는 자신의 장기인 변증법을 활용하여 더 깊이 들어가 살펴보게 만든다.

　　만약 사회에 모든 이들이 어질고 의로워 마치 공기를 호흡하는 것처럼 자연스럽다면 호흡을 매번 기억하지 않는 것처럼 굳이 인의를 제창할 필요가 없다. 따라서 어떤 사회에서 인의를 제창한다는 것은 사회 구성원 대다수에게 인의가 부족하거나 결핍되어 있음을 뜻한다. 그렇기 때문에 더욱 크게 소리치고 미사여구를 동원하여 그럴듯하게 선전하는 것은 결국 그 사회가 어질지 못하고 의롭지 못하다는 것을 나타내는 것일 따름이다. 당연히 모든 이들이 양심을 발휘할 수 있는 '대도大道'는 이미 사라진 지 오래이다. 이것이 바로 "큰 도가 없어지니 인의가 나타난다"라는 뜻이다.

같은 이치로 만약 사회 절대 다수의 가정이 모두 행복하고 평안하며 자식과 부모 사이가 화락하여 다툼이 없다면 굳이 '부자자효父慈子孝'를 강조할 이유가 없다. 흥미로운 현상은 많은 이들이 효자라고 칭찬하는 이들이 주로 불행한 가정 출신이라는 점이다. 대표적인 예가 중국에서 이십사효二十四孝 가운데 으뜸인 순舜이다. 순의 부친인 장님 고수瞽叟는 순의 모친이 사망한 후 후처를 들여 아들 상象을 낳았다. 계모는 자신의 아들인 상과 함께 순을 배척하고 못살게 굴었다. 아비인 고수 역시 후처와 상의 참언만 믿고 순을 죽도록 미워했다. 한 번은 우물을 파도록 한 다음 돌을 집어넣고 우물을 메운 적도 있었다. 다행히 우물 안에 구멍을 뚫어 간신히 나올 수 있었지만 이는 아비로서 할 일이 아니었다. 이렇듯 온갖 박해와 수모를 당했지만 순은 여전히 부친에게 공손하고 이복동생에게 자애로웠다. 나중에 그의 효행이 하늘을 감동시켜 큰 코끼리를 내려 그 대신 밭을 갈게 했다. 요 임금이 그의 효행을 알고 그에게 아황과 여영 두 딸을 시집보내고 그에게 제위를 선양했다. 순은 천하를 맡은 후에도 여전히 부친을 공경하고 이복동생인 상을 제후로 봉했다. 이렇듯 순은 효순한 이가 틀림없다. 하지만 만약 육친六親이 불화하지 않았다면 어떻게 그의 효순함을 알 수 있었을 것인가?

효자가 그런 것처럼 충신 역시 마찬가지이다. 태평성대라면 누구나 충신인 척 그럴듯하게 말할 수 있다. 하지만 아무런 고난이나 시련이 없다면 근본적으로 누가 충신인지 알 수 없다. 이른바 "시절이 곤궁해야 절개가 드러나고", "정국이 혼란해야 충신을 안다"라는 말이 그래서 나온 것이다. 중국 역사상 충신으로 유명한 이들, 예를 들어 악비岳飛(남송 초기의 무장으로 정강靖康의 변 이후 악가군岳家軍을 조직하여 금나라의 침공을 저지하였으나, 화해를 주장하던 재상 진회秦檜의 무고로 결국 죽임을 당하고 만다)나 문천상文天祥(남송 말기 정치가이자 시인), 사가법史可法(명나라 말기 충신으로 청나라 예친왕豫親王이 이끄는 군사에 맞서 강남 요충지인 양주揚州를 사수하다 살해되었다) 등은 국가 위기, 정치적 암흑, 정권 교체의 난세에 등장하였다. 그들의 고상한 절개와 지조에 찬사와 비애를 보내는 것은 수많은 신하들이 환란의 시대에 굴종하거나 변절했기 때문이다. 충신의 출현, 이는 곧 시대의 비애를 반영하는 것이다.

이러한 인식을 토대로 노자는 인의, 효자, 충신 등에 대해 그다지 높이 평가하지 않고 있다. 무엇보다 그들이 대도가 쇠미해질 때 출현하는 것들이기 때문이다. 심지어 그는 "지혜가 나타나니 큰 거짓이 생겨난다"라고 했다. 순박한 시대에 인류는 기본적인 양심과 타고난 능력에 따라 아이들처럼 자연스럽게 행동했을 뿐이다. 그들은 근본적으로 인의나 효자에 대해 알지 못했다. 사람들이 지식과 주견을 가지면서 사사로운 욕망이 꿈틀거리고 비로소 어질지 못하고 의롭지 못한 일들이 벌어졌다. 그러한 이들이 점점 보편화되자 누군가 인의를 제창하면서 사회를 올바른 궤도로 돌려놓고자 애썼다. 이것이 바로 유가의 주장이자 방법이다. 하지만 사람들이 날로 영악해져 잔꾀나 계략이 넘쳐나자 허위의 방식으로 사회의 기대에 영합하여 자신의 이익을 추구하는 이들이 생겨났다. 사이

비 인의가 생겨나기 시작했다는 뜻이다. 입으로 말하는 것과 몸으로 실천하는 것이 달라졌다. 과장이 심해지고 더욱더 교묘해져 쉽게 진위를 가려낼 수 없을 정도가 되었으며, 심지어 진실보다 거짓이 오히려 사람들을 감동시키기도 했다.

인의나 충효를 미덕으로 여기는 데 익숙해진 이들에게 노자는 또 다른 시각, 또 다른 사고의 공간을 제공한다. 현대를 살고 있는 우리가 노자처럼 전통적인 가치관을 완전히 부정할 수는 없을지도 모른다. 하지만 그의 판 뒤집기를 통해 낡은 사고의 울타리에서 벗어나 변증법적인 방법으로 새롭게 사고하고 관찰한다면, 기존의 미덕과 유덕한 사람은 물론이고 이외의 여러 가지 문제들에 대해 곤경 속에서 희망을 엿보는 것처럼 또 다른 깨달음을 얻어 예상외의 수확을 거둘 수 있을 것이다.

세상이 귀하게 여기는 것들을 버려야 한다

영명함을 끊고 지혜를 버리면
백성들의 이익이 백 배가 되고
어짊을 끊고 의리를 버리면
백성들이 다시 효성스럽고 자애로워지며
교묘한 재주를 끊고 이로운 재물을 버리면 도적이 없어지니
이 세 가지는 모두 꾸밈으로 천하를 다스리는 데 부족하다.
그런 까닭에 사람들이 돌아갈 곳이 있도록 하여
소박함을 간직하면 사사로운 욕심이 줄어들고
학문을 버리면 걱정이 없게 된다.

絶聖棄智[1]，　民利百倍．　絶仁棄義，　民復孝慈．
절성기지　　　　민리백배　　　절인기의　　　　민부효자

絶巧棄利，　盗賊無有．　此三者[2]以爲文，　不足．
절교기리　　　도적무유　　　차삼자이위문　　　부족

故令有所屬，　見素抱樸，　少私寡欲，　絶學無憂．
고영유소속　　　　견소포박　　　소사과욕　　　절학무우

---

1 절성기지(絶聖棄智): 영명함과 지혜를 끊어버리다.
2 차삼자(此三者): '성지(聖智)', '인의', '교리(巧利)'.
3 "良賈深藏若虛, 君子盛德容貌若愚. 去子之驕氣與多欲, 態色與淫志. 是皆無益於子之身. 吾所以告子, 若是而已."「노담열전」「공자세가」에 나오는 내용은 이와 다르다. "내가 들으니 부귀한 자는 사람을 전송할 때 재물로 하고, 어진 자는 사람을 전송할 때 말로 한다고 합니다. 나는 부귀하지 못하나 인자라고 자처하기를 좋아하니 다음 말로 그대를 전송하겠습니다. '총명하고 깊게 관찰하는 사람에게는 죽음의 위험이 따르는데 이는 남을 잘 비판하기 때문이고, 많은 지식을 지니고 재능이 뛰어난 사람은 그 몸이 위태로운데 이는 남의 결점을 잘 지적하기 때문입니다. 자녀는 부친 앞에서 자신을 낮추고 신하는 임금 앞에서 스스로를 치켜세우지 않는 법입니다."

●○

　　앞서 노자는 인의나 충효가 사람들이 생각하는 것처럼 아름답거나 고귀한 것이 아니라고 말한 바 있다. 본국에서는 더 급진적으로 아예 영명함이나 지혜를 끊고, 어짊이나 의리를 내버리며, 교묘한 재주나 이로운 재물도 모두 없애버리라고 주장하고 있다. 세상에서 귀하게 여기고 좋아하는 것들을 없애야만 사회가 순박해지고 안락해진다는 뜻이다. 두루 알고 있다시피 영명함이나 지혜, 어짊이나 의리 등은 유가가 표방하고 추구하는 목표이다. 노자의 발언은 그가 후대에 주류 사상이 되는 유가를 옳지 않게 여기고 있음을 보여주는 것이나 다를 바 없다. 그렇다면 노자는 왜 유가에 대한 반감을 갖고 있는 것일까? 그 이면에 숨겨진 비밀은 무엇인가?

　　앞서 말했다시피 역사에 나오는 노자는 한 사람이 아니다. 사마천은 대략 세 명일 것이라고 추론했는데, 공자와 동시대 사람인 노래자, 춘추시대 말기 태사담, 그리고 전국시대 이이다. 그러나 확정 짓기 어려운 것이 그들 세 사람들 사이에도 약간의 모순이 자리하고 있기 때문이다. 『도덕경』의 작가 역시 한 사람이 아니며, 판본 또한 여러 종류가 있다. 그러나 필자가 생각하기에 내심 그렇다는 생각을 갖고 있으면 되지 굳이 이에 대해 장황하게 논술할 필요는 없다.

『사기』를 보면 공자가 노자에게 예를 물었다고 했는데, 여기에 나오는 노자는 공자의 질문에 구체적이고 직접적인 답변은 하지 않고 이렇게 말하고 있다. "뛰어난 장사꾼은 물건을 깊이 숨겨두어 겉으로는 아무것도 없는 것 같이 보이고, 군자는 훌륭한 덕을 간직하고 있으나 외모는 어리석게 보인다고 들었소. 그대의 교만과 탐욕, 허세와 지나친 욕망을 버리도록 하시오. 이러한 것들은 모두 그대에게 아무런 도움이 되지 않을 것이오. 내가 그대에게 말할 것은 단지 이것뿐이오."[3] 노자는 공자에게 관직에 너무 연연해하지 말고 자신의 재능을 자랑하지 말며 의기양양 자신을 내세우며 자신만 옳다고 하지 말 것을 권고하며 계곡처럼 마음을 텅 비우고 자신의 재능을 깊이 감추어 드러내지 말라고 했다. 이런 관점은 노자의 생명철학과 정확하게 부합한다. '노자'와 공자는 그다지 잘 어울리지 않는 것처럼 보인다. 하지만 공자가 불원천리하고 찾아와 예를 물었다면 당시 '노자'가 결코 예를 반대한 것은 아님을 알 수 있다. 예를 반대하지 않았다면 인의는 굳이 말할 필요가 없지 않겠는가.

그렇다면 '노자'가 영명함, 지혜, 인의 등에 대해 악감을 품게 된 것은 어떤 연유인가? 답안은 『도덕경』 판본에서 구할 수 있다. 현재 통용되는 『도덕경』은 「백서본帛書本」(본서의 판본이기도 하다)을 저본으로 삼고 있는데, 대략 전국 중기나 말기에 출현했다. 1993년 호북성 형문荊門 곽점郭店에서 시기적으로 더 이른 죽간본『도덕경』이 발견되었는데, 이는 대략 춘추시대 말기의 책으로 알려졌다. 본국에 나오는 '절성기지絶聖棄智'와 '절인기의絶仁棄義'는 죽간본에서 '절지기변絶智棄辯', '절위기려絶僞棄慮'로 적혀 있다(절교기리絶巧棄利는 똑같다). 학자들은 이를 근거로 노자가 반대하고 없애라고 한 것은 지모智謀, 智, 교변巧辯, 辯, 허위虛僞, 僞, 심기心機, 慮, 교활狡猾, 巧, 사리私利, 利라고 했다.

이후 전국시대 중기에 이르러 유가가 흥기하면서 성聖, 인仁, 의義에 대한 언사가 점차 그럴듯하게 논설되고 반대로 인심은 더욱더 흉악하게 바뀌었기 때문에 노자 또는 그의 문도들이 시대에 맞추어 단어를 바꾼 새로운 판본을 세상에 내놓은 것이라고 주장하고 있다. 성, 인, 의를 특화시켜 지모, 교활, 사리 등과 마찬가지로 부정적인 것으로 간주했다는 뜻이다. 노자가 보기에 성, 인, 의 등으로 천하를 다스린다면 더욱 나빠지기만 할 뿐이었다. 그렇기 때문에 근원적인 대도를 회복한다는 말은 곧 유가의 주장을 철저하게 폐기하자는 것과 일맥상통했다. 노자의 주장에 따르면, 사람이 순박한 천성을 회복하여 교묘한 언설과 잔꾀를 줄이고 교활한 심사와 사리사욕을 없애야만 비교적 만족스러운 삶을 영위할 수 있으며, 천하 역시 태평무사할 수 있다.

필자가 생각하기에 노자와 그의 문도들은 인의를 폐기할 것을 주장한 것이 아니라 오히려 인의를 표방한 것으로 보인다. 순박한 천성을 지닌 이라면 자연스럽게 인의, 즉 어질고 의롭기 때문이다.

심지어 그들은 인의가 무엇인지조차 알지 못한다. 중요한 것은 실천이지 말이 아니다. 따라서 사회의 안녕과 마음의 평정을 얻고자 한다면 성명聖明이나 인의라는 말조차 꺼내지 않으며 생각조차 하지 않는 것이 옳다. "공자는 어짊을 이야기하고 맹자는 의리를 취했다." 이 말은 거의 2천여 년 동안 끊임없이 논설되어 아무도 이에 반대하는 이가 없다. 하지만 그들의 말대로 진정으로 '살신성인殺身成仁', '사생취의捨生取義'를 할 수 있는 이 몇 명이나 되겠는가? 이런 것들은 그저 허울 좋은 말, 허튼소리에 불과하다. 하지만 적지 않은 이들이 이처럼 번드레한 말로 고취하고 받들면서 명성과 이익을 얻으니 결과적으로 사회 인심이 더욱 그릇되고 타락할 수밖에 없다. 이는 인의가 잘못된 것이 아니라 사회에 진정으로 어질고 의로운 이가 없기 때문이다. 말로는 진정한 의인, 어진 이를 육성한다고 하지만 오히려 위군자僞君子만 양산할 뿐이니 차라리 이를 고취하지 않음만 못하다.

노자와 그의 문도들이 성명이나 인의에 대해 이처럼 과격하게 비난하는 것은 덕성을 표방한 유가들이 정치적으로 가장 큰 경쟁자이기 때문이다. 제17국에서 노자는 자신이 주장한 '무위이치'(본국에서 말하고 있는 '견소포박')을 최고의 통치 이념이자 방식으로 제시했다. 유가의 덕치는 그들에게 차선일 뿐이다. 그들의 유가 비판은 이렇듯 의도성이 강하며 또한 듣기에 자못 합리적인 듯하다. 하지만 현실은 정반대이다. 노자는 유가와 경쟁에서 패배했다는 뜻인데, 이는 2천여 년의 역사에서 통치자 절대 다수가 유가 편에 섰다는 점에서 그러하다. 통치자들은 유가의 주장대로 인의를 표방하고 적극적으로 제창했다. 까닭은 무엇인가? 필자가 생각하기에 유가의 주장이나 언사가 비교적 그럴 듯하다는 이유 외에도 "사람이 배우지 않으면 의로움을 알 수 없다"라는 말처럼 이른바 양호한 행동이나 마음 씀씀이가 노자가 말한 것처럼 천성에 기인하고 자연적으로 나오는 것이 아니기 때문이다. 오히려 그것은 지속적인 가르침과 훈도薰陶가 있어야만 가능하다. 이에 관한 한 우리는 유가의 주장에 동의하지 않을 수 없다. 하지만 한 국가를 통치하거나 회사나 단체를 경영할 때 또는 자아 수련의 경우 무엇보다 중요한 것은 사람의 마음을 격려하여 더욱 큰 이상과 목표를 향해 분발해야 한다는 점이다. 노자의 철학이 좋기는 하지만 비로 이런 동력이 부족하다는 점이 아쉽다.

역방향 사고를 통해 자신의 가치를 드러내다

유唯(공손한 대답)와 아阿(질책하는 대꾸) 사이에 차이가 얼마나 되는가?

아름다움과 추악함이 서로 얼마나 다른가?

사람들이 경외하는 것을 경외하지 않을 수 없다.

넓고 망망하여 끝이 없음이여!

사람들이 희희낙락하는 것이 마치 성대한 잔치에 참가한 것 같고,

봄날 높은 누대에 올라 기뻐하는 것 같다.

나 홀로 욕심도 없고 담박하여 전혀 동요함이 없으니

마치 갓 태어난 아이가 웃을 줄도 모르는 것 같다.

피곤하고 고달프기만 하나니, 돌아갈 곳조차 없는 듯하구나.

뭇사람들은 모두 넘치고 남으나 나만 홀로 부족한 것 같으니

참으로 어리석은 나의 마음이나니, 혼돈스럽도다.

세상 사람들은 자신을 밝게 드러내나 나만 홀로 어둡고 우매하도다.

세상 사람들은 모두 살피고 따지는데 나만 홀로 우물쭈물 흐리멍덩하구나.

세상 사람들은 모두 하는 것이 있는데 나만 홀로 고루하고 어리석구나.

내가 유독 세상 사람들과 다름은 식모食母를 귀하게 여김에 있도다.

唯之與阿[1], 相去幾何? 美之與惡[2], 相去若何?
유지여아　　　　상거기하　　　　미지여악　　　　상거약하

人之所畏, 不可不畏. 荒兮, 其未央[3]哉! 衆人熙熙[4], 如享太牢[5],
인지소외　　　불가불외　　　황혜　　기미앙재　　　　중인희희　　　　여향태뢰

如春登臺.
여춘등대

我[6]獨泊兮, 其未兆. 沌沌[7]兮如嬰兒之未孩[8]. 儽儽[9]兮若無所歸.
아독박혜　　　　기미조　　돈돈혜여영아지미해　　　　　래래혜약무소귀

衆人皆有餘, 而我獨若遺[10]. 我愚人之心也哉, 沌沌兮!
중인개유여　　　이아독약유　　　　아우인지심야재　　　돈돈혜

俗人昭昭[11], 我獨昏昏[12]. 俗人察察[13], 我獨悶悶[14].
속인소소　　　아독혼혼　　　속인찰찰　　　아독민민

衆人皆有以[15], 而我獨頑且鄙[16]. 我獨異於人, 而貴食母[17].
중인개유이　　　이아독완차비　　　아독이우인　　　이귀식모

1 유지여하(唯之與阿): '유'는 공손하고 성실한 대답, '아'는 질책하는 듯한 대꾸를 말한다. 윗사람이 대충 대꾸하는 것이라고 해석하기도 한다.

2 미지여악(美之與惡): '미'는 아름다움, '악'은 추함. 양자는 미추, 또는 선악으로 풀이할 수 있다. 통행본(王弼本)은 '善'으로 썼다.

3 미앙(未央): 끝나지 않음.

4 희희(熙熙): 화락하는 모양.

5 태뢰(太牢): 고대 제왕이 사직에 제사를 지낼 때 소, 양, 돼지 등을 희생으로 준비하는 것을 태뢰 또는 대뢰라고 하였다. 여기서는 성대한 연회나 잔치를 비유한다.

6 아(我): 노자의 자칭, 또는 도를 체득한 사람을 지칭하는 것으로 본다.

7 돈돈(沌沌): 모든 것이 섞여 어지럽고 어두워 분명치 않음. 혼돈(混沌)

8 해(孩): 해(咳: 어린아이의 웃음)와 통한다. 어린아이가 웃는 모양이나 소리.

9 래래(儽儽): 피곤하고 고달픈 모양.

10 유(遺): 부족함

11 소소(昭昭): 지혜와 기교를 자랑하는 모양.

12 혼혼(昏昏): 어리석고 어두운 모양.

13 찰찰(察察): 사리에 밝아 살피고 따지는 모양.

14 민민(悶悶): 우물쭈물하며 흐리멍덩한 모양. 순박하고 성실한 모양이기도 하다.

15 유이(有以): 유용, 유위(有爲), 재주가 있음.

16 완차비(頑且鄙): 고루하고 어리석음.

17 귀식모(貴食母): '모'는 도를 비유한다. 도는 천지만물을 생육하는 어머니와 같다. 여기서는 도를 지키는 것이 귀하다는 뜻이다.

18 굴원의 「어부사」에 보면 이런 구절이 나온다. "온 세상이 전부 탁한데 나만 홀로 맑고, 뭇사람들이 모두 취해 있는데 나 혼자만 깨어 있어 이로 인해 추방당했다(擧世皆濁我獨淸, 衆人皆醉我獨醒, 是以見放)." 본문은 청과 탁, 취와 성을 바꾸었다.

●○

노자는 분명 평범한 사람들과는 다른 인물이다. 본국에서 그는 마치 고백하듯이 자신에 대해 이야기하고 있는데, 그의 고백이 참으로 교묘하다. 우선 그는 세상에 살고 있는 이들이 미추나 시비, 귀천을 구분하고 있으나 이는 가치관의 차이라는 점을 지적하고 있다. 그럼에도 세상 사람들은 자신이 옳다고 여기고 희희낙락하고 있을 따름이다. 이렇듯 그는 자신이 살고 있는 사회의 몽매와 황당함을 충분히 인지하고 있다.

그런 다음 그는 자신이 그들과 다른 것이 무엇인가 자문하고 있다. 세상 사람들은 너 나 할 것 없이 신나고 재미있어 하며 여유롭고 뭇사람들의 이목을 끌기에 충분할 정도로 화려하다. 또한 영악한 셈법으로 교묘하게 자신의 사리사욕을 채운다. 하지만 그는 피곤하고 고달프기만 하고 무언가 잃어버린 듯하며, 어둡고 우매하고 흐리멍덩하여 어리석은 듯하다. 그의 고백을 듣고 있자니 문득 "뭇사람들은 모두 깨어 있는데 나만 홀로 취하고, 세상 사람 모두 맑기만 한데 나만 홀로 탁하다衆人皆醉我獨醒, 舉世皆淸我獨濁"[18]라고 읊조리는 듯하다. 그가 생각하기에 자신은 남들처럼 분발하는 것 같지도 않고 남들이 생각하기에 이치에 맞지 않는 것처럼 보이기도 한다. 분명 그는 우리가 생각하는 것과 달라도 크게 다르니 '여중부동與衆不同'이다.

일반적으로 사람들이 누군가에게 '여중부동', 즉 남다르다고 말하는 것은 주로 일반인들에 비해 고명하거나 고상한 인품을 지녔거나 칭찬할 만한 장점이 있어 그를 추켜세우기 위함이다. 하지만 노자는 오히려 자신을 폄하하고 있다. 노자가 다른 이들과 다른 점은 다음 두 가지 원인 때문이다. 우선 그는 비천함이 도의 표현이라고 여기고 있다. 노자가 남들과 다른 점은 그 자신이 득도한 사람이기 때문이다. 그래서 그는 스스로 비천한 곳을 찾아 그곳에서 안거하고자 했던 것이다. 다른 하나는 그의 장기인 역방향 사유를 이용하여 자신을 비하함으로써 오히려 자신이 세상 사람들보다 고명함을 드러내고, 이를 통해 사람들이 추구하거나 만족스럽게 여기는 것들이 사실은 '도'에게 멀리 떨어져 그에게 전혀 흡인력이 없음을 보여주려 함이다.

지금 사회에서 점점 더 많은 이들이 남들과 다르기를 원한다. 그 원인은 상당히 다양하다. 어떤 이는 새롭고 신기한 것들을 표방하여 남들의 주목을 받고자 한다. 그들이 원하는 남들과 다름은 자신의 목적을 얻기 위한 수단일 뿐이다. 그렇기 때문에 다른 이들이 이상한 눈으로 쳐다볼지라도 전혀 개의치 않으며 오히려 좋아하며 득의양양하다. 여기서는 이런 이들의 올가미에 빠지지 말 것을, 또한 이런 이가 되지 말 것을 권고할 따름이다.

진정한 '여중부동'은 개인의 내재적 가치관에서 비롯된다. 예를 들어 박사 학위를 취득한 이가 높은 연봉의 직장을 마다하고 귀향하여 농사를 짓는다고 가정해보자. 이는 분명 다른 동년배나 동료들의 일반적인 선택과 크게 다르기 때문에 당사자는 어쩔 수 없이 고독을 느끼지 않을 수 없으며, 뭇사람들의 곁눈질과 질의에 직면하게 될 것이고 찬미와 조롱에 시달리게 될 것이다. 그렇기 때문에 이런 선택에는 무엇보다 자신의 가치관에 대한 굳은 신념이 필요하다. 자신에 대한 믿음을 스스로 존중하고, 자신의 인격에 만족하며 자부할 수 있어야 한다. 루쉰魯迅이 「자조自嘲」에서 "뭇사람들의 손가락질에 매서운 눈초리로 대한다橫眉冷對千夫指"라고 말한 것과 같다. 이렇듯 그는 찬미나 조롱이나 그 어떤 것에도 전혀 영향받지 않고 싱긋 웃으며 자신의 길을 계속 갔을 뿐이다.

　하지만 노자의 경우는 이와 또 다르다. 노자는 자신이 처한 사회의 몽매함과 황당함을 철저하게 깨닫고 더 이상 남들과 같은 사람이 되기를 거부했으며, 자기 생명의 소리(가치관)에 따라 자신이 하고 싶은 것, 해야만 하는 것을 행했다. 이는 박사 학위를 따고도 귀향하여 농사를 짓는 사람과 유사하다. 그러나 노자는 스스로 자신에게 만족하거나 기뻐하지 않았다. 누가 뭐라고 해도 자신이 원하는 대로 한 것은 '더욱 자유롭고 더욱 유의미한 인생을 추구하기 위함'이었다. 그래서 그는 담담한 미소를 지을 수 있었다. 이렇듯 그가 어리석은 듯 흐리멍덩한 듯한 모습인 까닭은 자유롭고 삶의 의미를 지니기 위함이었던 것이다.

유심론적이고 유물론적인 우주 시학

큰 덕의 형태는 오직 도를 따를 뿐이다.

도는 존재물로 있는 듯 없는 듯 황홀恍惚하다.

황홀하지만 그 안에 형상이 있고, 황홀하지만 그 안에 실물이 있다.

아득하고 어둡지만 그 안에 미세한 것이 들어있으니

그 미세한 것은 매우 참되며,

그 가운데 진실함이 존재한다.

지금부터 그 옛날로 거슬러 올라가 보면

그 이름은 영원히 없앨 수 없으며

그것에 의지해야만 만물의 처음을 알 수 있다.

내가 어떻게 만물의 처음 상황을 알 수 있겠는가?

도를 통해서이다.

孔¹德之容, 惟道是從. 道之爲物, 惟恍惟惚².
공덕지용　　유도시종　　도지위물　　유황유홀

惚兮恍兮, 其中有象. 恍兮惚兮, 其中有物.
홀혜황혜　　기중유상　　황혜홀혜　　기중유물

窈兮冥兮³, 其中有精⁴. 其精甚眞, 其中有信.
요혜명혜　　기중유정　　기정심진　　기중유신

自今及古, 其名不去, 以閱衆甫⁵. 吾何以知衆甫之狀哉?
자금급고　　기명불거　　이열중보　　오하이지중부지상재

以此.
이차

1 공(孔): 크다. 심하다.
2 황홀(恍惚): 분명치 않음, 마치 …인 듯하다.
3 요혜명혜(窈兮冥兮): '요'는 깊고 아득하여 보이지 않음. '명'은 어두워 헤아릴 수 없음.
4 정(精): 아주 미세한 물질.
5 중보(衆甫): 보(甫)는 한어에서 부(父)와 음이 같아 의미가 상통한다. 이에 '처음', '시작'의 뜻으로 풀이
　한다.

●○

　여기서 우리는 도에 대한 노자의 정교한 해설을 배울 수 있다.
그는 우주와 인간세의 대덕大德(현덕玄德)이 도의 외현外現이라는 사
실을 알려줌과 동시에 도에 대한 또 다른 묘사를 시도하고 있다. 하
지만 그의 묘사는 '황황홀홀恍恍惚惚', 말 그대로 미묘하여 알 수가
없다. 그것은 마치 현대에 들어와 만물의 근원을 탐구하는 양자론
과 유사하다.

　이론물리학자들은 우주와 만물의 어둡고 그윽하며 깊은 곳에
신비한 입자, 즉 쿼크가 존재한다고 주장하고 있다. 그것은 보일 듯
말 듯, 없는 듯 있는 듯하며, 미묘하기 이를 데 없어 포착하기가 어
렵지만 우주만물의 근원으로 상정된다. 그것은 지극히 미세하여
눈으로 볼 수 없으며 만질 수도 없다. 하지만 실험을 통해 그 존재

혁후어

는 분명하게 증명되고 있다.

혹자의 주장에 따르면, 물질과 에너지, 그리고 정보는 우주만물을 구성하는 세 가지 원소인데, 노자가 말한 "그 안에 실물이 있다"라는 것은 물질이 존재함을 뜻하고, "그 안에 미세한 것이 있다"라는 것은 에너지의 존재를 말하며, "그 안에 진실함信이 존재한다"라는 것은 '정보信息'가 있음을 뜻한다.

견강부회한 면이 없지 않으나 이 또한 하나의 주장이다. 그렇다면 노자가 진정으로 말하고자 했던 것은 무엇인가? 만약 노자에게 물어본다면 당신은 미묘하여 알 수 없는 가운데 그저 코 고는 소리만 들을 뿐일 듯하다. 마지막 부분에서 노자가 자신은 '도'를 따른다고 하면서 관찰을 통해 만물의 근원을 알게 되었다고 말하고 있으나 그의 결론은 본질적으로 유심론인 까닭에 오랜 생각과 상상 속에서 우주만물에 대한 시의詩意를 담아 묘사한 것일 따름이다. 그의 우주 시학이 당대 이론물리학과 매우 흡사한 까닭은 이론물리학자들이 말한 쿼크나 특이점(중력의 붕괴로 시공간에 생기는 가설적인 특이점-역주), 블랙홀, 허수의 시간imaginary time(일반적으로 사용되는 실수의 시간에 대해 허수로 측정되는 시간) 등도 처음에는 시의적인 상상에서 시작되었기 때문이다. 다만 그들은 자신들의 상상이 참이라는 사실을 증명했을 따름이다.

노자는 앞서 '도'는 "형상이 없는 형상形狀이고, 사물의 형체가 없는 형상形象이다"라고 말했다. 그런데 여기서는 "도는 존재물이다道之爲物"라고 말했다. 모순적인 듯하나 필자가 생각하기에 전혀 그렇지 않다. 왜냐하면 '도'는 '무'이자 또한 '유'이기 때문이다. 다시 말해 '무물無物'이자 또한 '물'이라는 뜻이다. 하지만 '무물'이든

'유물'이든지 간에 그 특징과 법칙은 '도기道紀'로 동일하다. 이런 상태하의 '도기'에 대해 우리는 충분히 파악할 수 있으며, 또한 겸용할 수 있다. 그것은 마치 빛이 입자이자 파장으로 각기 그 특성과 법칙을 지니고 있어 때로 그것을 입자로 보기도 하고 때로 파장으로 간주하기도 하는 것과 같다.

한때 노자가 유심론자인가 아니면 유물론자인가를 둘러싸고 논쟁이 벌어진 적이 있다. 필자가 생각하기에 이런 논쟁은 그다지 의미가 없을뿐더러 노자를 이해하는 데 별로 도움이 되지 않는다. 왜냐하면 그가 말한 도와 마찬가지로 유심론적이고 때로 유물론적이어서 한 군데에 얽매이지 않기 때문이다. 어떤 문제는 유심론적인 각도에서 보는 것이 비교적 합당하고 또 어떤 문제는 유물론적인 관점에서 보는 것이 타당하다. 그러나 역시 유심론적인 관점이나 유물론적인 시각 모두를 지녀야만 온전한 이해를 할 수 있으며, 비교적 원만한 해결 방안을 찾을 수 있다.

인생에 관한 견해 역시 이래야만 하는 것 아닐까? 유심론적인 각도에서 말한다면, 생명이란 무수한 감동적인 이야기로 구성된 것으로 비애와 환희가 교차하는 것이고, 유물론적인 시각에서 말한다면, 생명이란 무수히 많은 세포로 이루어져 복잡한 신진대사를 거쳐 유지되는 것이다. 이러한 관점이나 시각은 각기 장점이 있고 단점도 있지만 분명 모두 필요하다. 이러한 것들을 모두 포용하고 겸용할 수 있어야만 마음이 풍요롭고 두뇌가 명석한 사람이 아닐까?

버려야 비로소 얻을 수 있다

굽히면 온전해지고 구부리면 오히려 곧아지며,
밑이 우묵하면 채워지고 낡고 헤지면 새로워질 수 있으며,
적게 취하면 얻게 되고 많은 것을 탐하면 미혹된다.
그래서 도를 얻은 사람은 하나의 원칙을 굳게 지켜
세상 사리事理의 모범으로 삼는다.
스스로 보이지 않으니 밝아지고,
스스로 옳다고 하지 않으니 드러나며
스스로 드러내지 않으니 공이 있게 되고
스스로 으스대지 않으니 오래갈 수 있다.
오로지 다투지 않으니,
그런 까닭에 천하가 그와 더불어 다투지 않는다.
옛날 사람들이 말하는 "굽히면 온전할 수 있다"라는 말이
어찌 빈말이겠느냐?
그것은 진실로 도달할 수 있는 것이다.

曲則全, 枉¹則直, 窪²則盈.
곡즉전   왕즉직   와즉영

敝³則新, 少則得, 多則惑. 是以聖人抱一爲天下式⁴.
폐즉신   소즉득   다즉혹   시이성인포일위천하식

不自見, 故明, 不自是, 故彰, 不自伐⁵, 故有功, 不自矜, 故長.
불자현   고명   불자시   고창   불자벌   고유공   불자긍   고장

夫唯不爭, 故天下莫能與之爭. 古之所謂, 曲則全者,
불유부쟁   고천하막능여지쟁   고지소위   곡즉전자

豈虛言哉! 誠全而歸之.
기허언재   성전이귀지

1 왕(枉): 굽히다. 굽다.
2 와(窪): 우묵한 곳. 웅덩이.
3 폐(敝): 낡고 헤지다.
4 식(式): 법식. 법도. 모범.
5 벌(伐): 과시함.
6 남송 시대 문인 육유(陸游)의 시 「유산서촌(游山西村)」에 나오는 구절이다.

●○

사람들은 자신의 인생이 사통팔달의 탄탄대로를 따라 풍요롭고 새로우며 또한 다양하기를 희구한다. 노자는 여기서 또 다시 역방향 사고를 진행하면서 시야를 그 반대쪽으로 돌리고 있다. 남들이 생각하는 것에 대한 부정이자 자연의 대도에 부합하는 것에 대한 제시이다.

예를 들어 대다수 사람들은 평순平順한 것을 좋아하지 굽거나 휜 것은 좋아하지 않는다. 중국어에서 억울함을 뜻하는 위굴委屈이나 원왕冤枉은 여기에서 부연된 단어이다. 하지만 사실 만곡彎曲, 즉 구불구불한 것이 오히려 자연스럽다. 동물은 물론이고 식물의 형체도 구불구불하고, 앞으로 나아갈 때도 반드시 곧 바로 가는 경우가 오히려 드물다. 곡절曲折은 모든 생물이 전진하는 방식이란 뜻이

버려야 비로소 얻을 수 있다   123

다. 하천의 흐름도 구불구불하고, 높은 산꼭대기로 올라가는 길 역시 구불구불 곡절이 있어야 안전하고 평안하다. 자연계에는 근본적으로 오로지 곧기만 한 직선이 그리 많지 않다. 사람들도 어떤 목표를 향해 나아갈 때 붓대처럼 직진만 하는 것은 아니다. 이렇게 생각하면 사람의 인생 여정에 굴곡이 있다고 할지라도 그리 원망할 것이 아니라 오히려 자연스럽게 여기고 그 안에서 "산도 물도 다하여 길이 없나 싶더니 우거진 버드나무 밝게 꽃 핀 곳에 마을 하나 보이네山窮水盡疑無路, 柳暗花明又一村"[6]처럼 그윽한 미감을 향유할 수도 있을 듯하다.

"사내대장부라면 굽힐 수도 있고 펼 수도 있다大丈夫能屈能伸." 즉 사내대장부는 실의했을 때 잘 참고, 득의했을 때 자신의 포부를 펼친다는 뜻인데, 이렇게 할 수 있어야만 나중에 기회를 얻어 자신의 포부를 펼칠 수 있다.

"밑이 우묵하면 채워지고, 낡고 해지면 새로워질 수 있다." 이 역시 같은 이치이다. 깊은 웅덩이처럼 낮은 곳에 처하거나 낡고 해졌다고 하여 상심할 필요가 없다. 움푹 낮은 곳이어야 채워질 수 있고, 낡고 해져야 새로운 것으로 바꿀 수 있는 기회가 생기기 때문이다. 이렇듯 변화하는 과정에서 오히려 더 큰 만족을 느낄 수 있다. 만약 이미 포만한 상태라면, 모두 새로운 것만 가지고 있다면, 이를 지속할 수 없는 상황에 봉착할 경우 혹여 자신이 가진 것을 잃을까 두려워하며 결국 아래로 곤두박질치고 말 것이다.

"적게 취하면 얻게 되고, 많은 것을 탐하면 미혹된다." 문득 그리스의 여우와 고슴도치에 관한 우화가 생각난다. 여우는 재주가 많고 교활하지만 고슴도치는 다른 재간이 없이 그저 몸에 난 가시가 전부였다. 사람들은 모두 여우가 가진 여러 가지 재주를 부러워했다. 하지만 생존 면에서 볼 때 고슴도치의 유일한 방어 수단 역시 여우의 다양한 재간에 뒤떨어지지 않는다. 많으면서 무용한 것보다 적으면서 오히려 효용이 있는 것이 낫다는 뜻이다. 장사를 할 때도 그러하다. 많은 이들이 판매할 상품이 많으면 많을수록 좋을 것이라고 생각하지만 사실 세계적으로 유명한 대기업 중에는 한두 가지 물건만 파는 곳이 적지 않다. 예를 들어 포드는 자동차만 판매하고 코카콜라 역시 코카콜라만 팔 뿐이다. 소수의 동일한 품종을 최고의 수준으로 만들어 팔면 사람들에게 선명한 인상을 줄뿐더러 더욱 많은 수익을 얻을 수 있다.

선택의 경우도 마찬가지이다. 예컨대 초콜릿을 사거나 결혼 상대를 구할 때도 사람들은 선택의 폭이 넓으면 넓을수록 더 좋은 것, 만족스러운 대상을 찾을 수 있을 것이라고 생각한다. 하지만 실험 결과에 따르면, 선택 항목이 일정 정도(통상 세 가지에서 여섯 가지)를 넘게 되면 무엇을 선택해야 할지 모르게 되며 선택한 후에도 후회하는 경우가 많다고 한다. 이것이 바로 노자가 말한 "많은 것을 탐하면 미혹된다"라는 뜻이다.

이러한 자연의 도를 이해하고 깨닫게 된다면 더욱 높은 곳, 더욱 많은 것, 더욱 좋은 것, 더욱 새로운 것, 더욱 평순한 것, 더욱 총명한 것, 더욱 원만한 것을 얻고자 아등바등하거나 스스로 자신이 더욱 높고, 많고, 좋고, 총명하고 원만하다고 여기지 말아야 한다. 왜냐하면 그렇게 생각하거나 추구하지 않아야 반대로 스스로 높고, 많고, 좋고, 총명하고, 원만해지기 때문이다. 전형적인 노자의 변증법이다. 얻고자 한다면 죽을힘을 다해 애쓸 것이 아니라 이해득실의 마음을 놓아버려야 한다. 버려야 비로소 얻을 수 있다. 자신이 옳다고 여기지 않아야, 자신이 총명하다고 생각하거나 대단하다고 여기지 않아야 진정으로 총명하고 대단한 사람이 된다. 간단하게 말해서 자신의 시선과 심사를 자신의 몸에서 떼어내야 비로소 더 넓은 시야를 확보하고 생각을 분명하게 할 수 있다. 또한 더 주도면밀하게 실천하여 자신을 이롭게 하고 괄목할 만한 이가 될 수 있다.

말미에서 노자는 이렇게 말하고 있다. "오로지 다투지 않으니, 그런 까닭에 천하가 그와 더불어 다투지 않는다." 다른 이와 다투지 않아야 천하에 당신과 다툴 이가 없게 된다는 뜻이다. 언뜻 듣기에 어딘가 아큐阿Q(루쉰의 소설 『아큐정전阿Q正傳』의 주인공)를 닮았다는 생각이 든다. 하지만 그의 말은 중국어에서 주로 체면을 고려하여 마음의 상처나 수치심을 감추기 위해 하는 말인 '무소위無所謂', 즉 어떻게 되든 상관없다는 뜻이 아니라 남과 경쟁하여 이기려는 마음이 없다는 뜻이다. 경쟁 상황에서 마음속에 이기고 지는 것에 대한 생각이 없다면 경쟁 상대가 있을 리 없고, 시끄럽게 응원하는 관중 또한 있을 필요 없다. 그저 혼자 있는 곳에서 자유롭고 유쾌하게 자신을 드러낼 뿐이니 마음에 평안과 고요함이 깃든다. 이렇게 된다면 누가 그대와 다투겠는가?

격정의 두 얼굴

말을 적게 해야 자연의 본성에 부합한다.
그런 까닭에 사나운 바람은 아침을 넘기지 못하고,
폭우는 하루 종일 내리지 않는다.
누가 그렇게 하는가? 천지이다.
천지도 오래 지속할 수 없거늘 하물며 사람은 어떻겠는가?
그러므로 도를 따르는 이는 도와 같아지고,
덕을 따르는 이는 덕과 같아지며,
잃을 일을 좇는 이는 잃어버리게 된다.
도에 동화되면 도 역시 기꺼이 그를 받아들이고,
덕에 동화되면 덕 역시 기꺼이 그를 받아들인다.
잃는 일에 함께 하면 도나 덕도 잃게 되고 말 것이다.
통치자의 믿음이 부족하면 사람들이 신임하지 않게 된다.

希言¹自然. 故飄風²不終朝, 驟雨³不終日. 孰爲此者?
희언자연   고표풍불종조   취우불종일   숙위차자

天地. 天地尚不能久, 而況於人乎?
천지   천지상불능구   이황어인호

故從事於道者⁴, 同於道. 德者, 同於德. 失者, 同於失.
고종사어도자   동어도   덕자   동어덕   실자   동어실

同於道者, 道亦樂得之. 同於德者, 德亦樂得之.
동어도자   도역락득지   동어덕자   덕역락득지

同於失者, 失亦樂得之. 信不足焉, 有不信焉.
동어실자   실역락득지   신부족언   유불신언

1 희언(希言): 글자 그대로 해석하면 말이 적다는 뜻이다. 통치자가 정령을 적게 시행하여 백성들을 힘
  들게 하지 않는다는 뜻으로 풀이하기도 한다.
2 표풍(飄風): 큰 바람, 강풍.
3 취우(驟雨): 큰 비, 폭우.
4 종사우도자(從事於道者): 도에 따라 행하는 사람. 여기서는 통치자가 도에 따라 정치를 행한다는 뜻
  이다.

●○

영도자, 특히 과거 통치자들에 대해 노자는 이렇게 말하고 있
다. 대자연은 말이 없지만 천지만물이 자연스럽게 생장하고 변화
하고 발전한다. 통치자도 명령이나 지시를 적게 하면 할수록 좋다.
미친 듯이 휘몰아치는 광풍도 때가 되면 가라앉게 되고, 천지를 뒤
흔들 것 같은 폭우도 때가 되면 잠잠해진다. 마찬가지로 가혹한 정
치, 무단정치는 오래갈 수 없으며, 엄중한 처벌이나 엄격한 관리 방
식은 지속적으로 이어질 수 없다. 원인이 있으면 결과가 있기 마련
이다. 지도자나 통치자가 '천도'를 본받아 온화하고 관대하며 신뢰
를 줄 수 있다면 모든 이들이 그를 믿고 따르며 평안한 사회를 유지
할 수 있다.

일반인들, 특히 현대를 사는 우리에게도 노자는 당부의 말을 잊

지 않고 있다. 격렬하고 화끈한 것은 그리 오래 지속될 수 없다. 사람됨은 물론이고 어떤 일을 할 때도 마치 가느다란 냇물이 끊임없이 이어져 흘러가는 것처럼 평순하고 안정적이어야 한다. "콩 심은 데 콩 나고 팥 심은 데 팥 난다"라는 말처럼 만사는 나름의 원인과 결과가 존재하기 마련이다. 급격하게 많은 것을 쏟아 붓는다고 하여 일이 이루어지는 것이 아니다. 오히려 실개천이 끊임없이 흘러가듯이 작은 일부터 차근차근 해나간다면 안정적이고 평안한 결과를 얻게 된다. 사람을 대하거나 어떤 일을 처리할 때 광풍이나 폭우처럼 급작스럽고 지나치게 서둘면 결국 안정감을 잃고 만다. 자연의 각도에서 본다면 이는 도와 덕을 상실하는 것이나 다를 바 없으니 결국 실패하고 만다.

이런 사례는 얼마든지 찾아볼 수 있다. 예를 들어 진 왕조는 포학한 수단으로 천하를 통일하여 마찬가지로 포학한 방식으로 정권을 유지하고자 했으나 결국 오래가지 않아 멸망하고 말았다. 더 이상 참을 수 없었던 백성들이 들고 일어나 채 20년이 되기도 전에 순식간에 붕괴하여 역사상 가장 단명한 왕조라는 오명을 뒤집어썼다. 또 하나의 단명 왕조인 수隋(581~618년) 역시 가혹한 정치로 인해 백성들이 들고 일어나 나라가 망하고 말았다. 통치자는 물론이고 일반인들도 이를 반면의 거울로 삼아야 할 것이다.

하지만 '표풍취우飄風驟雨'가 무조건 부정적이기만 한가? 필자는 다른 사고방식도 필요하다고 생각한다. 우선 '표풍취우'가 노자가 말한 것처럼 짧은 것만은 아니다. 신화에 따르면, 지구가 형성되고 얼마 후 거대한 홍수, 이른바 '대홍수'가 발생했다. 당시 천지를 뒤덮은 폭풍우는 거의 수십 년 아니 수백 년 동안 지속되었다. 또한 현대 사회에서 가장 큰 골칫거리 가운데 하나인 엘니뇨 현상은 이미 일상적인 것이 되고 말았다. 다음으로 광풍이나 폭우는 부정적이고 파괴적인 면만 있는 것이 아니다. 반대로 자연을 깨끗이 청소하여 재생의 역량을 부여하기도 한다. 이는 긍정적일뿐더러 건설적인 작용이다.

사람에게 있어서도 마찬가지이다. '표풍취우'는 광포하고 충동적인 행동을 의미하지만 '열정'을 상징하기도 한다. '유정柔靜'을 편애한 노자는 '광포狂暴'를 싫어했으니 '열정'도 그리 마음에 들지 않을 것이다. 물론 대부분의 열정은 일회성에 머무르고 시간적으로 짧다. 오죽하면 '3분간의 열기', 즉 일시적인 열정이라는 말이 생겼겠는가. 길고 긴 인생길에서 우리에게 가장 필요한 것은 지속적이고 순조롭게 변화하며 발전할 수 있는 역량일 것이다. 하지만 반드시 기억할 것은 인생의 몽상은 주로 '뜨거운 격정'을 통해 점화한다는 점이다. 그것은 결코 '3분간의 열기'일 수 없다.

아이작 뉴턴Isaac Newton은 자신이 다른 이들보다 나은 점에 대해 이렇게 말했다. "나는 어떤 일에 대해 오랜 시간 열정과 흥취를 갖고 고민할 수 있다."

설사 '뜨거운 격정'을 오래 지속할 수 없다고 할지라도 어느 때든 '열정'은 우리의 생명을 고무시키며 고조시킨다. 이것이 마냥 순조롭기만 한 것보다 낫지 않겠는가?

사실 필자는 이것이 오히려 진정으로 자연이 도에 호응하는 것이라고 생각한다. 자연계는 지나치게 안정적이어서 오랫동안 침체가 지속되면 '표풍취우'가 등장하여 천지를 휘몰아 요동치게 만들고, 새롭게 생기를 불어넣기 때문이다.

조급하게 생각하지 말라

발돋움하는 이는 제대로 서 있을 수 없고

가랑이를 벌려 빨리 걷고자 하는 이는 오히려 멀리 갈 수 없다.

스스로 드러내는 이는 오히려 밝을 수 없고

스스로 옳다고 하는 이는 진상을 은폐하고

스스로 자랑하는 이는 공적이 없으며

스스로 대단하다고 여기는 이는 우두머리가 되어 이끌 수 없다.

도의 관점에서 보면, 먹다 남은 음식이자 군더더기 혹이다.

사람들이 싫어할 것이니 도를 지닌 이는 그렇게 하지 않는다.

企¹者不立, 跨²者不行,
기자불립   과자불행

自見者不明, 自是者不彰,
자견자불명   자시자불창

自伐者無功, 自矜者不長³.
자벌자무공   자긍자부장

其在道也, 曰, 餘食贅形⁴, 物或惡之, 故有道者不居.
기재도야   왈   여식췌형   물혹오지   고유도자불거

1 기(企): 발돋움하다.
2 과(跨): 타넘다. 사타구니. 가랑이를 벌려 넘는다는 뜻이다.
3 장(長): 우두머리가 되어 남을 이끈다는 뜻이다. 오래가지 못함으로 풀이하기도 한다.
4 여식췌형(餘食贅形): 먹다 남은 음식과 군더더기 혹. 과식하여 몸에 붙은 살이라고 해석하기도 한다.
  원래 이 말은 중국 고대 여인들의 전족(纏足)과 관련된 속담이다. 여기서는 인위적인 행태(전족)로
  인해 참혹한 결과를 낳는다는 뜻이다.
5 『진서(晉書)·부견재기(符堅載記)』, "吾聞武王伐紂, 逆歲犯星, 天道幽遠, 未可知也. …… 雖有長江, 其能固乎.
  以吾之衆旅, 投鞭於江, 足斷其流, 何險之足恃."

● ○

'기자企者', 즉 발을 돋아 서 있는 이라고 하니 문득 발레리나가 생각난다. 까치발로 춤을 추면 신체가 좀 더 길어 보이고 동작 또한 상당히 우아하게 보인다. 세속 사람들은 아름답다고 하지만 노자에게는 불필요한 일, 군더더기에 불과하다. 왠지 찬물을 끼얹은 것 같은 느낌이 든다. 필자가 생각하기에 노자가 이를 좋아하지 않았던 것은 그것이 우리 신체의 자연스러운 동작이 아니어서 설사 아름답다고 할지라도 오래 지속될 수 없기 때문이다. 평상시에도 이런 동작을 취하고 있다면 틀림없이 몸이 상하고 말 것이다. '과자跨者'도 마찬가지이다. 가랑이를 벌려 빨리 걸으면 짧은 시간 내에 남을 앞지를 수 있지만 장기적으로 볼 때 지속될 수 없기 때문에 결국 나가떨어지고 만다. 왜 그런가? 자연에 위배되기 때문이다.

자연을 조금 위배한다고 당장 큰일이 닥치는 것은 아니다. 하지만 당신이 이만큼 하면 다른 이들이 그보다 조금 더 할 것이니, 경쟁이 붙어 점점 더 왜곡되고 과장되어 끝내 수습할 수 없는 지경에 빠지고 만다. 고대 여인들은 여체를 더 아름답게 보이기 위해 전족纏足을 마다하지 않았다. 20세기에 들어와 중국은 미국과 영국을 한시라도 빨리 따라잡는다는 미명하에 대약진 운동을 감행했다. 양자는 보기에 전혀 관련이 없는 듯하다. 하지만 전자는 '발을 깎아 신발에 맞추는 것削足適履'이고 후자는 '이삭이 더디게 자란다고 손으로 이삭을 뽑아 성장을 돕는 것揠苗助長'이니 모두 자연에 위배되는 작태이다. 중국 명언 가운데 "하지 못할까 두려워하지 말고 생각하지 못함을 두려워하라不怕做不到, 就怕想不到"는 말이 있는데, 그 말만 믿고 멋대로 하다가는 결국 "작은 발을 가지려다 한 단지의 눈물을 쏟게 된다小脚一雙, 眼淚一缸"는 속담처럼 되고 만다.[5] 자연을 위배하면 자신이 바라던 일대로 되지 않는 것은 물론이고 이로 인해 참혹한 대가를 치러야만 한다. 노자는 이미 오래전에 경고하였으나 애석하게도 말하는 자는 간곡하고 진지한데 듣는 이는 가볍게 생각했다.

좀 더 부연해서 설명해보자. 어떤 사람이 '기자'가 되는 까닭은 주제넘게 높은 데만 바라보며, 걷지도 못하면서 날고자 하기 때문이고, '과자'가 되는 까닭은 조급한 성공과 눈앞의 이익에 급급하기 때문이다. 경쟁이 날로 치열해지는 현대사회에서 만약 당신이 어떤 방면에서 다른 이들보다 더욱 높고 빠르고, 강하고 아름다우려면 자신이 노자가 말한 '기자'나 '과자'가 아닌지 진지하게 반성하는 것이 급선무이다. 남들보다 높이 오르고 앞서가기를 원하는 일과 필적할 만한 것이 바로 자기 과시이다. 사람들이 남들보다 높이 오르고 앞서가기를 바라는 목적이 무엇인가? 주로 자신을 과시하기 위함이다. 노자는 우리에게 이렇게 경고하고 있다.

누군가 자신이 다른 이들보다 고명하다고 생각하면 스스로 옳다고 여기고 자신감이 넘쳐 팽창하게 된다. 이렇게 될 경우 그는 어떤 일이든 제대로 볼 수 없으며, 다른 이들의 의견을 듣지 않는다. 이렇게 자아도취, 자기최면의 상태에 빠지면 오직 자신만이 예지를 지니고 있기 때문에 그 누구도 자신과 필적할 수 없다고 생각한다. 하지만 이는 맹인이 말에 올라탄 것처럼 무모하고 위험하기 이를 데 없는 일이다. 오호십육국 시대에 부견符堅(전진前秦의 왕)이 그 좋은 예다. 중국 북방을 통일한 후 부견은 재상 왕맹王猛이 죽음을 앞두고 마지막 유언으로 만류했음에도 불구하고 군사를 총동원하여 동진을 정벌하기로 결정했다. 당시 조정의 문무 대신들은 다양한 각도에서 정세를 분석하여 이번 정벌의 위험성을 여러 차례 간언했다. 하지만 자신이 늘 옳다고 여기던 부견은 생각이 달랐다.

"내가 듣기로 주나라 무왕武王이 걸왕紂王을 칠 때, 때를 거스르고 별자리를 범했다고 한다. 천도는 유원幽遠하여 쉽게 알 수 없는 것이다. …… 장강이 앞을 가로막고 있다고 해도 그게 어찌 견고한 요새이겠는가. 내가 대군을 이끌어 강에 채찍을 던져 넣게 하면 그 흐름을 끊을 수 있을 것이니, 장강이 험하다는 말을 어찌 믿을 수 있겠는가!"[6]

마지막으로 그의 형제며 총비, 아들, 심지어 고승들까지 나서서 만류했지만 부견은 듣지 않고 친히 백만 대군을 이끌고 남하했다. 그 결과 비수淝水 전투에서 대패하여 나라가 멸망하고 부견 자신도 강족羌族 출신 요장姚萇의 손에 목숨을 잃고 말았다.

사람들은 부견에 대해 이렇게 비난하고 있다. "강퍅자용, 자식악과剛愎自用, 自食惡果." 자기주장만 내세우고 남의 말을 듣지 않다가 결국 스스로 나쁜 결과를 초래했다는 뜻이다. 사실 초년의 부견은 자못 신하의 간언을 경청하는 유망한 군주였다. 특히 왕맹을 크게 신뢰하여 그의 말과 계책을 허심탄회하게 받아들였다. 만약 그렇지 않았다면 처음부터 패업을 달성하기 어려웠을 것이다. 그런 그가 왜 변한 것일까? 그를 변화하도록 만든 것은 남이 아니라 바로 자신이었다. 뭇 신하들의 도움으로 대업을 완성한 후 그는 자아팽창自我膨脹 상태에 빠져 자신만 옳다고 여기고 남의 의견은 쓰레기에 불과하다고 자만했다. 이렇게 남의 충언은 무시하고 자기 고집만 피우다가 결국 실패하여 나라와 자신의 목숨마저 빼앗기고 만 것이다.

자기주장만 내세우고 남의 말을 듣지 않는 이는 자신이 그렇다는 사실조차 인지하지 못한다. 작은 성취를 이루고 더욱 큰일을 도모할 경우 특히 그러하다. 대다수 사람들이 당신의 의견에 반대하고, 그들의 의견을 듣고 가소롭다는 생각이 들 때 당신은 스스로 이렇게 반문해야 한다. 눈앞에 보이는 이익과 공적에 급급하여 자아팽창하고 있는 것은 아닐까? 그리하여 이로 인해 나는 물론이고 다른 이들까지 왜곡시키는 것은 아닐까?

자연의 법칙을 따르라

혼연일체로 생겨난 것이
천지가 형성되기 이전에 이미 존재했다.
소리도 들을 수 없고 형체도 볼 수 없이 적막하고 텅 비어
홀로 우뚝 서서 영원히 변하지 않으며
순환운행하며 영원히 그치지 않으니
만물의 근본이 될 수 있다.
나는 그것의 이름을 알지 못하니
억지로 그것을 '도'라고 부르며
다시 억지로 그 이름을 '대大'라고 부른다.
그것은 광대무변하여 쉬지 않고 두루 흐르며
쉬지 않고 두루 흐르니 요원하게 펼쳐진다.
요원하게 펼쳐지니 다시금 본원으로 되돌아온다.
그래서 도는 크고 하늘도 크며 땅도 크고
사람도 크다고 말하는 것이다.
우주에는 이렇게 네 가지 큰 것이 있는데
사람이 그 가운데 하나이다.
사람은 땅을 본받고 땅은 하늘을 본받으며
하늘은 '도'를 본받고
도는 스스로 그러함을 본받는다.

有物混成[1], 先天地生. 寂兮寥兮[2],
유물혼성   선천지생   적혜요혜

獨立而不改, 周行而不殆, 可以爲天地母[3].
독립이불개   주행이불태   가이위천지모

吾不知其名, 强字之曰道, 强爲之名曰大.
오부지기명   자지왈도   자위지명왈대

大曰逝[4], 逝曰遠, 遠曰反. 故道大, 天大, 地大, 人亦大[5].
대왈서   서왈원   원왈반   고도대   천대   지대   인역대

域中[6]有四大, 而人居其一焉. 人法地, 地法天, 天法道,
역중유사대   이인거기일언   인법지   지법천   천법도

道法自然.
도법자연

1 유물혼성(有物混成): '물'은 도를 지칭한다. 혼연일체가 된 상태를 말한다.
2 적혜요혜(寂兮寥兮): '적'은 소리가 없음이고 '요'는 형체가 없음이다.
3 천지모(天地母): 천지만물은 '도'에 의해 생겨나기 때문에 '모'라고 한다.
4 서(逝): '도'가 무변무제(無邊無際)하여 영원히 쉬지 않고 운행함을 형용한다.
5 인역대(人亦大): 사람은 만물의 영장으로 천지와 더불어 '삼재(三才)'라는 뜻이다. 왕필본은 '왕역대
(王亦大)'로 썼으나, 부혁본(傅奕本)에 따라 고쳤다.
6 역중(域中): 우주 가운데.

●○

노자는 '도'의 모습에 대해 이렇게 말하고 있다. "홀로 우뚝 서서 영원히 변하지 않으며, 순환운행하며 영원히 그치지 않는다." 그의 말을 들으면 낮과 밤이 교차하고 사계절이 바뀌는 것이 생각난다. 낮과 밤, 사계절은 끊임없이 순환하여 다시 시작하여 영원히 그침이 없다. 결코 사람의 의지나 희망에 따라 바뀌는 것이 아니니 노자가 말한 '도'에 따르는 듯하다. 하지만 그것은 '도'가 밖으로 드러나는 일종의 표상에 불과하다. 지금의 우리는 낮과 밤의 교체나 사계절의 순환이 지구가 태양을 따라 운행하면서 일어나는 현상이며, 지구가 태양을 따라 운행하는 것은 천제 운행의 법칙에 따른다고 알고 있다. 이런 천체 운행의 법칙이 바로 '도'의 본질 가운데 하나이다.

우주만상은 복잡하게 얽혀 어지러운 듯하지만 물리, 화학, 생물학의 법칙에 따라 일정한 질서를 유지하고 있다. 예컨대 천체 운행의 법칙이라든지 열역학 제2법칙, 멘델의 유전법칙 등이 그러하다. 모든 자연 법칙은 "소리를 들을 수 없고 형체도 볼 수 없이 적막하고 텅 비어 있다." 또한 "천지가 형성되기 이전에 이미 존재했으며", "홀로 우뚝 서서 영원히 변하지 않는다." 만물은 이러한 법칙에 따라 생겨나고 번식하며 상호 작용 속에서 변화 발전한다. 모든 만물이 언젠가는 재처럼 생명을 다하고 사라지지만 그 법칙만큼은 "홀로 우뚝 서서 영원히 변하지 않는다." 우리가 물리학이니 화학, 생물학을 '자연과학'이라고 칭하는 것은 노자의 영향과 무관치 않다. 물론 자연법칙이 곧 노자의 '도'를 지칭하는 것은 아닐지라도 '도'와 상응한다는 점은 부정할 수 없다.

"그것은 광대무변하여 쉬지 않고 두루 흐르며, 쉬지 않고 두루 흐르니 요원하게 펼쳐진다. 요원하게 펼쳐지니 다시금 본원으로 되돌아온다." 노자가 이렇게 이야기한 까닭은 무엇인가? 간단하게 말하자면, '도'가 지극히 거대한 무형無形으로 아무리 멀어도 닿지 않는 곳이 없고 아득히 먼 곳에 있는 만물에서 바로 눈앞에 있는 사물에 이르기까지 그것의 지배를 받지 않는 것이 없기 때문이다. 그것은 아인슈타인이 말한 바와 같다.

"모든 사물은 모두 우리가 통제할 수 없는 역량에 의해 결정된다. 위로는 수많은 별에서 아래로는 곤충에 이르기까지 그것의 영향력은 미치지 않는 바가 없다. 인류는 물론이고 채소까지 모두 우주의 먼지에 불과하다. 우리는 모두 신비한 음악에 맞춰 춤을 추고 있지만 연주자는 아득하여 헤아릴 수 없다."

사람은 도와 천, 지, 인 네 가지(사대四大: 道大, 天大, 地大, 人亦大) 가운데 가장 미미한 존재이며 층차로 볼 때 가장 낮은 쪽에 자리한다. 노자는 "사람은 땅을 본받고, 땅은 하늘을 본받으며, 하늘은 도를 본받는다"라고 했다. 층차가 분명하지만 필자가 생각하기에 지, 천, 도는 모두 우리 사람들이 본받아야 할 대상이다. 이는 우리가 안심입명할 수 있는 방법이기도 하다. 위에서 아래로 보자면, "도는 스스로 그러한 자연을 본받는다." 도는 순전히 저절로 그러함이자 본래 그러한 것이다. 당연히 사람의 처세 역시 자연본성을 따라 자신의 본래 면모를 찾을 뿐 작위적인 짓을 해서는 안 된다. "하늘은 도를 본받는다." 그렇기 때문에 낮과 잠이 교대하고 춘하추동이 순환하며 흐린 날이 있으며 맑게 갠 날이 있는 것처럼 자연의 법칙에 따라 바뀌고 순환한다. 사람의 자세 역시 이처럼 반드시 따라야 하는 준칙이 있어야 한다는 뜻이다. "땅은 하늘을 본받는다." 대지만물의 생장과 발육은 춘하추동 등 천시天時의 변화에 적응하면서 이루어진다. 그렇다면 우리의 생활도 외부 환경의 변화에 따라야 하는 것 아니겠는가? "사람은 땅을 본받는다." 대지는 높은 산과 거대한 바다, 사막과 연못 등등 각기 특성에 따라 각기 다른 생물을 양육한다. 사람 역시 개인이 부여받은 개성에 따라 양육되고 교육받아 자신의 장기를 발휘할 수 있어야 한다는 뜻이다.

　　인도人道와 지도地道, 그리고 천도가 모두 '도'이다. 그것들이 본받는 대상은 바로 '자연'이다. 이상적인 인생이란 이러한 자연의 법칙에 회귀하여 자연에 임하고 자연을 향수하는 것이 아니겠는가?

망망대해를 항해하는 배의 균형을 유지하라

무거움은 가벼운 것의 뿌리가 되고
고요함은 조급함의 우두머리가 된다.
그렇기 때문에 군자는 종일 걸어 다녀도
무거운 짐을 실은 수레를 떠나지 않으며
설사 화려한 생활이 유혹하여도 태연하게 처할 수 있다.
그러니 어찌하여 대국의 군주가 되어
경솔하고 조급하게 천하를 다스리려고 하겠는가?
경솔하면 근본을 잃게 되고
조급하면 주된 것을 잃게 된다.

重爲輕根,　靜爲躁¹君.　是以君子終日行不離輜重².
중위경근　정위조군　시이군자종일행불리치중

雖有榮觀³,　燕處⁴超然.　奈何萬乘之主⁵,　而以身輕天下?
수유영관　연처초연　내하만승지주　이이신경천하

輕則失根,　躁則失君.
경즉실근　조즉실군

1 조(躁): 성급함, 조급함.
2 치중(輜重): 수레, 특히 군수물자를 운송하는 수레에 실린 물건의 총칭.
3 영관(榮觀): 귀족들이 노니는 곳. 화려한 생활을 비유한다.
4 연처(燕處): 편안하게 안거함.
5 만승지주(萬乘之主): 만 대의 병거(兵車)를 소유하고 있는 큰 나라의 군주. 고대에는 네 마리 말이 끄
  는 천자 한 대를 일러 '승'이라고 하였다.

●○

바다를 운항하는 선박은 배의 전복을 막기 위한 최소한의 짐, 즉 바닥짐을 통해 안정성을 확보하는 것이 중요하다. 망망한 인해人海를 떠도는 우리 역시 생활의 안정성을 유지하기 위한 바닥짐, 즉 마음의 진중함과 평온함이 필요하다.

노자는 자연계에서 가벼운 물건은 위로 떠오르고 무거운 것은 가라앉는 속성을 관찰하면서 무거움이 가벼움의 근본이자 토대이며, 모든 유동하는 물건은 결국 멈추게 된다는 점에서 고요함이 움직임의 주재이자 추동력이라고 생각했다. 그는 이러한 '천도'를 부연하여 다음과 같은 '인도'를 제시하고 있다.

사람됨이 무엇보다 진중하여 가볍게 부화뇌동하거나 경솔하지 말고 만사에 신중하며 심지어 자신의 짐을 감내할 수 있어야 한다.

또한 처세 방면에서 서두르거나 조급하게 경거망동하지 말고 냉정하고 침착하며 태연자약할 수 있어야 한다. 일반적으로 '중', 즉 무거움은 비교적 '정', 즉 고요하다. 이런 점에서 진중과 평온은 동전의 양면과 같다.

'치중輜重'은 화물을 적재한 수레, 특히 군수물자를 운송하는 수레를 말한다. "군자는 종일 걸어 다녀도 무거운 짐을 실은 수레를 떠나지 않는다." 이는 일종의 비유로 구도자나 군자의 인생이 "짐은 무겁고 갈 길은 멀지만" 그들의 생명에 평온한 중심重心, 즉 견실한 가치관과 신념이 있어 외부 환경에 동요되거나 부화뇌동하지 않는다는 뜻이다. 그렇기 때문에 설사 부귀영화를 누리는 삶을 산다고 할지라도 외물에 초연하고 담담하게 처하여 재물과 명예를 탐닉하며 자아를 잃지 않는다.

구도자는 물론이고 만승萬乘의 군주 역시 이런 마음 자세를 취해야만 한다. 하지만 노자가 탄식하고 있다시피 군주들이 오히려 진중함과 평온함을 버리고 "경솔하게 천하를 다스린다." 군주가 오히려 일반 백성들보다 더 조급하고 경솔하니 결국 온 나라가 위험에 빠지고 혼란하여 멸망의 지경에 이르고 마는 것이다. 중국 역사에서도 노자가 탄식할 만한 일이 허다했다. 그 대표적인 것이 '토목보의 변土木堡之變'이라고 부르는 황당하고 한심한 사건이다.

명나라 영종 시절 북방에 거점을 두고 있던 몽골의 오이라트 에센이 기병을 앞세워 남침을 시작했다. 적군이 파죽지세로 남하하자 조정은 즉시 원군을 보내 방어하기로 결정했다. 이는 병가의 당연한 일이다. 하지만 당시 환관이었던 왕진王振은 이번 기회에 자신의 위풍을 떨치겠다는 사욕에 사로잡혀 황제에게 친정할 것을 권유했다. 이제 겨우 23세밖에 되지 않은 황제 주기진朱祈鎭은 그의 말을 듣고 야망에 불타 순식간에 전쟁광으로 변하고 말았다. 결국 군사에 대해 전혀 아는 것이 없는 황제는 친히 수십만의 군사를 이끌고 북벌하기로 결정하고 이틀 내에 출병할 것을 명했다. 문무백관은 아연실색했으나 명령에 따라 서둘러 출정을 준비하는 수밖에 없었다. 어수선한 가운데 출정 준비를 끝내고 호호탕탕하게 출발했다. 주기진과 왕진은 작전 경험이 풍부한 무장들의 의견은 귓전에 스치는 바람처럼 전혀 듣지 않고 자기들 마음대로 고집을 피웠다. 군사가 대동大同에 도착했을 때 명나라 군대가 양화 전투에서 전멸했다는 소식을 들은 황제는 한 번 싸워보지도 못하고 후퇴를 결정했다. 군사를 물리면서도 그는 환관 왕진의 말을 듣고 또 한 번 위기에 빠졌다. 당시 왕진은 사리사욕에 사로잡혀 황제와 대군을 자신의 고향인 울주蔚州 쪽으로 행군하도록 했다. 고향에서 자신의 위신을 떨치기 위함이었다. 그러다가 회군하면서 고향 울주가 피폐해질 것을 우려한 그는 다시 경로를 바꾸도록 했다. 이렇게 회군 경로를 여러 차례 바꾸면서 명나라 군사들은 전의를 상실하고 불필요하게 전투력을 낭비하고 말았다. 결국 명나라 대군은 오이라트군의 공격을 받아 몰살당하고, 토목보土木堡라는 자그마한 성채로 후퇴했다가 수많은 이들이 희생되고 황제 자신도 포로가 되는 치욕을 당하고 말았다. 명조는 이로 인해 크게 원기가 상하고 말았다.

'토목보의 변'의 전 과정은 마치 중국 전통희곡에서 음악의 박자가 맞지 않는 익살극이자 비극이었다. 어쩌다 이런 일이 벌어진 것일까? 이는 단순한 경거망동이 아니라 모든 권력의 정점에 있는 자의 경거망동 때문이다. 그 누구도 명나라 영종과 환관 왕진의 사리사욕에서 비롯된 경거망동을 막을 수 없었다. 그 결과의 심각성은 일반인의 수천, 수만 배에 달했다. 이것이 노자가 특별히 '만승지주'를 지목한 근본 원인이다.

인류 사회는 자연계와 분명한 차이점이 있다. 자연계는 '중', 즉 무거운 물건이 아래에 처하고, '경', 즉 가벼운 물건은 위에 자리한다. 하지만 인류사회는 오히려 '중요' 인사가 위에 자리하고 '경미'한 소시민은 아래에 처한다. 중요 인사가 경거망동을 하게 되면 그 자신의 손실보다 아랫사람의 손실이 훨씬 크기 마련이다. 오늘날에도 상황은 마찬가지이다. 그렇기 때문에 당신이 위에 처한 중요 인물이든 아니면 아래에 처한 소시민이든 반드시 앞서 말한 점을 명심해야 한다. 더욱 중요한 것은 오래 살면 살수록 높은 곳에 오르면 오를수록 외고집이 아니라 견실한 가치관과 신념을 확보하고 더욱 진중하고 평온해야 한다는 점이다. 이는 당신의 복락은 물론이고 다른 이들의 행복까지 위함이다.

도를 따르면 모든 것이 선명해진다

도에 부합한 행위는 흔적이 남지 않고
도에 부합한 언사는 흠잡을 곳이 없으며
도에 부합한 계산은 산가지를 쓰지 않고
도에 부합한 닫기는 빗장을 쓰지 않아도 사람들이 열지 못하고
도에 부합한 묶기는 밧줄을 쓰지 않아도 사람들이 풀 수 없다.
하여 성인은 항시 남을 도와 재주를 다하도록 하여
버려지는 사람이 없고
물건의 쓰임을 잘 활용하여 버려지는 물건이 없다.
이를 일러 습명襲明(내적인 지혜와 총명)이라고 한다.
하여 착한 사람은 착하지 않은 사람의 스승이고
착하지 않은 사람은 착한 사람이 참고할 수 있는 거울이다.
자신의 스승을 존중하지 않고 자신을 반성할 수 있는 거울을
아끼지 않는다면 비록 스스로 총명하다고 여길지라도
사실은 크게 어리석은 것이다.
이를 일러 심오하고 오묘한 도리要妙라고 한다.

善行, 無轍跡[1], 善言, 無瑕讁[2], 善數, 不用籌策[3], 善閉,
선행　　　무철적　　　선언　　　무하적　　　선수　　　불용주책　　　선폐,

無關楗[4]而不可開, 善結, 無繩約[5]而不可解.
무관건이불가개　　　　선결　　　무승약이불가해.

是以聖人常善救人, 故無棄人, 常善救物, 故無棄物.
시이성인상선구인　　　　고무기인　　　상선구물　　　　고무기물.

是謂襲明[6]. 故善人者, 不善人之師, 不善人者, 善人之資[7].
시위습명.　　　고선인자,　　　불선인지사,　　　불선인자,　　　선인지자.

不貴其師, 不愛其資, 雖智大迷. 是謂要妙.
불귀기사,　　　불애기자,　　　수지대미.　　　시위요묘.

1 철적(轍跡): 수레의 흔적. 여기서는 그냥 흔적으로 풀이한다.
2 하적(瑕讁): 허물, 잘못, 결점.
3 수책(籌策): 고대 사람들이 계산할 때 사용하던 기구인 산가지.
4 관건(關楗): 문을 닫는 데 사용하는 빗장. 나무로 만든 빗장을 일러 '건'이라고 한다.
5 승약(繩約): 물건을 묶는 데 사용하는 밧줄. '약'은 새끼나 밧줄로 물건을 묶는 것을 말한다.
6 습명(襲明): 내재하는 지혜와 총명. '습'은 덮어씌운다는 뜻이다.
7 자(資): 거울로 삼다. 본보기로 하다.

●○

'선행善行'에 대해 역대로 많은 이들이 '선어행주善於行走', 즉 걷기를 잘한다는 뜻으로 해석하여 잘 걷는 사람은 흔적을 남기지 않는다고 풀이했다. 또 어떤 이들은 '아름다운 행위'로 해석하여 진정한 선행은 흔적(고의로 남들이 알게 함)을 남기지 않는다는 뜻으로 풀이했다. 하지만 필자 생각은 다르다. 여기서 '선'이란 "도에 부합한다"라는 뜻이다. 따라서 '선행'은 "도에 부합하는 행위"라고 해석하는 것이 비교적 타당하다. 그래야만 앞서 말한 두 가지 해석을 포괄하고 뒤에 나오는 '성인'과 연계될 수 있기 때문이다. 노자가 말한 '성인'이란 입신처세에서 도에 부합하는 인물이 아니겠는가.

'도'에 부합하는 행위는 자연스럽기 때문에 마치 배가 물 위를 지나듯이 흔적이 남지 않는다. 어떤 인위적인 흔적도 존재하지 않

는다는 뜻이다. 말도 도에 부합하면 자연스럽게 나타날 뿐 사심이나 선입견 등이 발붙일 수 없으니 무슨 하자나 실수가 있을까 걱정할 필요 없다. 일반적인 계산은 산가지나 주산, 또는 계산기로 한다. 계산을 한다는 것은 가능한 한 자신에게 이롭게 온갖 계략이나 술수를 쓴다는 뜻과 통한다. 『홍루몽』을 보면 작중 인물인 왕희봉王熙鳳에 대해 "총명이 지나쳐 잔꾀를 부리다보면, 제 꾀에 제가 넘어가 목숨을 버릴 수도 있다機關算盡太聰明, 反算了卿卿生命"라고 말하는 대목이 나온다. 사욕을 위해 잔꾀를 부리다 결국 자신의 살을 깎아먹을 수 있다는 뜻이다. 하지만 도에 부합하면 진실한 마음으로 대하니 사심이나 사욕이 끼어들 수 없고, 굳이 계산할 필요조차 없다. 마찬가지 이치로 누군가 닫아놓거나 묶어 놓은 것은 언젠가 열리거나 풀리기 마련이다(이른바 아무도 풀 수 없다는 고르디아스의 매듭도 알렉산더 대왕의 단칼에 풀리고 말았다). 마음에 선한 생각을 품고 정도에 따라 행하며 위협이나 유혹에 빠지지 않으면 본성을 잃지 않으며, 남들의 주목을 받지도 않으니 누구도 당신을 좌지우지할 수 없다. 이처럼 무형의 마음이야말로 가장 좋은 닫음이자 묶음 아니겠는가?

보통 사람들도 입신처세가 도에 부합하면 선하고 고명해진다. 성인의 경우는 말할 것도 없다. 그는 자연계의 만물이 각기 특색이 있고, 나름의 효능이 있음을 잘 알고 있다. 자연의 도에 따르면, 어떤 생명체도 각기 나름의 쓰임이 있다. 따라서 사람의 경우 자신이 부여받은 재주와 능력을 최대한 발휘할 수 있게 한다면, 사물의 경우 자체의 효능을 모두 활용할 수 있다면 하찮게 내버려지거나 폐기되는 일이 없다. 이것이 바로 자연에 순응함으로써 드러나는 내

재적 총명(습명襲明)이라고 한다. 전국시대 제나라 사람 맹상군孟嘗君
은 여러 사람들을 자신의 문객으로 받아들이기를 좋아하여 자신에
게 오는 자라면 누구라도 막지 않았다. 그중에는 당연히 보잘것없
는 재주를 지닌 자들도 적지 않았다. 닭의 울음소리를 잘 내는 자나
개로 가장하여 도둑질을 잘하는 이른바 '계명구도鷄鳴狗盜'가 그들인
데, 맹상군이 진나라에 잡혔을 때 바로 그들의 도움으로 무사히 제
나라에 돌아올 수 있었다. 보기에는 하찮고 보잘것없는 재주인 것
같지만 진짜로 필요할 때나 장소에서 남들이 하지 못하는 재주를
발휘하였으니 이 어찌 사소한 것이라 하겠는가.

　이런 면에서 볼 때 '기인棄人'이나 '기물棄物'은 사람이나 사물을
제자리에 놓지 못하여 나름의 장기를 발휘할 수 없게 만든 것에 불
과하다. 그것은 결코 소용이 없음이 아니라 우리 자신의 안목 부재
일 따름이라는 뜻이다. 설사 용서할 수 없는 죄를 지은 '불선인'일
지라도 우리에게 반면교사가 될 수 있는 법이다. 그런 까닭에 공자
는 "세 사람이 길을 갈 때에는 반드시 내 스승이 있으니, 그중에 선
한 사람을 가려서 그를 따르고, 선하지 못한 자를 가려서 자신의 나
쁜 점을 고쳐야 한다"라고 말했던 것이다. 선한 사람은 우리가 본
받을 만한 스승이 되고, 선하지 않은 사람은 우리 스스로 경고하며
반성의 거울로 삼을 수 있다. '도'의 관점에서 본다면 그들은 서로
전화轉化한다(득도와 실도). 선한 사람을 존경하고 또한 선하지 않은
사람을 애석하게 여겨야 비로소 진정한 총명이자 진정한 묘도이
다.

제28국

앎과 지킴을 통해 성취하라

무엇이 수컷의 강함인가를 알고
암컷의 부드러움을 지키면 천하의 계곡이 된다.
천하의 계곡이 되면 상덕이 떠나지 않고
갓난아이의 상태로 돌아간다.
무엇이 밝음인가를 알면서도
오히려 어둠에 안거하면 천하의 모범이 된다.
천하의 모범이 되면 영원한 덕이 어긋남이 없게 되니
끝이 없는 무극으로 돌아간다.
무엇이 영예인가를 알고 오히려 비천한 곳을 지키면
천하의 계곡이 된다.
천하의 계곡이 되면 영원한 덕이 충족해지고
다시 질박한 상태로 돌아간다.
질박한 도는 흩어져 만물이 되며
성인이 이를 사용하여 백관의 장이 된다.
그래서 큰 다스림은 이것저것으로 나누지 않는 것이다.

知其雄[1], 守其雌[2], 爲天下溪. 爲天下溪, 常德不離, 復歸於嬰兒.
지기웅　　수기자　　위천하계　　위천하계　　상덕불리　　부귀어영아

知其白, 守其黑, 爲天下式. 爲天下式, 常德不忒[3], 復歸於無極.
지기백　수기흑　위천하식　위천하식　상덕불특　복귀어무극

知其榮[4], 守其辱, 爲天下谷. 爲天下谷, 常德乃足, 復歸於樸.
지기영　　수기욕　위천하곡　위천하곡　상덕내족　복귀어박

樸散則爲器[5], 聖人用之, 則爲官長[6]. 故大制無割[7].
박산즉위기　　성인용지　　즉위관장　　고대제무할

---

1 웅(雄): 수컷의 강대함. 진취성, 견고함 등을 비유한다.
2 자(雌): 암컷의 부드러움, 유약함, 고요함 등을 비유한다.
3 특(忒): 어긋남. 잘못.
4 守其黑, 爲天下式, 爲天下式, 常德不忒, 復歸於無極. 知其榮: 이 구절은 후인이 가필한 것으로 알려져 있다. 청말 민국 초 학자 이순정(易順鼎)은 『장자』 「천하」편에 인용되어 있는 노담(老聃)의 말(知其雄, 守其雌, 爲天下谿. 知其白, 守其辱, 爲天下谷)을 근거로 후인의 가필이라고 주장했다. 다만 본서에서는 저자의 입장에 따른다.
5 기(器): 기물. 여기서는 만사만물을 지칭한다.
6 관장(官長): 백관의 수장(首長).
7 대제무할(大制無割): 본래 뜻은 큰 기물을 제작할 때 세세하게 나누지 않는다는 것이다. 이를 정치 문제와 연계하여 완정한 정치는 근본을 고수할 뿐 세세하게 구분하거나 나누지 않는다는 뜻으로 풀이하였다. '제'는 기물 제작의 뜻이다

●○

　　노자는 자신의 '음성陰性 철학', '반형식 철학'을 재차 강조하고 있다. 그는 세 가지 대립되는 개념, 즉 웅雄과 자雌, 백과 흑, 영榮과 욕辱을 제시했다. 중국의 상징 체계에서 앞에 나오는 세 가지는 양陽에 속하고, 후자는 음陰에 속한다. 대다수 사람들은 양을 귀하고 음은 천하다고 여긴다. 예를 들어 웅자의 자리를 다투며 자복雌伏(남에게 굴복함)하지 않으려 애쓰고, 환하고 밝은 곳을 선호하며 굴종을 원치 않는다. 하지만 노자는 기존의 판을 완전히 뒤엎고 사람들과 정반대의 길을 택할 것을 요구한다. 누구나 수컷의 강함, 밝음, 영예를 좋아한다는 것을 알지만 오히려 암컷의 부드러움, 어둠, 천함에 안거해야 한다는 뜻이다. 왜냐하면 그것이 자연계의 계곡이자

산골짜기로 보기에는 낮아 보이지만 바로 '도'의 본질이기 때문이다. 이러한 도의 본질을 파악해야만 상덕常德이 떠나지 않을뿐더러 광대하여 갓난아이와 같은 상태, 끝이 없는 무극의 상태, 질박한 근원 상태로 돌아갈 수 있다. 이것이 사욕이 없고 음양조차 분리되지 않은 혼연 상태에서 무한하게 변화하는 '도'의 최고 경계이다.

이러한 세 가지 대립적인 개념에 대해 노자는 지知와 수守, 즉 앎과 지킴을 주장한 것이지 세 가지는 견지하고 다른 세 가지는 반대하라는 뜻이 아니다. 그의 기본적인 태도는 포용이지 양립불가가 아니다. 그의 주장은 도에 부합하는 것일뿐더러 우리가 세상을 관조하거나 입신처세에 마땅히 갖춰야 할 태도이기도 하다. 예컨대 문화 방면에서 서구문화는 양을 편애하는 쪽이고 중국문화는 음을 편애하는 쪽이다. 따라서 맹목적으로 서구문화를 찬양하고 중국문화를 전반적으로 부정하거나 서구문화에 대한 이해를 거절하고 오로지 중국문화만을 고수하는 것은 모두 편파적이고 위험한 일이다. "수컷의 강함을 알고 암컷의 부드러움을 지킨다"라는 노자의 발언에 대비해보면, 서구문화의 특색을 담담하게 제대로 파악한 후에 자신의 문화 특색을 지켜나가라는 뜻이라고 할 수 있다. "알아야 할 것이 있고 지켜야 할 것이 있다." 이것이 정도이자 올바른 의미이다.

청조 중흥 대신인 증국번曾國藩은 태평천국의 난을 평정하면서 큰 명성을 얻었다. 처음에는 그다지 순조롭지 않았으나 일련의 전투에서 승리하면서 점차 승부욕에 사로잡혀 자신의 능력을 과신하고 재주를 뽐냈다. 결국 조정 대신들의 시기와 동료들의 배척으로 인해 하는 일마다 난관에 부딪치고 말았다. 부친이 세상을 뜨자

상을 치르기 위해 고향으로 돌아간 후 자신을 돌아보며 성찰을 하면서 『도덕경』을 읽고 크게 깨닫는 바가 있었다. 부친상을 마치고 다시 관직에 나간 후 사람이 크게 바뀌어 항상 겸손하게 처신하면서 남들에게 가르침을 청하니 "감사하지 않는 이가 없고, 신뢰하지 않는 이가 없었다." 특히 오랜 악감정을 가지고 있던 좌종당左宗業에게 직접 방문하여 안부를 묻고 자신의 좌우명으로 선택한 대련, "공경하는 마음으로 나태함을 이기고, 의로운 마음으로 욕식을 이기며, 수컷의 강함을 알고 암컷의 부드러움을 지킨다敬勝怠, 義勝欲, 知其雄, 守其雌"를 좌종당에게 보여주며 대신 써줄 것을 부탁했다. 평소 남에게 지기 싫어하고 승부욕이 대단한 좌종당은 증국번이 겸손하게 대하자 문득 미안한 생각이 들었는지 다음과 같은 내용의 대련을 한 폭 써주었다. "군중의 의견과 지혜를 모아 더욱 큰 효과를 얻고, 작은 허물은 관대하게 대하고 핵심을 총괄하다集衆思, 廣忠益. 寬小過, 總大綱." 비록 그들 두 사람 사이의 앙금이 완전히 사라진 것은 아닐지라도 두 사람의 긴장 관계가 크게 완화된 것만은 분명하다. 이렇듯 증국번은 "수컷의 강함을 알고 암컷의 부드러움을 지킨다"라는 태도로 자신의 반대파들을 지원군으로 만들어 탁월한 업적을 이룰 수 있었다.

"질박한 도는 흩어져 만물이 된다." 세상 만물은 각기 '도'의 일부분이다. 영도자의 위치에 있는 사람이라면 대립과 싸움을 지양하고 스스로 낮춤으로써 수많은 인재를 끌어들일 수 있어야 한다. 앎과 지킴을 겸용하여 포용으로 분열을 대체해야만 큰 사업을 성취할 수 있다는 뜻이다. 이것이 바로 "대재무할大制無割", 즉 큰 다스림은 이것저것으로 나누지 않는다는 뜻이다.

갈망이 없으면 실망도 없다

천하를 다스리려고 하면서 무력을 쓴다면
내가 보건대 능히 목적을 이룰 수 없다.
천하는 신묘한 것이어서
인위적으로 다스릴 수 없으며 영원히 잡을 수도 없다.
그럼에도 무력을 행하면 실패할 것이고
애써 잡고자 한다면 잃게 된다.
그래서 성인은 인위적인 일을 하지 않는 까닭에 실패하지 않고
움켜잡지 않기 때문에 잃지 않는다.
세상 만물은 앞서는 것이 있으면 뒤따라가는 것이 있고
내뿜는 것이 있으면 들이마시는 것이 있으며
강한 것이 있으면 약한 것이 있고
안정적인 것이 있으면 위태한 것이 있다.
그래서 성인은 지나치고 사치스러우며
과도한 것을 없애고자 한다.

將欲取¹天下而爲²之, 吾見其不得己.
장욕취천하이위지   오견기불득이

天下神器³, 不可爲也, 不可執也. 爲者敗之, 執者失之.
천하신기   불가위야   위자패지   집자실지

是以聖人無爲, 故無敗. 無執, 故無失.
시이성인무위   고무패   무집   고무실

夫⁴物⁵或行或隨, 或歔⁶或吹, 或强或贏⁷, 或載或隳⁸.
부물혹행혹수   혹허혹취   혹강혹리   혹재혹휴

是以聖人去甚, 去奢, 去泰.
시이성인거심   거사   거태

1 취(取): 다스림, 행함.
2 위(爲): 유위(有爲). 강제적이거나 인위적인 힘을 사용함.
3 신기(神器): 신성한 기물. 천하가 신성하고 신묘함을 지칭한다.
4 부(夫): 왕필본은 '고(故)'로 썼다.
5 물(物): 여기서는 사람 또는 일체의 사물을 의미한다.
6 허(歔): 숨을 내쉬다. 허(噓)로 쓰기도 한다. 취(吹)는 내불다. 혹자는 '허'는 가볍게 내쉬는 숨. '취'는 급하게 내뱉는 숨으로 풀이하기도 한다.
7 이(贏): 여윔, 약함.
8 혹재혹휴(或載或隳): '재'는 안온, '휴'는 위험.

●○

　　노자는 주나라 왕실이 쇠미해지면서 군웅들이 할거하던 춘추전국시대에 살았다. 사방의 제후들이 서로 으르렁거리며 죽기 살기로 싸우는 현실을 목도하면서 느끼는 바가 있을 수밖에 없었다. 하지만 후대에 진시황의 천하 통일 역시 막강한 무력에 의지했다는 점에서 그의 관점은 발붙일 곳이 없는 것처럼 보인다. 사실 노자가 주장한 '무위'는 어떤 형태이든 소극적인 것이기 때문에 천하를 쟁취할 생각이 없다면 관계가 없지만 아무런 생각도 하지 않고 인위적인 대책도 마련하지 않으면 결국 다른 나라에 병탄되거나 멸망하고 만다.

　　그러나 무력으로 천하를 쟁취한 진 제국은 얼마 가지 않아 붕괴하고 만다. 강력한 힘은 일시적으로 유효한 것처럼 보이나 장기

적으로 유지될 수 없기 때문이다. 인류 역사에서 어떤 정권도 영원히 유지된 적이 없다. 이런 점에서 노자가 말한 "인위적으로 다스릴 수 없으며 영원히 잡을 수 없다不可爲, 不可執"라는 말은 나름의 이치가 있다. 자연의 법칙에 따르면, 생겨나는 것은 언젠가 사라지고, 이루어진 것은 언젠가 무너지며, 잡고 있는 것은 언젠가 잃게 된다. 나라의 군주이든 아니면 기업의 총수나 일반인들 또한 이러한 자연의 도리를 깊이 체득하고 눈앞에 닥친 일에 연연해하거나 크고 작은 득실에 마음이 상하지 않도록 한다면 이것이 진정한 지혜이자 자연에 순응하는 일일 것이다.

"인위적인 일을 하지 않는 까닭에 실패하지 않고, 움켜잡지 않기 때문에 잃지 않는다無爲, 故無敗. 無執, 故無失." 예를 들면 이런 관점에서 볼 수도 있다. 만약 내 친구들 가운데 장관도 있고, 의대 병원장도 있다고 치자. 물론 그런 친구가 있다는 것은 자랑스러운 일일 수 있다. 하지만 그들을 선망하거나 질투하지 않는다면 굳이 나에게 어떤 실망감이나 패배감이 들 리 없다. 왜 그런가? 처음부터 장관이나 병원장과 같은 높은 직책이나 명예를 갈망하지 않았기 때문이다. 내가 원하지 않는다면 설사 그것을 얻었다고 할지라도 기뻐할 까닭이 없으며, 얻지 못했다고 상실감이 있을 리 없다無執, 故無失. 또한 무슨 실패라고 할 것도 없으니 처음부터 인위적인 노력이나 수고를 하지 않았기 때문이다無爲, 故無敗. 따라서 인생에 지나치게 많은 갈망이나 욕구, 목표를 갖지 않는다면 좌절감이나 상실감이 훨씬 줄어들고 그만큼 유쾌해질 것이다.

천하 만물은 각기 나름의 특성이 있다. 앞선 것도 있고 뒤처진 것도 있으며, 각기 다른 단계에 처하여 서로 다른 형태를 드러낸다.

안정적인 것도 있고 또한 위태한 것도 있다. 사람 역시 마찬가지이다. 모든 이들이 나름의 품성을 지니고 시운時運에 따른다. 그들이 모두 같은 표현을 할 수는 없다. 그렇기 때문에 내 마음대로 그들을 춤추게 하거나 움직이도록 강요할 수 없다. 이러한 자연의 이치를 깊이 깨닫고 있는 영도자라면 사물의 이치와 심리, 그리고 관리의 법도에 순응해야만 한다. 설사 인위적인 일을 할지라도 극단으로 치우치지 않고 과도한 노력이나 사치, 안일에 빠지지 않아야 한다. 여기서 우리는 노자의 '양보'를 엿볼 수 있다. 사실 진정한 의미의 '무위'는 행하기 어렵다. 좀 더 심하게 말한다면 아예 가능한 것이 아니다. 그렇기 때문에 노자는 한 걸음 물러나 차선을 구하고 있다. 어쩔 수 없이 '유위'가 있어야 한다면 절대로 극단에 빠지지 말라. 이것이 그가 말하는 차선책이다. 공자는 이렇게 말했다. "중도中道의 선비와 함께 갈 수 없다면 광자狂者(과격한 사람)와 견자狷者(고집스러운 사람)라도 함께 할 것이다不得中行而與之, 必也狂狷乎." 노자의 말을 여기에 빗댄다면 이럴 것이다. "무위할 수 없다면 반드시 중도의 선비와 함께 갈 것이다." 유가와 도가의 취지는 서로 다르지만 심리적으로 같은 길을 가고 있음을 알 수 있는 부분이다.

전쟁은 최후의 수단이다

도로 군주를 보좌하는 이는 무력으로
천하에 강함을 드러내지 않는다.
무력을 쓰게 되면 반드시 돌아오는 것이 있기 마련이다.
군대가 주둔하는 곳에는 가시나무가 우거지고
큰 전쟁이 끝난 후에는 반드시 흉년이 들기 마련이다.
용병을 잘하는 이는
위급함을 구한다는 목적을 달성하면 그뿐이니
무력으로 강력함을 드러내지 않는다.
목적을 이루고도 자만하지 않고 목적을 이루고도 뽐내지 않으며
목적을 이루고도 교만하지 않고 목적을 이루고도
부득이한 것이라 하고
목적을 이루고도 강함을 드러내지 않는다.
사물은 장대해지면 노쇠하기 마련이니
이는 도에 부합하지 않기 때문이다.
도에 부합하지 않는 것은 빨리 사라진다.

以道佐人主者, 不以兵强天下, 其事好還[1].
이도좌인주자　　　불이병강천하　　　기사호환

師之所居, 荆棘生焉. 大軍之后, 必有凶年.
사지소거　　　형극생언　　　대군지후　　　필유흉년

善有果[2]而已, 不敢以取强[3].
선유과이이　　　불감이취강

果而勿矜, 果而勿伐, 果而勿驕, 果而不得已, 果而勿强.
과이물긍　　　과이물벌　　　과이물교　　　과이불득이　　　과이물강

物壯則老, 是謂不道[4], 不道早已[5].
물장즉로　　　시위부도　　　부도조이

---

1 기사호환(其事好還): 용병, 즉 무력을 쓰게 되면 반드시 보복이 있게 된다는 뜻이다.
2 선유과(善有果): '선'은 용병을 잘함이다. '과'는 결과가 있다는 뜻이니, 승리의 목적을 이룸이다.
3 불감이취강(不敢以取强): 백서본(帛書本)은 "무이취강(毋以取强)"으로 썼다. '취강'은 강함을 드러내다, 위세를 부리다의 뜻이다.
4 부도(不道): 도에 부합하지 않음.
5 조이(早已): 빨리 죽다, 빨리 사라지다.
6 『손자』, "用兵之法, 全國爲上, 破國次之, 全軍爲上, 破軍次之, …… 是故百戰百勝, 非善之善者也. 不戰而屈人之兵, 善之善者也."
7 근대 학자 장태염은 『도덕경』을 고대 병서의 요지를 개괄한 책이라고 하면서 이렇게 말했다. "노담(老聃)은 주하사(柱下史)라는 관직에 있으면서 여러 가지 일에 대해 많이 알고 있었으며, 『금판(金版)』, 『육도(六韜)』 등의 내용을 요약하여 오천언을 지었다. 이를 후세의 음모가들이 법도로 삼았다." 하지만 현대 학자 장송여는 전체 81장 가운데 직접적으로 군사나 병사(兵事)와 연관된 부분은 제30장과 제31장, 그리고 제69장 세 편뿐이라고 하면서 철리를 이야기하면서 병사를 예로 든 것도 전체 10장이 되지 않는다고 하였다.

혁후어

●○

인생이란 큰 무대는 때로 전쟁터가 될 수도 있다. 인생이 전쟁터가 된다면 우리는 어쩔 수 없이 전투 위치에 자리하고, 우리가 취하는 모든 행위나 처세 또한 '용병用兵'처럼 될 것이다.

노자는 여기서 '병兵'에 대해 언급하고 있지만 우리에게 어떻게 용병할 것인가에 대해 말하는 것이 아니라 먼저 "왜 싸우는가?"에 대한 철저한 인식을 당부하고 있다. 진짜 전쟁이든 아니면 전쟁과 같은 인생이든 싸움, 전투는 참혹한 결과를 낳으며, 그 후유증이 참으로 심각하다. 그래서 노자는 이렇게 말했다. "군대가 주둔하는 곳에는 가시나무가 우거지고, 큰 전쟁이 끝난 후에는 반드시 흉년

이 들기 마련이다." 노자가 우리에게 일깨워주고 있다시피 전쟁은 어떤 목적을 달성하기 위한 작태에 불과하다. 만약 다른 방법으로 그 목적을 성취할 수 있다면 굳이 무력을 쓸 필요가 있겠는가?『손자』에서도 이와 유사한 말을 들을 수 있다.

"무릇 용병의 법칙은 살육하지 않거나 사상자를 최소한으로 하여 적국이 온전한 채로 항복하도록 하는 것이 상책이며, 서로 죽여서 적국을 깨뜨리는 것이 차선책이다. 적군을 죽이지 않고 적의 부대를 온전히 굴복시키는 것이 상책이고, 무력을 통해 적군을 격파하는 것은 차선책이다. …… 그런 까닭에 백 번 싸워 백 번 이기는 자는 용병술에 능한 자들 가운데 가장 뛰어난 자라고 할 수 없다. 싸우지 않고도 적을 굴복시키는 자야말로 용병술에 능한 자들 가운데에서 가장 뛰어난 자이다."[6]

진정으로 용병에 능한 사람은 '온전함'을 최고의 목표로 삼으며, 가장 좋은 책략은 '부전不戰', 즉 전쟁을 하지 않는 것이다. 그러니 전쟁을 통하지 않고 목적에 이를 수 있다면 왜 전쟁이 필요하겠는가?

노자는 무력동원이 최후의 부득이한 수단이라고 말했다. 흥미로운 점은『손자』역시 이와 유사하게 말하고 있다는 점이다. "그런 까닭에 전쟁에서 최상책은 모략으로 이기는 것이고, 차선책은 외교로 이기는 것이고, 제일 하수는 성을 공격하는 것이다. 성을 공격하는 방법은 어쩔 수 없는 경우이다上兵伐謀, 其次伐交, 其下攻城. 攻城之法爲不得已." 혹자는 이런 이유로 노자가 뛰어난 병가 인물이며『도덕경』은 일종의 병서라고 주장하고 있다. 예를 들어 당나라 사람 왕진王眞은『도덕진경논병요의술道德眞經論兵要義術』에서 "전체 81장 오천언五千言(도덕경) 가운데 병兵에 의미가 속하지 않는 장은 없다"라고 말했다. 하지만 노자가 '병'에 대해 언급한 것은 제30국이 처음이며 이후에도 '병'에 대해 언급한 부분이 없지 않으나 그리 많지 않다. 물론 뇌리 가득 '병'만 생각하는 이라면 당연히 『도덕경』도 처에서 이와 관련된 단서를 찾을 수 있을 것이다. 그러나 이는 지나치게 '병'과 관련된 생각을 많이 하고 있기 때문이지 실상은 그렇지 않다.[7]

춘추전국시대는 도처에서 크고 작은 전투가 벌어졌기 때문에 전쟁이 생활의 일부나 다를 바 없었다. 그러니 노자가 '병'에 대해 이야기한 것도 자연스러운 일이다. 하지만 근본적으로 노자는 현대식으로 말하면 평화주의자이자 반전주의자이다. "군대가 주둔하는 곳에는 가시나무가 우거지고, 큰 전쟁이 끝난 후에는 반드시 흉년이 들기 마련이다." 그의 발언은 전쟁의 아픔에 대한 침통한 지적이자 비판이다. 그는 평화를 주장했지만 또한 '철갑을 쓴' 평화주의자이다. 반전을 주장한다고 무조건 무기를 내려놓는 것은 아니기 때문이다. 필요하다면 무기를 들어야 할 때도 있다. 전쟁으로 전쟁을 끝내야 할 때가 있다는 뜻이다.

무엇보다 전쟁은 최후의 수단이다. 가장 좋은 것은 다른 방법을 통해 목적을 달성하는 것이다. 노자는 여기에서 머물지 않고 다시 우리에게 경고한다. 설사 목적을 달성했다고 할지라도 절대로 자만하거나 뽐내지 말며, 교만하거나 내세우지 말라. 전쟁에서 이겨 목적을 달성했다면 반대로 누군가는 싸움에서 지고 목적을 이루지 못하며, 좌절감에 빠졌을 것이기 때문이다. 더욱 낮은 자세로 겸허하게 대하며 강함을 드러내지 않아야만 진정한 평화를 누릴 수 있다. 만약 그렇지 않다면, 더욱 팽창하고 강력해지며 스스로 뽐낸다면 자연계의 만물이 영고성쇠의 법도에 따르듯이 얼마 못 가 쇠미해지고 결국 연기처럼 사라지고 말 것이다.

인생이 전쟁터가 될 것인가 말 것인가 여부는 스스로에게 달려 있다. 만약 인생이 전쟁터와 같다면 충동적으로 치달을 것이 아니라 우선 왜 전쟁을 하는가에 대해 정확하게 인식하고, 전쟁 이외의 방법을 찾아야 한다. 그리고 결코 스스로 팽창하거나 위세를 부려서는 안 된다. 이것이 '도'에 부합하는 길이다.

전쟁에서의 승리를 기뻐하지 말라

무릇 무기는 상서롭지 않은 물건이기에 사람들이 싫어한다.
그런 까닭에 도를 지닌 이는 그것을 사용하지 않는다.
군자는 평상시에는 왼쪽을 귀하게 여기고
전쟁을 할 때는 오른쪽을 귀하게 여긴다.
그런 까닭에 무기는 상서롭지 못한 물건으로
군자가 사용하는 것이 아니다.
부득이 사용하게 되면 담담한 마음을 갖는 것이 가장 좋다.
승리해도 의기양양하지 말 것이니
의기양양하다면 사람 죽이기를 좋아하는 것이다.
사람 죽이기를 좋아하는 이는 천하에서 뜻을 얻을 수 없다.
경사스러운 일에는 왼쪽을 상석으로 하고
흉한 일에는 오른 쪽을 상석으로 삼는다.
군대에서 편장군(부장군)은 왼쪽에 있고
상장군(대장군)은 오른쪽에 있는데
이는 전쟁을 상례喪禮로 여긴다는 뜻이다.
죽인 사람이 많으니 슬픈 마음으로 대하며
싸움에 이겼어도 상사를 처리하는 것처럼 해야 한다.

夫兵者¹, 不祥之器. 物或惡之², 故有道者不居.
부병자　　　불상지기　　　물혹오지　　　고유도자불거

君子居則貴左³, 用兵則貴右, 故兵者非君子之器.
군자거즉귀좌　　　　용병즉귀우　　　고병자비군자지기

不祥之器, 不得已而用之, 恬淡⁴爲上. 勝而不美, 而美之者,
불상지기　　불득이이용지　　　념담위상　　　승이불미　　　이미지자

是樂殺人. 夫樂殺人者, 則不可得志於天下矣.
시악살인　　부악살인자　　　즉불가득지어천하의

吉事尚左, 凶事尚右. 偏將軍居左, 上將軍居右,
길사상좌　　흉사상우　　　편장군거좌　　　상장군거우

言以喪禮處之. 殺人之衆, 以悲哀⁵泣之, 戰勝以喪禮處之.
언이상례처지　　　살인지중　　　이비애읍지　　　전승이상례처지

1 부병자(夫兵者): "부가병자(夫佳兵者)"라고 쓴 판본도 있다. '병자'는 병기를 말한다.
2 물혹오지(物或惡之): '물'은 사람을 지칭한다. 사람이 싫어하거나 증오하는 것이라는 뜻이다.
3 귀좌(貴左): 옛날 사람들은 왼쪽을 양(陽), 오른쪽을 음(陰)으로 생각했다. 양은 생(生), 음은 살(殺)의 의미가 있다.
4 염담(恬淡): 안정하고 침착함.
5 비애(悲哀): 왕필본은 애비(哀悲)로 썼다.
6 『회남자·병략훈』에 따르면, 출전할 때 "명의(明衣: 상복)를 입고 흉문(凶門: 북문)을 열어 출병하고 (設明衣也, 鑿凶門而出)", 전쟁에 승리하고 돌아오면 "군기를 반납하고 부월(斧鉞: 전쟁무기)을 무기고에 집어넣으며, 전쟁이 끝났음을 임금에게 보고하는데, '군에는 뒤처리를 할 것이 없습니다'라고 한다. 그리고 곧 흰옷으로 갈아입고 숙사로 돌아가지 않고 임금에게 죄를 청한다. 임금이 '용서한다'고 말하면, 물러나 제사 때 입는 옷으로 갈아입는다. 크게 승리했을 경우는 3년 만에 옛집으로 돌아오고, 중간 정도로 이겼을 때는 2년 만에 옛집으로 돌아오며, 작게 이겼을 경우는 1년 만에 옛집으로 돌아온다(放旗以入斧鉞, 報畢於君曰, 軍無後治. 乃縞素辭舍, 請罪於君. 君曰, 赦之! 退, 齋服. 大勝三年反舍, 中勝二年, 下勝期年)."

●○

　　몇 년 전 필자는 신강 소소현昭蘇縣 중국과 카자흐스탄 국경에 자리한 격등산格登山에 올라 눈앞에 펼쳐진 카자흐스탄 공화국 시골 마을을 바라보았다. 마음 깊은 곳에서 아련한 애수가 절로 일었다. 내 뒤편으로 거대한 비석, 청 건륭 25년에 세운 「평정준갈이륵명격등산지비平定準噶爾勒銘格登山之碑」이 위용을 자랑하고 있었다. 중국 고등학교 역사교과서에 나오는 관련 내용이 새삼 떠오르며 문득 참혹한 비명 소리와 피비린내가 진동하는 가운데 들판에 가득한 시신들이 눈에 보이는 듯했다.

전쟁은 언제, 어디에서나 참혹할 뿐이다. 전쟁에서 이긴 자들은 자신들의 승리를 구가하며 논공행상을 하느라 바쁘고, 전승비나 개선문을 세워 자신들의 무공을 자랑하며 위대한 공적을 기념한다. 눈앞에 보이는 기념비는 사실 그리 대단한 것이 아니다. 현재 가장 유명하고 웅장한 기념비는 프랑스 파리 샹젤리제 거리의 샤를 드골 광장에 자리하고 있는 개선문이다. 이는 1805년 나폴레옹이 이끄는 프랑스 군대가 아우스터리츠 전투에서 러시아와 오스트리아 연합군과 싸워 승리한 것을 기념한다. 당시 프랑스는 전성기에 이르렀고, 이로 인해 득의양양했다.

하지만 노자는 이러한 양태를 반대할뿐더러 심지어 통탄해마지 않는다. 전쟁이란 엄청난 재앙을 가져오기 때문이다. 도를 지닌 이라면 만부득이한 경우에만 무력을 사용하며, 설사 승리를 얻었다고 할지라도 기뻐 날뛰거나 득의양양하지 않고 담담하게 처신한다. 만약 대대적으로 승리를 자축하고 과시한다면 이것이야말로 살인을 즐기는 일이 아니고 무엇이겠는가? 노자는 일찍이 이런 사람들 또는 국가라면 오래 지속될 수 없음을 간파했다. 역사가 보여주고 있다시피 과연 그러했다. 나폴레옹은 개선문 건설을 시작하고 채 10년도 되기 전에 유럽 연합군에게 대패하여 1814년 지중해의 작은 섬인 엘바 섬으로 추방되었다. 그 다음 해 엘바 섬을 탈출하여 재기를 꾀했으나 결국 워털루 전투에서 영국과 프로이센 연합군에게 완패하여 종말을 고하고 말았다.

"경사스러운 일에는 왼쪽을 상석으로 하고 흉한 일에는 오른쪽을 상석으로 삼는다." 노자는 이렇게 말하면서 "상장군(대장군)은 오른쪽에 둔다"라고 했다. 이렇게 볼 때 고대 사람들은 전쟁을 상사喪

事처럼 여겼음을 알 수 있다.[6] 상당히 창의적일뿐더러 우리에게 경고하는 의미가 다분하다. 물론 고대 중국에서 좌우에 대한 관념은 하나로 일치하지 않는다. 어떤 경우는 오른쪽을 또 어떤 경우는 왼쪽을 더 중시하며, 지역적으로도 차이가 있다. 다만 『좌전』에 따르면 "초나라 사람은 왼쪽을 중시했다." 노자는 초나라 사람이니 그 의미가 더욱 분명해진다. 『좌전』을 보면 초나라 장왕楚莊王과 관련된 감동적인 일화가 실려 있다.

초장왕의 군대가 필邲이란 지역에서 막강한 진晉나라 군사와 맞붙어 대승을 거두었다. 이에 고무된 대신 반당潘黨이 진나라 군사들의 시신을 한 군데 쌓아 '경관京觀(적군의 시체를 도로 양편에 쌓아놓고 흙을 덮어 피라미드 형태의 언덕을 만드는 것을 말한다)'을 만들자고 건의했다. 자손들이 지금의 무공을 잊지 않고 기념하자는 뜻이었다. 하지만 초장왕은 이에 반대하며 이렇게 말했다. "'무武'는 '지과止戈', 즉 싸움을 그치게 한다는 뜻에서 만든 것이오." "이른바 '무'란 난폭한 자를 억누르고禁暴, 싸움을 그치게 하며戢兵, 큰 나라를 보유하고保大, 천하 평정의 공을 세우고定功, 백성을 편안하게 하며安民, 만민이 조화롭게 살도록 하고和衆, 재물을 풍요롭게 하는 것豊財 등 일곱 가지를 이루기 위해 필요한 것이오."

초나라와 진나라가 교전한 것은 민의에 따른 것이 아니다. 게다가 양국의 자제들의 시신이 들판에 그대로 방치되어 있고 나라의 원기가 크게 상한 상황에서 과연 자부심을 느끼고 자손들에게 기념할 만한 것이 무엇이겠는가? 초장왕은 고대 성왕이 대악무도한 자의 시신 위에 흙을 덮어 경관을 만든 까닭은 사악함을 징계하여 후대 사람들에게 경고함이지 무공을 자랑하기 위함이 아니라고 하면서 자신들의 나라를 위해 충성을 다해 죽음으로 군명을 받든 진나라 군사의 시신을 제대로 매장하도록 명했다.

초장왕의 이런 발언과 행위에 대해 노자 역시 동감했을 것이다. 전쟁에서 승리를 했다는 것은 수없이 많은 죽음이 발생했다는 것을 뜻한다. 당연히 상사와 같이 애통하게 여겨야지 기뻐할 것이 아니다. 『도덕경』을 「병서」로 여기는 이들에 대해서도 불쌍하게 여길 뿐 성내지 말아야 하는 것이 아닐까.

크고 작음을 초월하여 절제하라

도는 영원히 이름이 없으며 마치 다듬지 않은 통나무와 같다.

비록 은밀하여 볼 수 없지만

세상에서 그것을 신하처럼 굴복시킬 수 없다.

왕후가 그것을 능히 지킬 수 있다면

만물은 자연히 찾아오게 될 것이다.

하늘과 땅이 서로 화합하면 단 이슬이 내릴 것이고,

백성들을 시키지 않더라도 절로 고르게 될 것이다.

만물은 생겨나면서 이름이 있게 되며

이름이 있으면 자연히 한계가 있게 되며

적절하게 그쳐야 할 곳을 알게 된다.

적절하게 그쳐야 할 곳을 알게 되니 위험을 피할 수 있다.

비유하건대 도가 세상에 있음은

마치 내나 골짜기의 물이 강이나 바다로 유입되는 것과 같다.

道常無名, 樸. 雖小[1], 天下莫能臣[2]. 侯王若能守之,
도상무명　박　수소　천하막능신　후왕약능수지

萬物將自賓[3].
만물장자빈

天地相合, 以降甘露, 民莫之令而自均.
천지상합　이강감로　민막지령이자균

始制有名, 名亦既有, 夫亦將知止. 知止可以不殆.
시제유명　명역기유　부역장지지　지지가이불태

譬道之在天下, 猶川谷之於江海.
비도지재천하　유천곡지어강해

1 소(小): '도'가 은미하여 눈에 보이지 않음을 형용한 것이다.
2 막능신(莫能臣): 도를 신하처럼 굴종시킬 수 있는 사람이 없다는 뜻이다.
3 자빈(自賓): 손님처럼 스스로 '도'를 찾아가다.

●○

　본국의 핵심은 '도'의 크고 작음의 문제와 '명名'의 문제 두 가지
이다.

　노자는 앞서(제25국) '도'는 위대하다고 말했는데, 여기서는 작다
고 하니 마치 모순처럼 들린다. 하지만 필자가 생각하기에 그렇기
때문에 오히려 '도'를 더 잘 이해할 수 있을 듯하다. 어떤 명칭으로
도 '도'를 형용하거나 한정 지을 수 없기 때문이다. 그래서 노자는
제1국에서 "언어로 도를 서술할 수 있다면 영원한 도가 아니다. 이
름을 언어로 한정 지을 수 있다면 영원한 이름이 아니다道可道, 非常
道. 名可名, 非常名"라고 말한 것이 아니겠는가?

　도가 크다면 밖이 없을 정도로 크며, 작다면 안이 없을 정도로
작다. 하지만 여하간 크고 작음으로 '도'를 표현할 수는 없다. '도'

168

란 영원히 이름도 없이 그저 통나무처럼 아직 손대지 않은 혼돈 상태의 질박함, 그 자체이기 때문이다. 그렇기 때문에 어떤 사물이 될 수 없으며, 어떤 사물도 아니다.

사람들은 흔히 처세에 필요한 도리도 크고 작은 것으로 구분하길 좋아한다. 그러나 그것이 마땅히 따라야할 도리라면 크고 작음은 전혀 의미가 없으며, 자칫 오도할 수 있다. 예를 들어 "극단을 지양하라." 이는 그저 평범한 작은 도리인 것처럼 보인다. 그러나 만약 그것이 정확한 것이라면 누구도 이를 바꾸거나 위배해서는 안 된다. 한 나라를 통치하는 이는 물론이고 일반인들 또한 이를 준수하여 물이 자연스럽게 흘러내려가듯이 따른다면 국가나 사회, 개인의 안녕과 평안에 도움을 준다. 따라서 그 효과가 큰 도리에 손색이 있을 리 없다. 그렇기 때문에 천도나 인도는 모두 똑같은 도리이니 크고 작음이 있을 수 없으며, 우열의 구분이 존재하지 않는다.

'명'에 관한 문제는 구체적으로 '무명'의 문제이다. 모든 '명'은 인위적이다. 그렇기 때문에 '도'는 '명'으로 한정 지을 수 없다. "만물은 생겨나면서 이름이 있게 되며, 이름이 있으면 자연히 한계가 있게 되고, 적절하게 그쳐야 할 곳을 알게 된다. 적절하게 그쳐야 할 곳을 알게 되니 위험을 피할 수 있다 名亦既有, 夫亦將知止. 知止可以不殆." 다음 두 가지 해석이 가능하다. 첫 번째 해석은 이러하다. 인류 사회의 만물과 모든 사람은 각기 다른 명칭과 명분을 부여받았다. 따라서 자연 규율이 그러한 것처럼 자신이 부여받은 신분과 각색에 따라 자신이 맡은 일을 하고 궤도를 벗어나지 않는다면 사회가 화목해지고 개인 또한 위험이 없다는 뜻이다. 듣기에 자못 이치에 합당한 듯하다. 그러나 이는 공자의 정명론처럼 각자 맡은 바 직분에 따라 참월하지 말라는 뜻과 같다. 이런 유가적 주장은 노자의 기본 관념이나 핵심 가치와 동일하지 않다. 따라서 이런 해석은 자칫 오도할 수 있다.

두 번째 해석은 다음과 같다. 인위적인 명칭으로 사람이나 사물을 지칭하는 것은 인류 문명에서 어쩔 수 없는 일일 수 있다. 하지만 적으면 적을수록 좋다. 이런 관점, 이런 해석이 비교적 노자의 신념에 부합한다. 왜냐하면 명칭이나 그에 따른 지위가 많아지면 많아질수록 사람들의 욕망을 자극하고 쟁취하기 위해 치달리게 만들기 때문이다. 예컨대 부사장은 사장이 되려고 애쓰고, 사장이 되면 다음에는 이사장이 되려고 애쓴다. 이사장이 되면 어떻게 될까? 그만 자신의 욕망을 내던질까? 아니다. 아마도 그는 그룹을 총괄하는 회장이 되려고 아등바등할 것이다. 음식도 마찬가지이다. 소찬을 먹다 보면 더 맛있는 특식에 눈이 가고 나중에는 스페셜 요리를 먹고 싶어 안달이 난다. 맹목적이고 끝이 없는 욕망 추구 속에서 사람들은 숱한 시간과 정력을 소진한다. 사회나 개인 생활에서 일어나는 크고 작은 분규나 근심은 모두 여기에서 생겨난다. 그렇기 때문에 절제할 줄 안다면, 각종 명칭, 호칭, 직함, 브랜드 등등에 대해 적절하게 그칠 수 있다면, 너 나 할 것 없이 더 좋고 비싸며 고귀하다고 여기는 것들을 향한 질주를 그친다면 비교적 자연의 도에 부합하는 삶을 영위할 수 있을 것이다.

자신과의 승부에서 이겨라

남을 아는 이는 지혜로운 사람이고
자신을 아는 이는 밝은 사람이다.
남을 이기는 이는 힘 있는 사람이고
자신을 이기는 이는 강한 사람이다.
만족할 줄 아는 이는 부유한 사람이고
부지런히 노력하는 이는 뜻을 가진 사람이다.
근본을 잃지 않아야 오래 갈 수 있다.
몸이 죽어도 잊히지 않는 것이 진정한 장수이다.
마땅한 본분을 잃지 않으면 오래갈 수 있으니
몸은 죽어도 도는 여전히 남는 것이 진정한 장수長壽이다.

知人者智, 自知者明.
지인자지　　　자지자명

勝人者有力, 自勝者强. 知足者富. 强行者¹有志.
승인자유력　　　자승자강　　　지족자부　　　강행자유지

不失其所者久. 死而不亡²者壽.
불실기소자구　　　사이불망자수

1 강행자(强行者): 게으르지 않고 지속적으로 노력하며 자신의 뜻을 견지하는 사람.
2 사이불망(死而不亡): 몸은 비록 죽어도 도는 남는다는 뜻이다.

●○

　짧은 몇 마디 말로 노자는 인간세상에서 진정 지극한 이치에 대해 말하고 있다.

　"남을 아는 이는 지혜로운 사람이고, 자신을 아는 이는 밝은 사람이다." 그의 말을 들으니 그리스의 아폴론 신전에 적힌 유명한 잠언이 생각난다. "너 자신을 알라!" 소크라테스는 이를 철학의 핵심으로 삼았다. 그것은 다른 사람을, 외재하는 다른 사물을 이해하는 것보다 훨씬 힘들고 어렵다. 독일의 철학자 프리드리히 니체 Friedrich Nietzsche는 이렇게 말했다. "우리는 우리 자신을 잘 모른다. 우리의 영원한 결론은 '각자에게 가장 멀리 있는 자가 바로 자기 자신'이라는 것이다. 우리 자신에 대하여 우리는 '지자知者'가 아니다."

사람들은 주로 외부에 관심을 갖고 자신의 눈빛을 밖으로 향하는 경우가 대부분이다. 자신의 내면을 관조하는 시간은 오히려 그리 많지 않다. 설사 내부로 시야를 돌릴지라도 자신에 대한 분석과 평가에 객관적인 태도가 부족하여 자신의 성격, 능력, 정서, 희망, 가치관 등에 대해 편파적이거나 지극히 왜곡된 수용을 하는 경우가 허다하다. 만약 자신을 정확하게 알지 못한다면 다른 사람, 외부세계에 대한 인식이 아무리 많고 깊을지라도 자신과 명백하고 적합한 관계를 형성하기 어렵다. 진정으로 명철한 사람은 자신을 이해하고 검토하여 자신을 제대로 확립하는 데 더 많은 시간을 소비한다. 이렇게 해야만 혼탁한 세상에서 자신을 잃지 않을 수 있다.

　"남을 이기는 이는 힘 있는 사람이고, 자신을 이기는 이는 강한 사람이다." 러시아 제국 로마노프 왕조의 황제인 표트르 대제의 명언이 생각난다. "나는 제국을 정복했지만 내 자신을 정복하지 못했다." 그는 즉위한 후 나라를 다스리기 위해 최선의 노력을 경주하며 서방을 본받아 러시아를 문명국가로 건설하고자 애썼다. 그는 여러 법률을 제정, 반포하여 엄격하게 나라를 다스렸는데, 그 가운데 하나가 노예를 채찍으로 다스리는 야만행위를 금지시키는 법률이다. 그는 이를 위반한 자의 경우 정부에서 별도의 사람을 파견하여 그의 가산을 관리하도록 했다. 그러던 어느 날 표트르 대제가 극도로 화가 나서 자신의 화원 관리인에게 매질을 가했는데, 결국 관리인이 이로 인해 병사하고 말았다. 이를 알게 된 표트르 대제는 자신을 통제하지 못한 것에 대해 질책하고 깊이 반성했다. 인용구는 바로 이때 나온 말이다. 분명 자신, 특히 자신의 정서와 욕망과 싸워 이기는 일은 다른 사람들과 싸워 이기는 일보다 훨씬 어렵다. 그런 까닭에 증엄證嚴 법사는 "우리의 가장 큰 적은 타인이 아니라 바로 자신이다"라고 말했으며, 플라톤 역시 "가장 처음 해야 하는, 그리고 가장 좋은 승리는 자신을 정복하는 일이며, 자신에게 정복당하는 것은 가장 수치스럽고 마땅히 반대해야 할 일이다"라고 말했다. 이른바 "자신에게 정복당함", 이는 자신의 정서나 욕망에 좌우되어 자제력과 자주 능력이 결핍되어 있다는 것을 뜻한다.

연이어 노자는 "만족할 줄 아는 이는 부유한 사람이다"라고 말했다. 소크라테스가 말한 것처럼 "최소한에 만족할 줄 아는 이가 가장 부유한 사람이다." 진정한 부자는 가진 것이 많은 사람이 아니라 '향유'할 수 있는 것이 많은 사람이기 때문이다. 예컨대 강가의 맑은 바람이나 산간의 밝은 달처럼 굳이 많은 재물을 허비하지 않아도 즐길 수 있고, 그 안에서 기쁨을 얻을 수 있다면 그 누구보다 만족감이 클 것이고 그만큼 마음이 풍요롭지 않겠는가?

"부지런히 노력하는 이는 뜻을 가진 사람이다." 노자는 애써 자신의 생명 판도를 넓혀 자신의 포부와 의지를 펼쳐나가라고 했다. 물론 이는 크게 틀린 말이 아니다. 하지만 핵심은 그 뒤에 있다. "근본을 잃지 않아야 오래 갈 수 있다." 아무리 멀리 가고 높이 날아도 자신의 근기根基, 즉 근본을 잃지 않고 자신의 본래 지니고 있는 신념을 잃지 않아야 오래갈 수 있다는 뜻이다. 인생은 비록 짧고 고단하지만 사후에도 많은 이들이 그의 공덕을 기리고 그리워한다면 이것이 진정한 장수이자 불후不朽이다. 그래서 그는 "몸은 죽어도 도는 여전히 남는 것이 진정한 장수長壽이다"라고 말했다.

노자가 "부지런히 노력하는 자強行者"를 찬양한 것은 『도덕경』의 핵심 요지에 위배되는 것처럼 보인다. 하지만 여기서 부지런히 노력하라는 말은 결코 천박한 뜻이 아니다. 소크라테스, 플라톤, 니체 등등 여러 사람들이 이와 유사한 말을 한 것에서 알 수 있다시피 가장 간단한 명언이 가장 심오한 이치를 담고 있기 마련이다. 허심탄회하게 이를 받아들여 구체적으로 실천하는 이가 진정으로 지혜를 지닌 사람이다.

삼불주의의 위대한 성취

큰 도는 하천이 넘쳐흐르듯 좌우를 가리지 않는다.
만물은 도에 의지하여 생장하여 마다하지 않는다.
공적을 이루고도 공로를 점유하지 않으며
만물을 양육하고도 스스로 주인이라고 여기지 않으니
그것을 '작다'라고 부를 수 있으며
만물이 그에게 돌아가도 자신이 주재하려고 하지 않으니
그것을 '크다'고 부를 수 있다.
이렇듯 그것은 스스로 크다고 여기지 않으니
그런 까닭에 그 위대함을 이룰 수 있는 것이다.

大道泛¹兮, 其可左右. 萬物恃之以生而不辭², 功成而不有³.
대도범혜   기가좌우   만물시지이생이불사   공성이불명유

衣養⁴萬物而不爲主, 可名於小. 萬物歸焉而不爲主, 可名爲大.
의양만물이불위주   가명어소   만물귀언이불위주   가명위대

以其終不自爲大, 故能成其大.
이기종불자위대   고능성기대

1 범(泛): 넘쳐흐르다. 이르지 않는 곳이 없으니 무소부재(無所不在)하다는 뜻이다.
2 불사(不辭): 마다하지 않음. 사양하지 않음.
3 불유(不有): 스스로 공적이나 공로를 소유하지 않다.
4 의양(衣養): 양육하다. '의피(衣被)'로 쓴 판본도 있다. 이에 따르면 '덮다'의 뜻이다.

●○

　　대만 민진당의 전 주석이었던 스밍더_{施明德}는 낭만주의자이다. 정치 방면에서 그는 자유와 민주의 이상을 견지하여 자신의 이상을 위해 분투하며 울고 웃었지만 어떤 원망이나 후회도 하지 않았다. 애정 면에서 그는 '삼불주의_{三不主義}' 원칙을 견지하면서 많은 여성들과 교제하며 다채로운 애정행각을 보였으나 아무 데도 얽매이거나 끌려 다니지 않았다. 그가 말하는 '삼불주의'는 "주동하지 않으며, 거절하지 않고 책임지지 않는다"이다. 이런 원칙을 고수했기 때문에 수십 년 동안 애정의 세계를 종횡하면서 비록 스캔들이 끊이질 않고 여복을 향유했지만 한 번도 화를 입거나 상대에게 폐를 끼치는 일이 없었다. 그야말로 그만의 독특한 '낭만의 도_{浪漫之道}'라 할 만하다.

본국에서 노자는 '도'의 '삼불주의', 즉 "마다하지 않음不辭, 점유하지 않음不有, 주인 노릇을 하지 않음不爲主"을 제시하고 있다. 그가 말하는 '도'는 무소부재泛今이다. 우리 주변의 만물, 예를 들어 일월성신이나 산천초목에서 화조花鳥나 벌레에 이르기까지 우리 인류를 포함하여 모든 것에 도가 존재하기 때문이다. 이러한 도는 다음 세 가지 특징을 가지고 있다. 첫 번째는 마다하지 않음이니, '도'가 자신에 의해 생장하는 만물을 마다하거나 거절하지 않는다는 뜻이다. 두 번째는 점유하지 않음이니, 우주만물을 만들지만 절대로 소유하려고 하지 않는다는 뜻이다. 세 번째는 주인 노릇을 하지 않음이니, 만물을 양육하면서도 주인으로 자처하지 않고 만물이 스스로 발전할 수 있도록 할 뿐이라는 뜻이다. 스밍더의 '삼불주의'와 노자의 '삼불주의'는 자못 유사한 점이 있다. 무엇보다 자연에 순응함이 그러하다.

　　어떤 각도에서 볼 때 '도'는 주인이 되지 않기 때문에 작으며, 만물이 각기 주인이라 주장하니 자신은 어떤 권력도 심지어 책임조차 없는 것처럼 들린다. 하지만 다른 각도에서 보면 이처럼 주인 노릇을 하지 않기 때문에 오히려 위대하다. 만물이 모두 '도'에 의지하는데도 만물을 주재하지 않으니 이로써 존중을 받기 때문이다. 이렇듯 '도'는 클 수도 있고 작을 수도 있으며, 스스로 위대하다고 여기지 않기 때문에 오히려 위대하다. 이러한 언설은 앞서 "오로지 다투지 않으니, 그런 까닭에 천하가 그와 더불어 다투지 않는다"라는 말과 같이 노자의 독특한 역방향 변증법 사유를 반영한다.

　　물론 노자의 의도는 단순히 '도'의 특성을 인식함에 있는 것이 아니라 이러한 '도'를 체득하고 실천함에 있다. 이는 어렵고 힘든 일을 강제하려는 뜻이 아니다. 왜냐하면 '도'는 무소부재로 모든 이들이 '도'의 담체여서 스스로 '도'의 특성을 현현할 수 있기 때문이다.

회사의 경영자나 직원, 아비나 자식을 막론하고 자신이 마땅히 해야 할 일을 마다하지 않고 원망을 품지 않으면, 이것이 바로 '도'의 표현이다. 또한 많은 업적을 쌓았음에도 이를 자신의 공적으로 자랑하거나 독점하려고 하지 않는다면, 이것이 바로 '도'의 표현이다. 자녀나 직원, 학생 등 많은 이들이 당신의 노력과 능력에 힘입어 성장, 발전했을지라도 당신이 주재자로 자처하며 그들에게 명령하는 것이 아니라 그들 스스로 본성에 따라 발전할 수 있도록 한다면, 이것 또한 '도'의 표현이다.

교제나 처세 방면에서 '삼불주의'를 제대로 행한다면 이것이 곧 '행도行道', 즉 도를 실천함이니, '인도'에서 '천도'가 현현한다. 이런 이는 당연히 스스로 위대하다고 자처하지 않으니 그럼으로써 사람들이 그를 위대하다고 여긴다. 이런 점에서 듣기에 시답지 않은 듯한 스밍더의 '삼불주의' 역시 우리에게 나름대로 계시하는 바가 있다.

생명의 봄을 찾아서

큰 도를 지키면 천하 어디든지 갈 수 있다.
어느 곳을 갈지라도 피해를 입지 않고 평안하고 태평하다.
음악과 맛있는 음식은 지나가는 나그네를 멈추게 한다.
하지만 도는 굳이 말하자면 평담하여 맛이 없고
보고자 해도 보이지 않으며 들으려 해도 들리지 않는다.
그러나 그것은 아무리 써도 다 쓸 수 없다.

執大象[1], 天下往. 往而不害, 安平太[2].
집대상　　　천하왕　　왕이불해　　　안평태

樂與餌[3], 過客止.
악여이　　　과객지

道之出口, 淡乎其無味, 視之不足見, 聽之不足聞, 用之不足既[4].
도지출구　　　담호기무미　　　시지부족견　　　청지부족문　　　용지부족기

1 대상(大象): 대도(大道).
2 안평태(安平太): '안'은 '이에', '그래서'의 뜻이다. '태'는 '태(泰)'와 같아 태평, 안녕의 뜻이다.
3 악여이(樂與餌): 음악과 맛난 음식
4 기(既): 다함.

●○

스페인 출신의 미국 철학자이자 시인인 조지 산타야나George Santayana는 모교인 하버드대학의 정교수로 재직하고 있었다. 어느 봄날 수업 시간에 참새 한 마리가 창가로 날아와 계속 머물렀다. 산타야나가 한참 동안 참새를 쳐다보더니 가볍게 한숨을 내쉬고 몸을 돌려 학생들에게 말했다. "여러분, 나는 봄과 약속이 있습니다." 그는 이렇게 말한 후 교실 밖으로 나가 교직 생활을 완전히 마감하고 자신의 인생의 봄날을 향해 떠났다.

참새가 그를 소환한 것은 곧 자연이 그를 소환한 것과 같다. 외부의 세계는 얼마나 광대하고 매력적인가? 그런데 왜 우리는 그것을 체험하고 감상하려 하지 않는가? 혹자는 이렇게 말할지 모른다. 그는 가고 싶지 않은 것이 아니라 일에 치이고 경제 문제에 막혀 근

본적으로 갈 수 없는 것이다. 하지만 대다수는 스스로 자신을 얽어맸기 때문이다. 얼마 전 이런 보도를 본 적이 있다. 한 부부가 각기 직장을 다니며 자신의 일에 매달려 살았다. 그러던 어느 날 부인이 암 진단을 받으면서 청천벽력과 같은 소식에 그들의 삶은 그대로 곤두박질치고 말았다. 얼마 후 그들은 다시 일어서기로 마음먹고 생명과 서로에게 또 다른 약속을 했다. 두 사람은 다니던 직장을 그만 두고 남편이 부인을 차에 태우고 여행을 떠났다. 무작정 발길 닿는 대로 떠나 먹고 싶은 것을 먹고 보고 싶은 것을 보았으며, 수없이 아름다운 경관을 감상하고 각양각색의 사람들과 만나면서 이전에 내버려두고 하지 못했던 꿈을 실현하였다.

지금의 조건이 이전보다 훨씬 못한데 어떻게 자신의 꿈을 실현할 수 있었을까? 관건은 그들의 생각의 차이에 존재한다. 노자가 말한 '도'를 제대로 파악할 수 있느냐 여부에 달렸다는 뜻이다. 노자는 '과객過客', 즉 나그네라는 말을 사용하고 있다. 사실 우리 사람은 누구나 부모의 요청으로 진세塵世에서 짧은 여행을 하는 나그네와 같다. 하지만 우리는 음악과 맛있는 음식(명예와 이익 등 온갖 유혹과 속박을 모두 포함한다)에 빠져 발걸음을 멈추고, 그 안에 도취되어 자신이 나그네라는 사실조차 잊고 만다. 뜬구름 같은 세상에서 자아를 잃어버린다는 뜻이다.

여러 종교에서도 '나그네'라는 말을 즐겨 사용한다. 예를 들어『성경』「베드로전서 2장」에 보면 이런 구절이 나온다. "사랑하는 자들아! 나그네와 방문자들에게 권하노니. 영혼과 싸우는 육체의 정욕을 멀리하라." 여기에 나오는 '영혼'을 '도'로 바꾸면 노자의 말과 차이가 없음을 알 수 있다.『성경』「히브리서」역시 나그네라는 말을 쓰고 있다. "자신이 땅에서 외국인과 나그네라는 것을 증언하였으니 그들이 이처럼 말하는 것은 자신들이 본향 찾는 자임을 나타냄이라. 그들이 떠나온 본향을 생각했다면 돌아갈 기회가 있으려니와 그들이 이제는 더 나은 본향을 사모하니 곧 하늘에 있는 것이라." 이처럼 기독교는 신도들에게 자신이 진세의 나그네임을 인정하고 세간의 짧은 환락에 도취되지 말고 자신의 영혼을 구원할 것을 권유하고 있다. 물론 그 목적은 '천당'에 오르기 위함이다.

하지만 노자는 사후의 세계에 전혀 흥취가 없다. 그는 우리에게 자신이 '나그네'임을 인정하고 '도'로 회귀할 것을 요구하고 있다. '도'는 하늘 어딘가 있는 것이 아니라 진세, 바로 여기에 존재한다. 그것은 비록 욕망처럼 달콤하지는 않지만 모든 속박에서 벗어나도록 할뿐더러 지금부터 시작하여 어디든지 갈 수 있도록 한다執大象, 天下往. 또한 집착하지 않기 때문에 마음과 행동에 불편함이 없고, 언제나 담담하고 평온하며 관대하여 어디로 가든 편안하다. 또한 다른 이와 적대하지 않기 때문에 다른 이가 굳이 그를 해칠 생각을 하지 않으며 해칠 수도 없다. 어떤 환경에도 그는 넉넉하게 융화하여 자신을 비우고 타인이나 사물과 만나 하나가 되기 때문에 오염되지 않고 심신의 안정과 평화를 얻게 된다往而不害, 安平太.

산타야나는 봄과 약속했다. 이는 '도'와 약속한 것이나 다를 바 없다. 우리 모두의 마음속에도 산타야나나 노자와 같은 마음이 존재한다. 문제는 당신이 과연 그의 소환에 따를 것인가 여부에 달려 있다.

양책인가, 책략인가

장차 거두고자 하면 반드시 펼쳐야 하고,
장차 약하게 하려고 하면 반드시 먼저 강하게 해야 하며,
장차 폐기하고자 한다면 반드시 먼저 흥기시켜야 하고
장차 취하고자 한다면 반드시 먼저 주어야 한다.
이를 일러 미명微明이라고 한다.
부드러움이 강함을 이긴다.
물고기는 연못을 떠날 수 없으니
나라의 날카로운 무기는 사람들에게 함부로 보여서는 안 된다.

將欲歙¹之, 必固²張之. 將欲弱之, 必固强之. 將欲廢之,
장욕흡지   필고장지   장욕약지   필고강지   장욕폐지
必固興之.
필고흥지
將欲取³之, 必固與⁴之. 是謂微明⁵. 柔弱勝剛强. 魚不可脫於淵,
장욕취지   필고여지   시위미명   유약승강강   어불가탈어연
國之利器⁶不可以示人.
국지리기불가이시인

1 흡(歙): 거두어들이다.
2 고(固): 잠시.
3 취(取): '탈(奪)'로 쓴 판본도 있다.
4 여(與): 주다. '여(予)'와 같다.
5 미명(微明): 미묘한 예지.
6 국지이기(國之利器): 나라의 날카로운 기물. 나라의 형법을 비롯한 제제수단이나 제도를 말한다.
7 『한비자·해로(解老)』, "晉獻公將欲襲虞, 遺之以璧馬. 知伯將襲讐由, 遺之以廣車. 故曰, 將欲取之, 必固與之."
8 『여씨춘추·행론(行論)』, "將欲毁之, 必重累之. 将欲踣之, 必高擧之."
9 『한비자·외저설(外儲說)』에도 이와 유사한 내용이 나온다.
10 『손자·계편(計篇)』, "兵者, 詭道也. 故能而示之不能, 用而示之不用, 近而示之遠, 遠而示之近. 利而誘之, 亂而取之, 實而備之, 强而避之, 怒而撓之, 卑而驕之, 佚而勞之, 親而離之. 攻其無備, 出其不意."
11 소식(蘇軾), 「제서임벽(題西林壁)」, "橫看成嶺側成峰, 遠近高低各不同. 不識廬山眞面目, 只緣身在此山中."

●○

　　많은 이들이 본국을 읽으면서 노자를 음모가로 여기고 있다. 예를 들어『한비자』는 노자의 말을 인용하여 이렇게 말하고 있다.

　　"진나라의 헌공이 우를 습격하고자 할 때 우선 말과 옥을 보냈고, 진나라의 지백이 구유를 습격하고자 할 때는 큰 병거를 보내서 방심하게 했다. 그래서 노자는 '장차 취하고자 한다면 반드시 먼저 주어야 한다'라고 말한 것이다."⁷

　　다른 나라를 습격할 때 먼저 진귀한 물건을 선사하여 방심하게 만든 후에 일거에 섬멸한다는 뜻인데, 한비자는 이를 노자의 모략을 활용한 방법이라고 말했다. 이외에『여씨춘추』도 유사한 발언

을 하고 있다. 연왕이 자신이 받은 치욕을 되갚기 위해 절치부심하였으나 국력이 제나라에 미치지 못하여 먼저 제나라 왕에게 죄를 청한 후 제나라 왕이 교만해지자 마침내 그를 공격하여 절멸시켰다. 그런 다음 이렇게 말했다.

"장차 무너뜨리려면 반드시 그것을 중첩시키고, 장차 넘어뜨리려면 반드시 높이 올려야 하리라."[8]

이 역시 노자의 관점을 빌린 것이다. 이러한 모략이 바로 본국에서 말하는 '미명微明'이자 '유약승강강柔弱勝剛强', 즉 유약한 모습을 보여 강대한 적을 격퇴한다는 노자의 기본 책략에 대한 설명이다. 이어서 노자는 이렇게 말하고 있다. "물고기는 연못을 떠날 수 없으니, 나라의 날카로운 무기는 사람들에게 함부로 보여서는 안 된다." 『한시외전韓詩外傳』은 이에 대해 다음 이야기를 통해 설명하고 있다.

사성자한司城子罕(사성은 원래 벼슬 이름이나 성씨이기도 하다)은 송나라 재상으로 있었는데, 송나라 군주에게 말하길, "국가의 안위, 백성의 치란治亂은 모두 군주께서 하기 나름입니다. 복록과 작위를 상으로 주는 것은 사람들마다 좋아하는 일이니 군주께서 직접 하시고, 형벌을 주는 것은 사람들이 모두 싫어하는 일이니 미천한 신이 맡도록 하겠습니다." 송나라 군주는 그의 말을 듣고 기분이 좋았다. 곰곰이 생각해보니, 자한은 못된 사람이 되고 자신은 좋은 사람이 되는 일이기 때문이다. 얼마 지나지 않아 송나라 사람들은 자한이 생사여탈권을 쥐고 있음을 알게 되어 대신들은 그에게 아부하고 백성들은 그를 두려워했다. 불과 1년 만에 자한은 송나라 군주를 몰아내고 자신이 국왕이 되었다.[9]

이야기의 결론은 "물고기는 연못을 떠날 수 없으니, 나라의 날카로운 무기는 사람들에게 함부로 보여서는 안 된다." 즉 통치자는 위험한 환경에 처했을 때 국가의 생사여탈권을 남에게 양도해서는 안 된다는 뜻이다.

이상과 같은 이유로 사람들은 흥미진진하게 본국의 내용이 처음부터 끝까지 통치자가 어떤 책략으로 정권을 유지하고, 적들을 소멸시키며, 나라의 판도를 넓힐 것인가에 대한 이야기라고 주장하고 있다. 듣기에 나름대로 일리가 있다. 하지만 과연 이것이 노자가 말하고자 했던 본래 뜻일까? 나는 그렇지 않다고 생각한다. 노자의 핵심 사상인 '무위'와 근본적으로 모순되기 때문이다. 사실 속고 속이는 춘추전국시대에 이런 관점을 제시한 이가 적지 않다. 예를 들어『손자』는 이렇게 말하고 있다.

"전쟁은 속임수다. 그래서 능력이 있으면서 능력이 없는 것처럼 보이고, 병력을 쓸 수 있으나 쓸 수 없는 것처럼 보이며, 병력이 가까이 있으면서도 멀리 있는 것처럼 보이고, 병력이 멀리 있으면서도 가까이 있는 것처럼 보여야 한다. 작은 이익을 주어 그들을 유인하고, 혼란스럽게 만들어 기회를 얻고, 적이 튼실하면 든든히 방비하고, 강하면 잠시 피하며, 쉽게 분노하는 적은 집요하게 도발하여 기세가 꺾이도록 만들고, 적이 비겁하고 근신하면 자만심을 부채질하고, 적이 충분히 쉬어 안정적이면 계략을 써서 피곤하게 만들며, 적의 내부가 친화적이면 이간질을 시키고, 방비하지 않는 곳을 공략하고 적이 생각하지 못한 곳으로 출병한다."[10]

손자의 관점 역시 노자의 그것과 상당히 유사하다. 그렇다고 그가 노자의 영향을 받았다고 말할 수 있을까? 그가 과연 노자의 사상에 깊이 동감했을까?

　노자가 말한 '미명'은 어떤 각도에서 보면 총명, 좀 더 심하게 말하면 교활한 기량이라고 말할 수 있다. 하지만 또 다른 각도에서 본다면 그것이야말로 자연의 '도'이다. 예를 들어 꽃은 시들기 전에 먼저 만개하기 마련이고, 까마귀도 조개를 잡으면 단단한 껍질을 깨뜨리려고 입에 물고 높은 상공으로 날아간다. 또한 거둠과 펼침, 강과 약, 흥기와 폐기, 얻음과 줌 등등은 모두 끊임없이 순환하며 서로 인과관계를 이룬다. 서로 다른 점에서 살펴보면 또 다른 관계를 엿볼 수 있다. 노자의 발언을 반대로 돌려보면 이러하다. "장차 펼치고자 한다면 반드시 거둬야 하고, 장차 강하게 하고 싶으면 반드시 먼저 약하게 하며, 장차 흥기시키고자 한다면 반드시 폐기해야만 한다. 장차 주려고 한다면 반드시 취해야 한다." 이렇게 해도 말이 된다. 다만 노자는 전자의 방식을 택했을 뿐이다. 이는 그의 역방향 변증법적 사유를 반영한다. 그는 다른 사람들과 정반대의 각도에서 문제를 관찰하여 "유약승강강"을 핵심 요지로 총괄한 것이다.

　어떤 이들은 "유약승강강" 역시 일종의 모략이라고 주장한다. 그렇다면 '무위'와 '허정'을 표방하는 노자가 나라와 나라, 개인과 개인 사이에서 음모와 계략을 꾸며 권좌를 보위하고 세력을 확장하는 데 온갖 극악무도한 수단을 다 동원하라고 고취시켰다는 말인가? 노자가 우리에게 말하고자 하는 뜻은 결코 그렇지 않다. 그는 오히려 우리에게 다른 이들이 당신을 높이 치켜세우며 아부하고, 맛난 음식과 좋은 음악을 선사한다고 할지라도 도취되지 말라고 권고하고 있다. 만약 당신이 이로 인해 교만해진다면 다른 사람이 파놓은 함정에 빠져, 즐거움이 극에 다다르면 비애가 찾아오는 것처럼 형세가 완전히 뒤바뀌어 불행의 심연으로 추락하고 만다는 뜻이다. 다른 한편으로 그는 우리에게 더 낮은 자세로 임할 것을 요구하고 있다. 물론 다른 사람들은 이로 인해 당신을 유약하게 보겠지만 오히려 당신은 더욱 발전할 수 있는 공간을 마련할 수 있기 때문이다. 이것이야말로 총명한 방법이다.

"물고기는 연못을 떠날 수 없으니, 나라의 날카로운 무기는 사람들에게 함부로 보여서는 안 된다." 또 다른 해석은 없을까? 물고기는 물에서 사는 것이 자연스럽다. 한 마리의 물고기 또는 한 나라의 통치자는 큰일을 도모한다는 미명하에 오히려 자연을 위배하고 벗어난다면 곧 삶을 잃게 된다. 자연에 순응하는 것이 나라에도 유리한 방법이다. 우리가 마음으로 이를 체득하여 묵묵히 실천하면 그뿐이니 굳이 도처에서 자랑하거나 과시할 필요 없다. 이렇게 해석해도 노자의 일관된 생각에 부합하여 크게 무리가 없다.

다시 원점으로 돌아와 생각해볼 때 과연 이것이 노자의 본래 뜻일까? 필자로서는 더 이상 알 수 없다. "정면에서 보면 잇닿은 연봉이고 옆에서 보면 큰 봉우리이니 원근, 고저가 각기 달라 여산의 진면목을 알 수 없으니, 내 몸이 산중에 있기 때문이리라."[11] 소식의 말대로 이렇게 보면 이러하고, 저렇게 보면 또 저러하다. 당신이 어떻게 보고, 어떻게 해독하는지 우선 당신이 믿는 것이 무엇인지 스스로에게 물어봐야 하지 않을까? 인생이란 원래 이러하지 않겠는가?

마음속 사사로운 욕망에서 벗어나라

도는 영원히 작위적인 짓을 하지 않으나 하지 않는 일이 없다.
군주가 능히 이를 지킬 수 있다면
만물이 저절로 생장할 것이다.
만물이 저절로 생장하면서도 탐욕이 생겨나면
나는 '무명'의 질박함으로 그것을 진정시킬 것이다.
'무명'의 질박함으로 진정시키면 탐욕이 일어나지 않는다.
탐욕이 일어나지 않고 고요함으로 돌아가면
천하가 절로 안정될 것이다.

道常無爲而無不爲¹, 侯王若能守之, 萬物將自化.
도상무위이무불위   후왕약능수지   만물장자화

化而欲作, 吾將鎭²之以無名之樸.
화이욕작   오장진지이무명지박

鎭之無名之樸³, 夫亦將不欲.
무명지박   부역장불욕

不欲⁴以靜⁵, 天地將自正.
불욕이정   천지장자정

1 무위이무불위(無爲而無不爲): '무위'는 저절로 그러한 자연에 순종하여 작위적인 망동이 없다는 뜻이고, '무불위'는 도가 행하지 않는 바가 없다는 뜻이다.
2 초간본(楚簡本)은 '진'자 대신 '정(貞)'자를 써서 "바르게 한다"는 뜻으로 해석했다.
3 무명지박(無名之樸): '무명'은 '도'를 지칭하고, '박'은 도의 진실하고 순박함을 형용한다.
4 불욕(不欲): 왕필본은 '무욕(無欲)'으로 썼다.
5 초간본(楚簡本)은 "부역장불욕, 불욕이정(夫亦將不欲. 不欲以靜)" 대신 "부역장지족, 지족이정(夫亦將知足, 知足以靜)"으로 썼다. 백성들이 스스로 자신의 욕망에 만족하도록 하고, 만족함으로써 고요해지면 천하가 절로 안정된다는 뜻이다.

●○

노자는 우리에게 '도'의 또 다른 특질, 즉 "무위이무불위無爲而無不爲"에 대해 이야기하고 있다. 언뜻 보기에 모순인 듯하다. 하지만 자연계에서 이런 예는 비일비재하다. 예컨대 하루는 밤과 낮으로 구분되고, 1년은 사계절로 나뉘지만 저절로 그러할 뿐 누가 인위적으로 안배한 것이 아니다. 그러니 '무위無心之爲'라고 할 수밖에 없다. 하지만 이러한 '무위'로 만물이 생겨나고 번성하며 천변만화의 형태로 발전한다無不爲. 이것이 바로 '도'이다. 보기에는 전혀 아무 일도 하지 않는 것처럼 보이나 어느 사물도 그것의 '위爲', 즉 행함에서 벗어나지 않는다.

옛 시대의 군주나 제후는 물론이고 현대의 경영자들도 만약 '도'를 스승으로 여기고 '무위'를 이념으로 삼아 다스리고 인위적인

망동을 하지 않는다면 백성이나 아래 직원들 모두 자신의 조건과 수요에 따라 자신의 능력을 발휘하고 성장한다. 자신은 '무위'하지만 다른 이들(백성이나 직원)이 알아서 '유위'하니 확실히 괜찮은 방법 아니겠는가?

하지만 사정이 그리 간단하고 이상적인 것만은 아니다. 사람들이 스스로 성장하고 발전해나갈 때 각종 사리사욕이 생겨나는 것을 면할 수 없다. 사욕이 많아지면 나라나 사회, 회사나 가정이 혼란에 빠지게 되고 심지어 생존에 위협이 된다. 그렇다면 어떻게 해야 하는가? 법가는 '법'을 통해 처벌하고 사리사욕을 억제하려고 할 것이고, 유가라면 '예'로써 개인의 사욕을 억제하도록 할 것이다. 그러나 노자는 이런 제안을 내놓고 있다. "나는 '무명'의 질박함으로 그것을 진정시킬 것이다."

무명의 질박함이란 무엇인가? 이런 예 역시 자연계에서 흔히 볼 수 있다. 예컨대 인류는 자신의 욕망을 만족시키기 위해 과도한 개발을 서슴지 않는다. 산을 뚫어 길을 만들고, 호수를 메꿔 논밭을 만들며, 구부러진 곳을 잘라 곧게 만든다. 그 결과 홍수가 범람하고 토석이 유실되는 등 재해가 그치지 않는다. 그제야 사람들은 인류가 자연의 '무명의 질박함'을 파괴함으로써 대자연의 '무언의 반박(인류에 대한 진압과 경고)'이 일어나고 있음을 깨닫는다. 유일한 구원의 길은 상처받은 대지를 가능한 한 빠른 시일 내에 원래 상태로 복원시키는 것이다. 어쩔 수 없이 개발을 해야만 할지라도 반드시 자연의 법칙을 존중해야 한다. 물이 끓어오르는 것을 막으려면 아궁이 속에서 타고 있는 장작을 꺼내야만 한다. 이렇듯 발본색원할 수 있는 유일한 계책은 사람들의 사리사욕을 줄이고 원시의 평정 상

태를 회복하는 일이다. 그래야만 들끓는 욕망이 진정되고 사회가
따라서 안정될 수 있으며, 자연계 역시 원시의 질박하고 조화로운
상태로 돌아가게 된다.

그렇기 때문에 '법'이나 '예'로 처벌하거나 제약하기보다 개인의
사욕을 줄이는 것부터 시작하는 것이 타당하다. 그렇다면 어떻게
사사로운 욕망을 줄일 수 있는가? '청심과욕淸心寡欲', 즉 노자가 앞
서 말한 바대로 '허정' 공부를 통해 내심을 청정하게 하는 것이 좋
은 방법이다. 만약 당신이 '더 많은 돈'을 갖고 싶다는 욕망이 없다
면 당신에게 뇌물을 주려는 이도 없을 것이고 금전적인 유혹 앞에
서도 갈등할 이유가 없다. 이런 상황에서 무슨 '법'이며 '예'가 필요
하겠는가?

본문에 나오는 '진鎭'은 두 가지 의미가 있다. 하나는 '진정鎭定'
이다. 만약 당신이 청심과욕하여 원시의 질박한 상태를 회복한다
면 당신의 마음이 진정되고 평안을 얻을 수 있다는 뜻에서 그러
하다. 다른 하나는 '진압鎭壓'이다. 만약 당신의 사욕이 꿈틀댄다면
'법'과 '예'로 진압할 수 있어야 한다는 뜻이다. 인류 사회는 모든 이
들이 준수해야할 법칙(예법)이 존재한다. 다만 질박해야지 지나치게
번쇄하거나 엄격해서는 안 된다. 이러한 '인도'는 바로 '천도'의 드
러남이다.

진보인가, 타락인가

상덕을 지닌 이는 형식적인 덕을 표현하지 않으니,
이로써 덕이 있고,
하덕을 지닌 이는 형시적인 덕을 고수하니
이로 인해 덕이 없게 된다.
상덕을 지닌 이는 자연에 순응하여 무심히 행하고
하덕을 지닌 이는 자연에 순응하지만 의도적으로 행한다.
상인上仁을 지닌 이는 작위적이지만 의도하지 않고
상의上義를 지닌 이는 작위적이면서 의도하는 것이 있다.
상예上禮를 지닌 이는 작위적이면서 호응을 얻지 못하니
팔을 뻗어 소매를 걷어 올리고 억지로 사람들을 순종하게 만든다.
그런 까닭에 도를 잃은 후에야 덕을 강구하고
덕을 잃은 후에야 인을 강구하며 인을 잃은 후에야 의를 강구하고
의를 잃은 후에야 예를 강구한다.
예는 충신이 부족한 것이며 어지러움의 시작이다.
앞서 말한 인, 의, 예는 도의 화려한 수식으로 어리석음의 시작이다.
그런 까닭에 대장부는 두터움에 거하고
가볍고 얕음에 거하지 않으며
진실함에 거하고 겉만 화려한 곳에 거하지 않는다.
그래서 가볍고 화려함을 버리고 두터움과 진실함을 취하는 것이다.

上德不德[1], 是以有德. 下德不失德[2], 是以無德[3].
상덕부덕　　　시이유덕　　　하덕부실덕　　　시이무덕

上德無爲而無以爲, 下德無爲而有以爲. 上仁爲之而無以爲,
상덕무위이무이위　　　하덕무위이유이위　　　상인위지이무이위

上義爲之而有以爲. 上禮爲之而莫之應, 則攘臂而扔之[4].
상의위지이유이위　　　상례위지이막지응　　　즉양비이잉지

故失道而后德, 失德而后仁, 失仁而后義, 失義而后禮.
고실도이후덕　　　실덕이후인　　　실인이후의　　　실의이후례

夫禮者, 忠信之薄[5], 而亂之首[6]. 前識者[7], 道之華, 而愚之始.
부예자　　　충신지박　　　이란지수　　　전식자　　　도지화　　　이우지시

是以大丈夫居其厚[8], 不居其薄. 居其實[9], 不居其華. 故去彼取此.
시이대장부거기후　　　불거기박　　　거기실　　　불거기화　　　고거피취차

1 상덕부덕(上德不德): 상덕을 갖춘 사람은 저절로 그러한 자연에 따를 뿐 형식적인 덕을 표현하지 않는다.
2 하덕부실덕(下德不失德): 하덕을 지닌 사람은 형식적인 덕에 얽매여 애써 지키려고 할 따름이다.
3 무덕(無德): 진정한 덕을 체현할 방법이 없다.
4 양비이잉지(攘臂而扔之): '양비'는 팔을 뻗고 소매를 걷어 올린다는 뜻이고, '잉'은 억지로 끌어당긴다는 뜻이다. 지나치게 예를 중시하는 이(군주)는 적극적으로 예제(禮制)를 제창하지만 백성들이 호응을 하지 않으니, 관원들이 팔을 걷어붙이고 직접 나서서 백성들을 억지로 시킨다는 의미이다.
5 박(薄): 부족함, 적음.
6 수(首): 시작, 발단.
7 전식자(前識者): 앞서 말한 내용. 선지(先知), 선각(先覺)의 이야기로 해석하기도 한다.
8 거기후(居其厚): 두터움에 거한다. 나라를 다스리는데 허례허식에 얽매이지 않고 근본을 지킨다는 뜻이다.
9 거기실(居其實): 진실함에 거한다. '거기후'의 '후'와 마찬가지로 치국의 근본이다. 그 내용은 청정(淸靜)하여 무위이치(無爲而治)하는 것이다.

●○

　　『도덕경』은 통상적으로『도경』과『덕경』으로 구분하는데, 본국은『덕경』의 시작이니 그 중요성은 더 말할 필요가 없다. 하지만 노자가 말하는 '도덕'은 지금 우리가 이해하고 있는 '도덕'과 큰 차이가 있다. 노자의 관념 속에 '도'는 천지만물의 근원이자 운행 법칙으로 형체도 없고 이름도 없기 때문에 만지거나 볼 수조차 없다. 그러나 '덕'은 밖으로 드러나는 것으로 사물에 대한 도의 작용이자 구체적인 형체로 현현한다. 만약 '도'를 체體라고 한다면 '덕'은 용用이 되는 셈이다. 체와 용은 별도로 구분되지 않으면 양자는 불가분의

관계를 지닌다.

노자는 자신의 관점에 따라 인류 문명 발전, 특히 윤리도덕 방면의 발전과정을 보여주고 있다. 그에 따르면, 우선 '도'가 존재한 연후에 '덕'이 생겨났고, 이후에 '인', '의', '예' 등이 출현했다. 많은 사람들이 인류의 정신이 점진적으로 향상되었고 생각하지만 노자는 오히려 나빠졌다고 보고 있다. 왜냐하면 '도'를 잃고 나자 '덕'을 강구하게 되고, '덕'을 잃은 후에 '인'을, '인'을 잃고 난 뒤에 '의'를 '의'를 잃고 난 후에 '예'를 강조하기에 이르렀기 때문이다. 보기에는 날로 좋아지는 것 같으나 실제로는 한 마리의 방게가 다른 한 마리의 방게보다 못한 것처럼 날로 나빠지고 타락했다는 뜻이다.

그의 판단 근거는 '무'와 '유'의 적고 많음이다. '도'는 당연히 무명, 무형이자 무심, 무위로 온통 '무'일 뿐이다. 그러나 이러한 무명, 무형에서 유명, 유형(덕)에 이르자 무심의 '상덕'과 유심의 '하덕'이 생겨나고, 무의無意의 '인'에서 유의有意의 '의'가 차례로 생겨났으며, 의도적으로 복종을 강요하는 '예'가 등장하여 점차 자연에 위배되고 작위적인 교정을 강제하기에 이르렀다. 자연으로 회귀할 것을 주장하는 노자의 입장에서 볼 때 이는 결코 용납할 수 없으며 비난하지 않을 수 없다.

노자는 '예'의 출현이 충신忠信이 부족하여 외적인 규범으로 인심을 속박하는 것이라고 여겼다. 한 사회에서 '예'를 강조한다는 것은 인심이 이미 상당히 피폐해졌음을 의미한다. 사람들은 표면적으로 '예'를 지킨다고 말하지만 말대로 실천하지 않으며, 겉으로는 복종하나 속으로는 따르지 않는다. 그래서 노자는 이를 어지러움의 시작이라고 말했다. 이는 상당한 탁견으로 유가에 대한 적절한 비판이다. 『사기』에 기록되어 있다시피 공자는 노자를 찾아가 '예'에 대해 물었다. 그때 노자는 이렇게 말했다.

"뛰어난 장사꾼은 물건을 깊이 숨겨두어 겉으로는 아무것도 없는 것 같이 보이고, 군자는 훌륭한 덕을 간직하고 있으나 외모는 어리석게 보인다고 들었소. 그대의 교만과 탐욕, 허세와 지나친 욕망을 버리도록 하시오. 이러한 것들은 모두 그대에게 아무런 도움이 되지 않을 것이오. 내가 그대에게 말할 것은 단지 이것뿐이오."

사상적인 면에서 노자는 공자보다 훨씬 고명하다. 하지만 그의 여러 가지 관점은 사실 좀 더 고민할 여지가 있다. 본국의 경우도 마찬가지이다. 우선 노자는 '도', '덕', '인', '의', '예' 등이 순서에 따라 출현한 것처럼 이야기하고 있다. 하지만 이는 그의 일방적인 생각일 뿐이다. 특히 '인'에 대해 언급하면서 "덕을 잃은 후에야 인을 강구하게 되었다"라고 하여 '인'이 '덕'보다 뒤에 생겨났으며, "작위적이지만 의도하지 않는 것"이라고 했다. 하지만 유가는 '인'이 인간의 본성에서 나왔다고 본다. 사람이라면 누구나 지니고 있는 측은지심惻隱之心 또는 적자지심赤子之心에서 비롯되었다는 뜻이다. 이는 현대 두뇌과학 연구에서 이미 입증된 바 있다. 이렇듯 '인'은 자연에서 나온 것이지 노자가 말한 대로 자연에 위배하는 '유위有爲'가 아니다. 물론 노자는 "천지는 어질지 않다"라고 말한 바 있다. 그러니 자연에 무슨 측은지심이 존재하겠는가? 하지만 자연에 측은지심이 없다고 하여 우리 인류도 따라서 측은지심이 없어야 하는가? 설사 그렇다고 할지라도 인류는 천성에 근본을 두고 남이 굶으면 자신도 굶고, 남이 물에 빠지면 자신도 구하기 위해 물속으로 달려가는 어진 마음을 발휘해야 한다. 어찌 이를 트집 잡을 수 있는가?

'의'의 경우도 그러하다. 만약 이를 공평하고 정의로움에 대한 추구라고 한다면 분명 인위적인 부분이 섞여 있다. 하지만 이 역시 반드시 자연에 위배된다고 볼 수는 없다. 제77국에서 노자는 이렇게 말했다. 인류 사회는 "모자라는 것을 덜고 남는 것에 바친다損不足以奉有餘." 통치자가 백성들에게 재물을 착취하여 자신의 향락에 보탠다는 뜻이다. 하지만 '천도', 즉 자연계는 반대로 "남는 것은 덜고 부족한 것은 보탠다損有餘而補不足." 이것이야말로 공평하고 정의로운 일이 아닌가? 따라서 '의' 역시 '천도'에 부합한다고 말할 수 있다.

'예' 역시 유사한 문제가 있다. 개괄적으로 말하자면, '예'와 '법'은 인류 행위의 규범이자 준칙이다. 그 가운데 '예'는 비교적 내재적 요구에 편향되고, '법'은 외재적 문명 규정에 속한다. 그 관계는 노자가 말한 '도'와 '덕'과 어느 정도 유사하다. 천지만물은 그 나름대로 좇아야 할 자연법칙이 있으며, 인류사회 역시 따라야 할 예법이 있다. 사실 이 역시 자연에 순응하는 것이되, 다만 지나치게 엄격하거나 번쇄하지 말아야 한다. 만약 이를 완전히 포기하거나 폐기한다면 오히려 '천도'를 위배하는 것이 아닐까?

이렇게 말한 것은 고의로 노자의 흠을 찾고자 함이 아니다. 다만 여러 가지 문제를 더 다양한 각도에서 고찰하고 고민하자는 뜻이다. 그래야만 상호 모순적인 사물이나 사실 속에서 진실한 세계를 살필 수 있기 때문이다.

제39국

모순과 혼란을 초월하라

예로부터 '하나'를 얻은 것들이 있다.
하늘은 하나를 얻어 청명하고 땅은 하나를 얻어 안정되고
신神은 하나를 얻어 영험하며 골짜기는 하나를 얻어 가득 차고
만물은 하나를 얻어 생장하며 군주는 하나를 얻어
천하를 평안하게 한다.
이를 미루어 말한다면,
하늘이 청명을 보존할 수 없다면 무너질 것이고
땅이 안정을 보존할 수 없다면 붕괴하고
신이 영묘함을 보존할 수 없다면 없어지며
골짜기가 가득 참을 유지할 수 없다면 고갈되고
만물이 생장을 유지할 수 없다면 절멸되며 이고
군주가 청정淸淨을 유지할 수 없다면 전복된다.
그래서 귀함은 천함을 근본으로 삼고 높은 것은
낮은 곳에 토대를 둔다.
이 때문에 군주는 스스로 '고', '과', '불곡'이라고 부른다.
이것이야말로 천한 것을 근본으로 삼는 것이 아니겠는가?
어찌 그러하지 않겠는가? 하여 최고의 명예는 자랑하지 않는다.
그런 까닭에 옥처럼 화려한 것을 원치 않고
돌처럼 견실하기를 원하는 것이다.

昔之得一[1]者.
석지득일자

天得一以淸, 地得一以寧, 神得一以靈, 谷得一以盈,
천득일이청　　　　지득일이녕　　　　신득일이령　　　　곡득일이영

侯王得一以爲天下正. 其致之. 天無以[2]淸, 將恐裂,
후왕득일이위천하정　　　　기치지　　　천무이청　　　　장공렬

地無以寧, 將恐廢, 神無以靈, 將恐歇[3], 谷無以盈, 將恐竭[4],
지무이녕　　　장공폐　　　신무이령　　　장공헐　　　곡무이영　　　장공갈

侯王無以貴高, 將恐蹶[5]. 故貴以賤爲本, 高以下爲基.
후왕무이귀고　　　장공궐　　　고귀이천위본　　　고이하위기

是以侯王自稱[6]孤寡不穀[7]. 此非以賤爲本耶? 非乎?
시이후왕자위고과불곡　　　　차비이천위본야　　　비호

故致數譽無譽. 是故不欲琭琭[8]如玉. 珞珞[9]如石.
고치수예무예　　　시고불욕녹록여옥　　　　낙락여석

1 득일(得一): 득도의 뜻이다.
2 무이(無以): …할 수 없다. 백서 갑을본(甲乙本)에는 '무이(毋已)'로 썼다. '無以'의 뜻이 더욱 명료하다.
3 헐(歇): 정지, 소실, 사라짐.
4 갈(竭): 물이 고갈됨.
5 궐(蹶): 넘어짐, 몰락함.
6 자칭(自稱): '자위(自謂)'로 쓴 판본도 있다. 뜻은 같다.
7 고(孤), 과(寡), 불곡(不穀): 춘추시대 임금이 자칭할 때 쓰는 말로 일종의 겸칭이다. 일반적으로 천자
　는 '과', 작은 나라의 국군(國君)은 '고'라고 하였다. 이후에도 임금의 겸칭으로 사용되었다. '고'는 어
　려서 부친을 잃은 '고아(孤兒)', '과'는 늙어서 남편을 잃은 '과부', '불곡'은 자식을 생육할 수 없는 사
　람을 말한다. 일설에는 '불선(不善)'의 뜻이라고도 한다. 이상 세 가지는 세상에서 가장 불쌍한 사람
　이란 뜻이다.
8 녹록(琭琭): 옥의 화려한 모양.
9 낙락(珞珞): 조약돌의 단단한 모양.

● ○

　본국의 핵심은 '득일得一'이다. 그렇다면 '일一'은 과연 무엇인
가? 많은 이들이 '도'를 뜻한다고 생각하고 있다. 만약 그렇다면
왜 직접 '도'라고 말하지 않고 '일'이라고 했을까? 필자가 생각하기
에 설사 '도'를 지칭하는 것일지라도 '도'의 또 다른 특징을 드러내
기 위함인 듯하다. 대립하고 모순적인 두 가지 또는 그보다 많은 원
소들, 예를 들어 유와 무, 흑과 백, 대와 소, 득과 실, 선과 악 등의
상호 대립과 모순을 정합하고 초월하여 더 조화로운 '통일체'로서

'도'의 특징을 드러내기 위함이라는 뜻이다.

하늘을 예로 들어보자. 하늘의 가장 이상적인 상태는 맑게 갠 청명함이다. 하지만 지상의 수증기가 증발하면서 여러 형태의 크고 작은 구름, 희거나 검은 구름이 형성되어 매번 맑지는 않다. "하늘은 하나를 얻어 청명하다"라는 말은 수증기가 화해되어(증발하거나 비가 되어 내림) 하늘이 또 다시 원래의 청명한 모습을 회복하는 것을 뜻한다. "신神은 하나를 얻어 영험하다." 혹자는 "신명이 하나를 얻어 영험해진다"라는 뜻으로 해석하고 있다. 하지만 노자는 무신론자이다. 그의 우주관이나 인생관에서 신이 개입할 공간은 존재하지 않는다. 따라서 여기서 말하는 '신'은 사람의 정신을 뜻한다. 대다수 사람들의 정신은 여러 가지 생각이 겹치면서 이렇게 생각했다가 다시 저렇게 생각하기도 하는 등 혼란과 모순 상태에 있다. "하나를 얻는다"라는 말은 내심으로 안정된 중심 사상을 지닌다는 뜻이다. 어떤 상황이나 환경에 직면하더라도 자유롭게 대응할 수 있으니 비할 바 없이 영험한 느낌이 든다.

'하나'를 얻으면, 천지인은 물론이고 산천을 비롯한 모든 만물이 이로 인해 청명하고, 편안하며 영험하며 끊임없이 변화하고 발전하게 된다. 하지만 이를 잃으면 암담하고 혼탁하며 고갈되다가 결국 쇠멸하고 만다. '하나'의 중요성을 이를 통해 알 수 있다. 그렇다면 어떻게 해야 '하나'를 얻어 조화롭고 일이관지할 수 있는 상태를 유지할 수 있는가? 노자의 답은 '행도', 즉 도를 실천함이다. 구체적으로 겸허한 자세로 더욱 높은 경계에 닿을 수 있도록 함이다. 이는 지위가 높고 귀한 왕후들이 오히려 자신을 '고孤', '과寡', '불곡不穀'이라 칭하는 이유이기도 하다. 이러한 호칭이 후대로 넘어오면서 비할 바 없이 높고 존귀하여 전횡과 독단의 뜻으로 변질되기는 했으나 그 본래 함의는 노자가 말한 것처럼 "귀함은 천함을 근본으로 삼고, 높은 것은 낮은 곳에 토대를 둔다"라는 원칙에 기반을 두고 있다. 이렇듯 지위가 고귀한 득도자는 마땅히 낮은 자세로 입신, 처세해야 한다.

통치자든 아니면 일반인이든 삶이 혼탁해지거나 곤란해지는 주요 원인은 지나치게 많은 욕망을 품고 추구하는 것이 많기 때문이다. 하지만 최상의 영예는 오히려 영예를 드러내지 않으며, 최고의 추구는 추구할 바가 없음이다. 노자는 보석처럼 화려한 것을 구하려 애쓰지 말고 돌처럼 소박해지기를 권고하고 있다. 도를 얻은 자는 당연히 소박하다. 만약 보석과 돌의 가치를 무시하고 자신이 돌인지 보석인지조차 잊어버린다면 그것이 진정으로 '득일', 즉 하나를 얻은 것이 아닐까?

도의 순환과 작용

순환 왕복은 도의 움직임이고
유약함은 도의 쓰임이다.
천하 만물은 유에서 생겨났으며
유는 무에서 생겨났다.

反者[1]道之動,　弱者[2]道之用.
반자도지동　　　　약자도지용

天下萬物生於有[3],　有生於無[4].
천하만물생어유　　　　유생어무

1 약자(弱者): 유약, 미소(微小).
2 유(有): 제1장에 나오는 '만물지모(萬物之母)'로서 '유'와 상통한다.
3 무(無): 제1장에 나오는 '천지지시(天地之始)'로서 '무'와 상통한다.
4 『삼국지』, "滾滾長江東逝水, 浪花淘盡英雄, 是非成敗轉頭空."

●○

『삼국연의』의 첫머리는 이렇게 시작한다.

"이야기를 하자면 천하의 대세는 분열이 오래되면 반드시 통합되고, 통합이 오래되면 반드시 분열된다話說天下大事, 分久必合, 合久必分." 이러한 천하의 대세는 노자의 '반자도지동反者道之動'의 구체적인 표현이다.

'반'은 상반, 반복, 되돌아옴 등 세 가지 뜻이 있다. 당연히 '반자도지동' 역시 세 가지 뜻으로 풀이할 수 있다. 첫째, '도'는 상반된 방향으로 운동하거나 대립하는 쪽으로 전화한다. 천하가 분열되면 이후 통합하는 쪽으로 움직이기 시작한다. 마찬가지로 통합되면 다시 분열되는 쪽으로 향한다. 둘째, '도'의 운동은 끊임없는 순환과 반복이다. 천하는 분열과 통합을 반복하며 순환한다. 낮과 밤,

204

사계절의 운행에서 이를 확인할 수 있다. 셋째, '도'는 만물을 최초의 시원 상태로 되돌린다. "굽이쳐 흐르는 긴 강물 동쪽으로 흐르는데, 물거품 속에 자취 없이 사라진 영웅들. 시비와 성패가 한갓 꿈인 양 허공에 사라지네."[5] 『삼국지』에 나오는 시인의 목소리가 바로 이런 뜻이다. 이상 세 가지 해석 또는 현상은 사실 서로 연관된다. 따라서 이를 겸용해야 '반자도지동'의 진수를 이해할 수 있다.

'약弱'은 유약의 뜻 이외에도 이원대립 상황에서 약세 또는 부정이나 소극적인 측면의 뜻도 포함한다. 예를 들어 '무', '허', '정靜', '하', '천賤', '우愚', '곡曲' 등이 그것이다. "약자도지용"도 당연히 두가지 뜻이 있다. 하나는 '도'의 천지만물에 대한 작용이 '유위', '강강剛強'의 수단이 아니라 '무위', '유약'의 방법을 토대로 삼는다는 뜻이다. 다른 하나는 자연과 사회의 반복, 순환 과정에서 약세 쪽에처하고 있지만 오히려 성장과 향상의 기회를 지니고 있다는 뜻이다. '무'에서 '유', '정'에서 '동', '하'에서 '고', '천'에서 '귀貴'로 전화할 수 있다는 뜻이기도 하다. 천하가 혼란스러웠던 삼국시대에도이런 사례가 적지 않다. 예컨대 조조와 손권, 유비 세 사람 가운데가장 약세는 유비였다. 하지만 그는 유약한 처지에서도 천하를 삼분하여 한 쪽을 차지함으로써 삼국 정립鼎立 상태를 유지했다. 또한삼국시대 초기 비할 바 없이 대단한 천하의 영웅호걸들이 모두 사라지고 난 뒤 마지막으로 천하를 통일한 자는 예상 밖으로 사마씨司馬氏였다.

"천하만물생어유, 유생어무天下萬物生於有, 有生於無." 이는 앞서 여러 차례 언급된 내용이다. 이 역시 두 가지 뜻으로 해석이 가능하다. 첫째, 우리가 눈으로 보고 손으로 만질 수 있는 것은 모두 '유형'의 사물이다. 하지만 만약 최초의 근원으로 거슬러 올라가보면 모든 것이 '무'에서 비롯되었다. 또한 '유'와 '무'는 반복, 순환하는 상태이다有無相生. 둘째, 자연과 세속의 온갖 형태 속에서 우리가 볼 수 있는 '유', 들판의 소나 까마귀, 회사의 재무제표나 관리 방식에 이르기까지 모두 표상일 뿐이다. 그러한 표상을 존재하게 만들고 나름의 작용을 하게 만드는 것은 그 배후에 있는 무형의 보이지 않는 자연법칙과 관념이다.

'천하대세'를 개인의 측면에서 해석해도 나름대로 의미가 있다. 예를 들어 누군가 당신과 상반된 의견을 제기했을 때 당신이 만약 '반자도지동'이라는 생각을 떠올린다면 심리적인 안정은 물론이고 심지어 유쾌하게 경청할 수 있을 것이다. 또한 '약자도지용'을 기억하고 있다면 자신에게 불리한 상황에서 무리하게 대들지 않고 '유약'한 자세를 견지함으로써 난관을 극복할 수도 있다. 청산이 존재하는 한 땔감이 사라질 리는 없다는 마음가짐도 나름대로 괜찮은 방법 아니겠는가? 대인, 대물관계에서 '유무상생'의 이치를 깊이 이해하고 눈앞에 보이는 '유'만 볼 것이 아니라 보이지 않는 '무'까지 살핀다면 자신에게 닥친 문제 해결에 도움이 될 것은 자명하다.

'반자도지동'은 노자가 제16국에서 말한 '귀근복명歸根復命'과 유사한 함의를 지닌다. 모든 사물은 언제나 원래 상태로 돌아가며, 그 다음에 다시 시작한다. 일종의 순환인 셈이다. 하지만 우리는 분명히 알아야 한다. 이러한 반복, 순환이 같은 장소에서 이루어지지 않는다는 사실을. 송대 청원유신靑原惟信 선사는 일찍이 이렇게 말한 적이 있다. 30여 년 전 젊은 시절만 해도 "산을 보면 그저 산이고,

물을 보면 그냥 물일 뿐이었다." 이후 산사에 들어와 수행을 한 후에는 "산을 보면 산이 아니고, 물을 보면 물이 아니었다." 그런데 이제는 다시 원래대로 돌아와, "산을 보니 역시 산이고, 물을 보니 역시 물이다." 긍정과 부정, 그리고 재긍정(부정의 부정)의 과정에서 나중의 재긍정은 처음 긍정의 초월이다. 산은 여전히 산이지만 그것에 대한 그의 인식 또는 깨달음은 이미 이전을 넘어섰다는 뜻이다.

천하대세는 비록 "분열이 오래되면 반드시 통합되고, 통합이 오래되면 반드시 분열된다"라는 것이지만, 뒤에 나오는 통합은 앞의 '통합'과 이미 달라진 상태이다. 이른바 "반자도지동"은 끊임없이 상승 발전하는 나선 형태의 구조이다. 또한 그것은 인류 문명의 진전과 개인의 인지발전의 궤적이기도 하다. 자연계는 변함없이 반복, 순환하여 매년 봄이 오가고 여름이 오며, 여름이 가면 가을이 온다. 하지만 올해의 가을은 작년 또는 백 년 전의 가을과 같을 수 없다. 자연계든 아니면 인류 사회든 과거로 회귀하는 것을 불가능하다. 회귀처럼 보이지만 사실은 또 다른 미래로의 진입이다. 본국에 나오는 노자의 관점을 이해하고자 할 때 반드시 기억하고 있어야 할 점이 바로 이것이다.

숨기지도 꾸미지도 않는 인생

탁월한 자질을 지닌 이는 도를 들으면 힘써 행하고
보통의 이가 도를 들으면 반신반의하며
어리석은 이가 도를 들으면 크게 웃는다.
그런 이들이 비웃지 않는다면 도라고 칭하기에 부족하다.
그래서 예전에 누군가는 이렇게 말했다.
밝은 도는 어두운 것 같고
나아가는 도는 뒤로 물러나는 것 같으며
평탄한 도는 울퉁불퉁한 것 같고
숭고한 덕은 낮은 골짜기 같으며
넓은 덕은 부족한 것 같으며 강건한 덕은 나태한 것 같고
질박하고 순진한 것은 혼탁한 것 같다.
가장 순결한 것은 오욕이 있는 것 같고
크게 모난 것은 오히려 모서리가 없으며
귀중한 기물은 언제나 늦게 이루어지고
큰 악기 소리는 오히려 소리가 없고
가장 큰 형상은 형체가 보이지 않는다.
도는 은밀하게 숨어 있어 이름이 없다.
오직 도만이 만물을 도와 이루어지게 한다.

上士聞道, 勤而行之. 中士聞道, 若存若亡. 下士聞道, 大笑之.
상사문도　　근이행지　　중사문도　　약존약망　　하사문도　　대소지

不笑不足以爲道. 故建言[1]有之, 明道若昧, 進道若退,
불소부족이위도　　　　고건언유지　　명도약매　　진도약퇴

夷道若類[2], 上德若谷, 廣德若不足, 建德若偸[3], 質眞若渝[4].
이도약류　　상덕약곡　　광덕약불족　　건덕약투　　질진약투

大白若辱[5], 大方無隅, 大器晩成, 大音希聲, 大象[6]無形.
대백약욕　　대방무우　　대기만성　　대음희성　　대상무형

道隱無名, 夫唯道, 善貸且成[7].
도은무명　　부유도　　선대차성

1 건언(建言): 원래 뜻은 조정에 건의(建議)하는 것을 말한다. 그러나 여기서는 누군가의 건의 또는 입언(立言)한 자의 말로 풀이한다. 노자의 말이 아니라 예전에 누군가 한 말이란 뜻인데, 확실치 않다.
2 이도약류(夷道若類): '이'는 평평함이다. '유'는 실에 뭉친 부분을 말하는데, 여기서는 평평하지 않으나 울퉁불퉁함으로 풀이한다.
3 건덕약투(建德若偸): '건덕'은 강건한 덕, '투'는 게으르고 나태한 모양. 작위적인 일을 하지 않기 때문에 그렇게 보인다는 뜻이다.
4 질진약투(質眞若渝): '질진'은 질박한 본성, '투'는 원래 밝고 맑은 색이 검고 더러운 색으로 변하는 것을 말한다. 혼탁함으로 풀이한다.
5 대백약욕(大白若辱): '대백'은 가장 순결함, '욕'은 오점. '대백'을 명성이 자자함, '욕'을 굴욕으로 풀이할 수도 있다.
6 대상(大象): 왕필본은 '대상', 초간본(楚簡本)이나 백서본은 '천상(天象)'으로 썼다. '대상'은 제35장에도 나온다.
7 선대차성(善貸且成): '대'는 주다의 뜻에서 파생하여 돕다, 보조하다의 뜻으로 풀이한다. 도가 만물의 시종(始終)을 도와 만물이 절로 이루어질 수 있도록 한다는 뜻이다. 백서 을본은 "선시차선성(善始且善成)"으로 썼다. 오직 도만이 시작과 이룸을 잘 할 수 있다는 뜻이다.

●○

　　'도'는 물론 아름답고 좋지만 모든 이들이 이해할 수 있거나 모든 이들이 받들 수 있지 않다. 왜냐하면 사람의 자질이나 경력, 이해력에 따라 달라질 수 있기 때문이다. 심오하고 의미가 있는 것은 이해하거나 감상할 수 있는 이들이 그리 많지 않음과 같다. 그러나 예술작품이나 언변이 지나치게 고상하여 감상하거나 이해할 수 있는 사람이 드문 일과는 다르다. 평범한 이들도 '도'를 전혀 이해할 수 없는 것은 아니다. 다만 자신만이 옳다고 여기기 때문에 '도'에 대해 그저 조소할 뿐 이해하려고 하지 않을 뿐이다.

예를 들어 대다수 사람은 희고 깨끗한 것을 좋아하며 더러운 것을 싫어한다. 이는 인지상정人之常情이니 누구나 그러하다. 자신의 몸이나 방을 깨끗이 청소하거나 아예 청결을 자신의 목적으로 여기는 이도 있다. 하지만 노자는 오히려 "가장 순결한 것은 때가 타 있는 것 같다"라고 했으니 사람들은 이해하기 어려워 "이게 도대체 무슨 말이야?"라며 냉소할 뿐이다. 그러나 진정으로 '결백의 도'를 이해하는 이는 외재적이고 표상적인 결백보다 내재적, 본질적 결백을 중시한다. 게다가 만물이나 사람은 본래 약간의 때가 끼어 있기 마련이다(게다가 깨끗함과 더러움은 상대적이다). 하나의 경계에 이르면 그는 속이거나 숨기지 않으며 수식하거나 치장하지 않고 있는 그대로 약간의 더러움조차 절로 드러나게 한다. 사람들은 그것을 보고 더럽다고 하지만 사실은 그것이 결백, 즉 깨끗함의 최고 경계이다.

그래서 노자는 "밝은 도는 어두운 것 같고, 나아가는 도는 뒤로 물러나는 것 같으며, 평탄한 도는 울퉁불퉁한 것 같고, 숭고한 덕은 낮은 골짜기 같으며, 넓은 덕은 부족한 것 같으며, 강건한 덕은 나태한 것 같고, 질박하고 순진한 것은 혼탁한 것 같다"라고 말했으며, 또한 이것이 "크게 모난 것은 오히려 모서리가 없으며, 귀중한 기물은 언제나 늦게 이루어지고, 큰 악기 소리는 오히려 소리가 없고, 가장 큰 형상은 형체가 보이지 않는다"라고 말할 수 있는 진정한 원인이다. 일반인들의 인식 수준은 천박한 표상에 머물러 있으나 진정한 '도'와 '덕'은 표상에 존재하지 않는다. 그것의 본질은 심지어 표상과 상반되기도 한다. 왜 그런가? 앞서 말한 "반자도지동", 즉 '도'와 '덕'은 언제나 상반된 방향으로 운동하고 대립적인 쪽으로 전화한다는 이유 외에도 진정한 '득도' 또는 '유덕有德'한 이는 표상에 연연하지 않아 사람들에게 좋지 않은 인상을 주거나 어둡고, 부족하며, 모자라고 후퇴하는 것처럼 보이기 때문이다. 하지만 그들은 그런 모습을 전혀 숨기거나 가리지 않기 때문에 이미 밝음, 포만, 순진, 진보의 더욱 높은 경계에 이른 상태이다. 그런 까닭에 굳이 외부 사람들의 평가나 오해에 개의치 않는다.

물론 외재적인 더러움이 곧 내심의 '깨끗함'을 의미하는 것은 아니다. 그것은 마치 모서리가 없다고 '대방大方'이라거나 한 해가 지나도록 한 가지 일도 제대로 하지 못했는데 '대기大器'라고 말할 수 없는 것과 같다. 노자는 이러한 역방향 변증법을 통해 사람이나 사물에 대해 표상만 보고 섣불리 논단하지 말라고 일깨우고 있다. 왜냐하면 진실은 겉으로 드러난 표상과 전혀 달라 아름다운 표상이 위장일 수도 있고, 추한 표상이 오히려 오해일 수도 있어 자질이 부족하고 식견이 천박한 이들은 겉으로 드러난 표상에 미혹되기 때문이다. 우리가 처신하거나 일을 처리할 때도 이러한 '도'를 확신하고 능히 지켜나갈 수 있다면 자신이 옳다고 여기는 것에 대해 굳이 남들이 이해해줄 것을 기대하거나 그렇지 않다고 실망할 까닭이 있겠는가? 남들의 박수 소리나 조롱하는 말에 굳이 신경 쓸 까닭이 있겠는가?

우리는 두 가지 인격을 지녀야 한다

무형무상의 도는 하나의 유ffi를 낳고
나누어지지 않은 유는 음과 양을 낳으며
음과 양이 서로 교합하여 자식을 낳으며
자식이 또 자식을 낳아 만물이 번성한다.
만물은 음을 등에 지고 양을 안으니
음양의 두 기가 서로 격렬하게 요동쳐서
조화로운 사물을 만든다.

道生一^1, 一生二^2, 二生三^3, 三生萬物.
도생일   일생이   이생삼   삼생만물

萬物負陰而抱陽, 沖氣以爲和.
만물부음이포양   충기이위화

1 일(一): 도를 숫자로 표시한 개념이다. 혹자는 음양이 아직 분화되기 전의 충(沖), 즉 충기로 풀이하기도 한다.

2 이(二): 음과 양, 음기와 양기. 도는 자체적으로 서로 대립되는 양면을 지니고 있다.

3 삼(三): 음기와 양기가 서로 충돌하고 조화를 이루면서 만들어 낸 것을 말한다. 혹자는 천지인(天地人)이라고 풀이하기도 한다. 여기서는 자식을 낳아 셋이 된다는 뜻으로 풀이했다.

●○

노자는 몇 마디 말로 우주만물 생성론을 이야기하고 있다. 누군가는 본문에 나오는 '도', '일', '이', '삼'이 우주만물이 무에서 유, 적은 것에서 많은 것, 간단한 것에서 복잡한 것으로 변화하는 과정을 묘사한 것일 뿐 특별한 함의가 없다고 주장한다. 하지만 필자는 생각이 다르다. "만물은 유에서 생겨나고, 유는 무에서 생겨난다.", "하나의 음, 하나의 양을 일러 도라고 한다." 필자는 이러한 노자의 발언을 참고하여 '유'를 '일', '음'과 '양'을 '이'로 해석했다. 그래야 노자의 원래 뜻에 비교적 부합하며, 연이어 나오는 "음양의 두 기가 서로 격렬하게 요동쳐서 조화로운 사물을 만든다"라는 말과 호응하기 때문이다.

중국 고대 사상가들은 우주만물이 '음'과 '양'으로 나뉜다고 생

각했다. 예를 들어 하늘과 땅, 해와 달, 남자와 여자, 낮과 밤, 물과 불 등이 그러하다. "음은 혼자서 낳을 수 없고 양은 혼자서 자랄 수 없다." 이렇듯 사람이든 사물이든 음양이 조화를 이루지 못하면 생성되지 않는다. 그렇다면 노자는 왜 "만물은 음을 등지고 양을 향한다"라고 했을까? 필자가 생각하기에, 노자는 만물이 '음'과 '양'으로 구분되지만 모든 만물이 각기 음과 양의 두 가지 성분을 지니고 있다고 여겼다. 따라서 "음양의 두 기가 서로 격렬하게 요동쳐서 조화로운 사물을 만든다"라는 말은 단순히 자웅雌雄(남녀) 양성이 조화를 이룬다는 뜻 이외에도 사람과 만물 모두 자신의 '음'과 '양' 이기二氣를 조화롭게 해야 한다는 뜻으로 풀이할 수 있다. 이는 노자가 다른 사상가들과 크게 다른 점이다.

노자의 이런 관점은 현대 의학이나 심리학을 통해 증명되고 있다. 남녀 구분은 수정하는 찰나에 결정된다(난자와 결합한 것이 X염색체인지 아니면 Y염색체인지에 따라 구분된다). 하지만 임신 초기에 모든 배아는 남녀 생식기로 발육할 수 있는 기본 구조를 가지고 있으며, 임신 6주가 되어야 남녀 배아의 발육이 각기 나누어지기 시작한다. 성인이 된 후 남녀의 유별이 더욱 명확해지지만 모든 사람에게는 여전히 양성 호르몬이 존재한다. 다만 어느 쪽이 많고 적을 따름이다(남성은 남성 호르몬이 많고, 여성은 여성 호르몬이 많다).

또한 심리적으로 우리는 모두 '음'과 '양'의 기질이나 요인을 지니고 있으니, 이를 일러 "만물은 음을 등지고 양을 향한다"라는 말로 대신할 수 있다.

심리학자 칼 구스타프 융Carl Gustav Jung은 인간 내면에 심리적 양성성psychological androgyny이 존재한다고 생각했다. 모든 남성의 내면에는 여성화의 영혼이 존재하며, 여성에게는 남성화의 영혼이 존재한다는 뜻이다. 현대 '양성 인격론'에 따르면, 사람이 만약 전통적인 남성 기질과 여성 기질을 겸비할 수 있으며, 상황이나 필요에 따라 가정 적당한 행위 방식을 표출한다. 예를 들어 남자도 타인과 접촉할 때 여성처럼 풍부한 감정을 드러내고, 부드럽고 섬세한 일면을 보여줄 수 있다. 마찬가지로 양성 인격을 지닌 여성은 어린아이나 예술을 좋아하는 것 이외에도 남성들이 주로 택하는 과학이나 운동을 좋아할 수 있다. 연구 결과에 따르면, 남녀를 불문하고 '양성 인격'의 특질을 지닌 이는 비교적 다른 사람이나 사물에 대한 관심과 애정이 풍부하고, 독립적일뿐더러 자기 평가나 사회능력, 성취감, 창조력 등이 비교적 높다고 한다. 이는 양성평등의 욕구가 날로 높아지는 현대사회에서 마땅히 격려해야할 이상적 인격 형태이다.

"만물은 음을 등지고 양을 향하니, 음양의 두 기가 서로 격렬하게 요동쳐서 조화로운 사물을 만든다." 필자가 생각하기에, 노자의 이 말은 사람 내면의 '음'과 '양' 이기二氣가 서로 동탕하며 화해와 원만한 상태에 이른다는 뜻이다. 하지만 '양성'의 뜻은 남성과 여성의 기질이 각기 절반씩 차지하고 있음이 아니라 상황에 따라 표출되는 것이 다르다는 뜻이다. 앞서 제27국에서 "수컷의 강함인가를 알고 암컷의 부드러움을 지킨다知其雄, 守其雌"라고 말한 것에서 알 수 있다시피 노자는 비교적 여성 기질에 편중되어 있다. 이는 그가 살았던 시대의 배경과 개인적 요인 때문이다. 사실 남성 기질이 과도하게 발휘되면서 용맹, 강함, 투쟁 등의 나쁜 결과를 실컷 맛보게 된 오늘날 우리는 양성 인격을 지녀야 할뿐더러 전통적으로 여성에 속하는 기질의 비중을 높여 시대적 폐단을 정확하게 지적할 수 있어야 한다.

부드럽고 형체가 없는 역량이 필요하다

세상에서 가장 부드러운 것이
세상에서 가장 단단한 것을 부릴 수 있다.
형체가 없는 역량은 틈이 없는 곳까지 들어갈 수 있다.
나는 이로써 무위의 유익한 점을 알았다.
말하지 않는 가르침과 무위의 이로움
천하에 이에 비길 수 있는 이는 극히 드물다.

天下之至柔, 馳騁¹天下之至堅. 無有入無間².
천하지지유   치빙천하지지견   무유입무간
吾是以知無爲之有益. 不言之敎, 無爲之益³, 天下希及之.
오시이지무위지유익   불언지교   무위지익   천하희급지

1 치빙(馳騁): 원래 뜻은 말이 힘차게 달리는 모양이다. 여기서는 말이 제멋대로 치달리는 것처럼 부릴
  수 있다는 뜻으로 풀이한다.
2 무유입무간(無有入無間): 무형의 힘이 틈이 없는 사물을 뚫고 지날 수 있다는 뜻이다. '무유'는 무형
  의 '도'로 앞서 말한 '천하지지유'라면 '입어무간'은 '치빙천하지지견'과 상응한다고 할 수 있다.
3 백서(帛書) 갑본은 "人之所敎, 我亦敎之" 대신 "故人之所敎, 夕議而敎人"으로 썼다. '석의(夕議)'란 말 그
  대로 저녁에 의론한다는 뜻이니, 저녁이 되어 곰곰이 생각해본다는 뜻이다.

●○

천하에 가장 단단한 사물 사이로 자유롭게 다닐 수 있는 것은
무엇일까? 앞서 말한 물과 공기도 그러하지 않은가? 양자는 모두
부드럽다. 공기는 형체가 없으니 눈에 보이지 않으며 만질 수도 없
다. 물과 공기는 우리 생명에 없어서는 안 되는 필수적이고 비할 바
없이 강대한 역량을 지녔다. "떨어지는 물방울이 바위를 뚫는다."
부드럽고 미약하기 그지없는 물방울이 아래로 계속 떨어지면 단단
한 물건의 상징처럼 여겨지는 돌도 언젠가 뚫어버린다. 바람은 공
기의 유동으로 일어난다. 온화한 바람은 상쾌하고 시원하다. 하지
만 일단 격렬해지면 광풍에 폭풍우까지 동반하면서 홍수를 일으키
고 천지를 휩쓸어버린다. 크고 작은 나무들이 뿌리 채 뽑히고 견고
한 건물도 여지없이 무너지고 만다. "형체가 없는 역량은 틈이 없

는 곳까지 들어갈 수 있다"라는 말은 바로 이런 뜻이다.

"나는 이로써 무위의 유익한 점을 알았다." 노자는 연이어 왜 이런 말을 했을까? 물이나 공기는 그 자체의 동력으로 움직이지 않는다. 졸졸거리는 시냇물이나 거대한 홍수 역시 마찬가지이다. 미풍이나 폭풍 역시 그러하다. 이런 것들은 모두 물리 규율에 따라 자연스럽게 이루어진다. 그 역량은 의도적이거나 작위적이지 않으며 모두 '무위'에서 비롯된다. 실제로 자연계의 대다수 현상 역시 이런 '무위'에서 나온다. 물론 홍수나 폭풍은 인류에게 좋지만은 않다. 하지만 이 역시 인류 본위주의에 따른 판단일 뿐이다. 전체 자연 생태로 볼 때 폭풍이나 홍수는 순환과 재생의 필수 성분이다. "물은 배를 뒤집을 수 있지만, 또한 띄울 수도 있다"라는 말처럼 핵심은 우리가 어떻게 사물의 발전 추세에 따라 유리한 방향으로 이끌고 선용할 것인가에 달려 있다.

이러한 사고방식에 따르면 이어지는 '불언지교'의 의미를 분명하게 인식할 수 있다. 자연은 말을 하지 않지만 분명 그녀는 우리에게 '말하지 않는 가르침'을 준다. 우리는 관찰과 사고를 통해 각종 현상의 내력과 인과관계를 파악하고 그 배후의 운행법칙이 바로 '도'라는 사실을 인지하며 자연을 스승으로 삼고 도를 따라 실천하면 된다.

지금 우리도 말로만 가르치는 선생보다 실천을 통해 몸으로 보여주는 선생이 좋다고 말한다. 여기서 말하는 몸으로 보여주는 가르침이 바로 '불언지교'이다. 학생들은 자신의 눈과 귀로 선생님의 인격과 학문, 사람됨과 처신의 자세를 배우고 익힌다. 이를 일러 우리는 '훈도薰陶'라고 한다. 훈도를 받으면 자각적이든 비자각적이든 본받게 된다. 이것이 가장 자연스러운 학습이자 교육이다. 참된 스승은 '불언'은 물론이고 '무위'이다. 아무것도 하지 않거나 가르치지 않는다는 말이 아니라 학습에 필요한 방법과 지식 이외에 학생 자신들이 직접 자료를 찾고 생각하고 토론하면서 스스로 답을 찾도록 한다는 뜻이다. 교사가 '무위'해야 학생이 '유위'하여 주동적으로 학습할 수 있다. 이래야만 우리 사회를 위해 진정 필요한 동량을 배양할 수 있지 않을까?

필자는 나름의 경험을 바탕으로 「선생님의 눈빛」이라는 글을 쓴 적이 있다. 초등학교 3, 4학년 시절 선생님에게 받은 감동이 주된 내용이다. 당시 선생님에게 무엇을 배웠는지는 솔직히 잘 생각나지 않는다. 다만 여전히 분명하게 기억나는 것은 선생님께서 나를 바라보시던 눈빛이다. 그 시절 나는 갓 도시로 이사 와서 아직 적응조차 제대로 하지 못하던 시골 아이였다. 하지만 선생님께서 나를 바라보는 눈빛에는 선생님으로서 학생에 대한 관심과 애정, 그리고 기대가 섞여 있었다. 나의 꿈, 나의 잠재능력을 바라보고, 무엇보다 나의 미래를 바라보셨던 것이다. 이것이 바로 '불언지교'가 아닐까? 형체가 없지만 온화하기 그지없는 역량이 나에게 엄청난 영향을 주었던 셈이다.

우리 사회든 아니면 개인이든 가장 필요한 것이 바로 이처럼 온유하고 형체가 없는 역량 아닐까? 노자의 『도덕경』은 언사는 간결하지만 담은 뜻이 심오하다. 분명하게 이해하기 힘든 곳이 적지 않지만 어떤 면에서 볼 때, 이 또한 '무위'이자 '불언'의 가르침이 아니겠는가? 온유하고 형체가 없는 역량, 이는 모든 이들이 스스로 생각하고 일깨워 자신을 변화시킬 수 있는 역량이다.

현재에 만족할 줄 알아야 한다

명성과 생명 가운데 어느 것이 더 절친한가?
생명과 재물 가운데 어느 것이 더 귀중한가?
얻음과 잃음 가운데 어느 것이 더 해로운가?
지나치게 명리를 사랑하면 큰 대가를 치러야 하고
재물을 많이 감춰두면 반드시 큰 손실을 당할 것이다.
그런 까닭에 만족을 알면 욕을 당하지 않을 것이고
그침을 알면 위태롭지 않을 것이니
이렇게 해야 장구할 수 있다.

名與身孰親? 身與貨孰多? 得與亡孰病? 甚愛必大費,
명여신숙친   신여화숙다   득여망숙병   심애필대비

多藏必厚亡.
다장필후망

故知足不辱, 知止不殆, 可以長久.
고지족불욕   지지불태   가이장구

●○

사람들은 누구나 생명을 아끼고 귀하게 여겨야 한다는 사실을
알고 있으되 평상시에는 이런 사실을 잊고 지낸다.

아주 오래전 필자가 대만 국립 타이베이대학 의대 수습 의사로
있을 때 심근경색으로 고통을 받는 환자들을 많이 보았다. 당시 여
러 환자들 가운데 내과 병동 특실에 입원하고 있던 중년 남성이 특
히 인상에 남는다. 그는 모 회사의 회장이었는데 평소 건강하여 신
체적으로 문제가 없었다. 그러던 어느 날 회사에서 중요한 회식을
하면서 술을 마셨는데 귀가한 후 갑자기 흉부에 통증으로 느끼며
졸도하고 말았다. 다행히 즉각 병원에 후송되어 응급처치를 했기
때문에 겨우 목숨을 건질 수 있었다. 당시 심근경색은 사망률 1위
를 다툴 정도로 위험한 질병이었기 때문에 죽었다가 다시 살아난

혁후어

것이나 다를 바 없었다.

특별한 인상을 받은 이유는 이러하다. 필자가 두 번째로 그의 병실에 찾아가 심전도 검사를 한 후 그가 나에게 엄숙한 얼굴로 물었다. "죽지 않겠습니까?" 그렇게 말하고는 내 답변도 기다리지 않고 곧 바로 큰소리로 껄껄대며 웃었다. 왠지 나는 뭔가에 속은 것 같다는 느낌이 들었다. 평소 너무 바빴거나 아니면 아랫사람들에게 잔소리하는 것이 습관이 들었는지 알 수 없었으나 그는 나를 만날 때마다 이러저러한 이야기를 늘어놓곤 했다. 예를 들어 오전에는 "전에는 내가 굉장히 중요한 사람인줄 알았는데, 지금 보니 내가 없어도 지구는 여전히 잘 돌아가고, 회사도 잘 운영된다는 것을 알았네요"라고 말하고, 오후에는 "퇴원하면 아내와 세계 일주나 해야겠어요"라고 말했다. 그의 말을 듣고 있던 아내가 끼어들어 "이전에는 함께 영화관에 갈 시간도 없을 정도로 바쁘더니!"라고 말했다.

사람이 중병에 들면, 특히 죽음의 위협에 직면하면 누구나 잠시 발걸음을 멈추고 자신을 돌아보거나 깊이 반성하기 마련이다. 노자의 발언을 빌자면 이러하다. "명성과 생명 가운데 어느 것이 당신과 친한가? 생명과 재물 가운데 어느 것이 당신에게 더 귀중한가? 세상을 얻는 것과 자신의 생명을 잃는 것 가운데 어느 것이 당신에게 더 해로운가?"

대다수 사람들이 죽음의 위협에 직면하면 그제야 자신의 인생관을 바꾸고 이전과 다른 생활을 시작한다. 하지만 그런 생활이 지속되기란 그리 쉬운 일이 아니다. 나중에 필자는 『수습 의사의 수기』라는 책에서 그 환자의 뒷이야기를 적어놓았다.

"며칠 후 나는 그 병동에서 다른 곳으로 전출되었다. 환자는 아직 퇴원하지 않은 상태였는데, 조만간 퇴원할 예정이라고 했다. 퇴원 후 어쩌면 그는 아내와 세계 여행을 떠나고, 돌아와서 자신이 생각했던 생활을 새롭게 시작했을 수도 있고, 아니면 미궁 속에 빠진 다람쥐처럼 자신이 무엇을 위해 죽을힘을 다해 일하고 있는지 점차 잊어버리고 심근경색으로 병실에 누웠을 때의 생각조차 까먹었을 수도 있다. 자신의 역량을 벗어나는 일로 인해 심한 압박을 받게 되면 초조하여 안절부절 못할 때도 있지만 결국 어쩔 수 없이 떠밀려가는 자신을 발견할 수도 있을 것이다. 그렇게 세월을 보내다 어느 날 문득 고개를 돌려보면 죽음의 언저리에 도착했을 수도 있다."

우리는 왜 생명과 직결된 결정적인 순간에 떠올리는 귀중한 생각과 결심을 쉽게 잊어버리는가? 대다수가 세속적인 욕망, 명리名利의 유혹에 빠져 더 많은 것을 추구하기 때문이다. 다시 말해, 노자가 말한 "만족을 모르고", "그침을 모르기" 때문이다. 더욱 많은 것을 움켜쥘수록 걱정은 더욱 많아지고, 얻으려고 애쓰는 것으로 인해 더욱 큰 위험에 빠지고 만다.

영국의 철학자이자 역사학자인 데이비드 흄David Hume은 『도덕 원리 탐구』를 비롯한 여러 권의 철학서로 명성을 떨쳤지만 사람들에게 가장 환영을 받았던 책은 전체 6권의 대작인 『영국사』였다. 그의 책은 출판되기 무섭게 인기리에 팔려나가 베스트셀러가 되었으며, 개정판이 여러 차례 출간되었다. 물론 이로 인해 적지 않은 인세를 받았다. 『영국사』는 명예혁명에서 끝나기 때문에 많은 이들이 그 이후의 역사에 대해 계속 집필해줄 것을 요청했다. 하지만 흄은 별로 흥미를 느끼지 못했다. 그는 사람들에게 손을 저으며 이렇게 말했다.

"여러분들이 이미 나에게 지나치게 많은 영예를 주셨소이다. 나는 더 이상 쓸 생각이 없어요. 이유는 다음 네 가지입니다. 우선 너무 늙었고, 너무 뚱뚱해졌으며, 너무 나태하고 너무 부자가 되었군요."

흄이 말한 이유는 왠지 야유나 조롱하는 듯한 느낌이 든다. 하지만 그 안에는 깊은 뜻이 있다. 그의 말 중에는 '너무'라는 말이 네 번씩이나 들어가는데, 이는 어떤 일이든 적당한 때, 적당한 시간, 적당한 장소, 적당한 수준에서 멈추라는 뜻이다. 재물이나 권력, 명성, 심지어 사회에 대한 공헌까지도 지나치면 결국 위험해지거나 굴욕을 당할 수 있다는 경고이다. 지난 후에는 아무리 후회해도 소용이 없다. 이른바 '명철보신明哲保身'의 도는 이처럼 만족을 알고 그침을 아는 데 있다. 한자 '태太(지나치다는 뜻)'에서 점 하나를 빼면 '대犬'가 된다.

근원으로 돌아가는 수련

크게 이루어진 것은 모자란 것 같으나 그 쓰임은 쇠함이 없다.
크게 충만한 것은 빈 것과 같으나 그 쓰임은 다함이 없다.
크게 곧은 것은 굽은 것 같고
가장 교묘한 것은 졸렬한 것 같으며
가장 뛰어난 웅변은 어눌한 것 같다.
빠르게 움직이면 추위를 이길 수 있고
편안히 고요하면 더위를 이길 수 있다.
청정무위가 천하의 올바른 도이다.

大成若缺，其用不弊．大盈若沖，其用不窮．
대성약결　　기용불폐　　대영약충　　기용불궁

大直若屈，大巧若拙，大辯若訥[1]．
대직약굴　　대교약졸　　대변약눌

躁勝寒，[2] 靜勝熱，清靜爲天下正[3]．
조승한　　정승열　　청정위천하정

1 눌(訥): 말이 어눌함.
2 왕필본, 백서본에 따른다. "정승조, 한승열(靜勝躁, 寒勝熱: 맑고 고요하니 소란스러움을 이기고, 한 랭한 것이 뜨거운 것을 이긴다)"로 쓴 판본도 있다.
3 정(正): 정(政)과 통한다.

● ○

　　대만의 유명한 조각가 주밍朱銘의 작품은 보기에도 상당히 독특하다. 인물 조형(특히 태극 시리즈)은 물론이고 그의 다른 작품의 예술 풍격 역시 중국적 요소가 다분하다. 특히 그의 작품은 노자를 연상케 하는데, 본국에 나오는 "대교약졸大巧若拙"을 제대로 보여주고 있기 때문이다.

　　주밍은 15세에 전통적인 묘우廟宇 조각과 회화를 배우기 시작하여 작고 정교한 예술 풍격을 중시했다. 그러나 후에 양잉펑楊英風에게 배우면서 이전과 다른 창작의 길로 접어들었다. 그는 향토 시리즈, 태극 시리즈에서 인간 시리즈까지 예술적 경계가 날로 높아졌으나 예술 풍격은 오히려 상당히 거칠고 서툰 느낌이 들어 "대교약졸"이자 "대성약결大成若缺", "대변약눌大辯若訥"의 맛이 났다.

본문은 몇 개의 "大A若B" 구조로 되어 있는데, 앞서 "상덕약곡上德若谷", "대자약욕大白若辱"의 경우와 유사하다. 다만 본국은 앞서 제시한 원인 이외에 몇 가지를 더 언급하고 있다. 사람은 원래 모자라고, 비어 있으며, 굽어 있고, 어눌하고, 졸렬하며 어리석다. 사실 이것이 인류의 본래 모습이다. 하지만 인류는 이를 극복하기 위해 끊임없이 배우고 단련하여 크게 이루고, 충만하며, 곧고, 교묘하며, 말을 잘하고, 영리하기 위해 애써왔다. 이는 인류가 문명이란 이름으로 추구해온 가장 큰 목적이자 목표이다. 그러나 노자가 생각하기에 진정으로 큰 목표를 지닌 이, 진정으로 깨달은 이는 '반박귀진反璞歸眞', '귀근복명歸根復命'하여 참된 근원으로 돌아가 원래 모습을 지닌다. 겉으로 보기에 일반인들이 추구하는 것과 다르지만 본질적인 면에서 이미 높은 경계에 이른 셈이다. 이처럼 내재적 본질과 외재적 표현의 변증법적 관계는 노자 특유의 사유 방식이다. 또한 이는 이미 문화적 생명체로 독특한 '중국적 요소'가 되었다.

개인의 내적 수련이 높으면 높을수록 내적 수렴도 깊어지기 때문에 섣불리 자신을 드러내거나 자신의 솜씨를 자랑하지 않는다. 그렇기 때문에 보통 사람들이 보기에 졸렬하거나 어눌하고, 어리석은 것처럼 보인다. 다른 한편으로 이렇게 생각할 수도 있다. 내적 수련이 높을수록 겸허하여 스스로 부족하다고 여기기 때문에 자아 완성을 위해 부단히 노력하지 않을 수 없다. 위기가 기회인 셈이다. 이것이 노자가 말한 "그 쓰임은 쇠함이 없고", "그 쓰임은 다함이 없다"라는 뜻이 아니겠는가?

어떤 개인의 외적인 표현에 현혹되면 그가 지닌 내재적 본질을 볼 수 없다. 그렇다면 우리는 "대교약졸"과 "대졸약교大拙若巧", "대지약우"와 "대우약지大愚若智"를 어떻게 구분해야 할까? 노자는 이에 대해 구체적으로 답하고 있지 않다. 필자가 생각하기에, 관건은 당사자가 일찍이 '교' 또는 '지'한 적이 있는가에 달려 있다. 만약 있다면 겉으로 드러나는 '졸'과 '우'는 '대교'나 '대지'의 표현일 수 있다. 하지만 만약 그런 경험이 없다면 그의 '졸'과 '우'는 아마도 실제로 '졸'하고 '우'한 것일 가능성이 높다. 청말의 사상가이자 정치가인 증국번은 말년에 자신의 서재를 '구결재求缺齋'라고 이름 지었다. 당시 그는 이미 상당한 성취와 명예를 지닌 인물이라는 점에서 그의 명명은 '대성약결'의 표현이라는 생각이 든다. 그런데 만약 아무런 성취도 없는 사람이 그것도 아직 젊은 나이에 자신의 서재를 '구결재'라고 부른다면, 이는 그저 시늉만 하거나 건방진 일이다.

원문의 마지막 부분은 판본에 따라 다르기도 하고 중설이 분분하다. 하지만 만약 외적인 것과 내적인 것이 상반된다는 사고방식에 따른다면, 외부 환경이 차가운 경우 내적으로 빠른 움직임으로 극복하고, 외부 환경이 뜨거우면 내심의 청정을 유지하여 내외적으로 천천히 식혀나가는 것이 가장 좋은 방법이란 뜻으로 해석할 수 있다.

인생의 올바른 길을 찾아라

천하에 도가 있으면
달리는 전마를 농부에게 돌려주어 퇴비를 끄는 데 사용하고
천하에 도가 없으면
군마軍馬 암컷이 전쟁터에서 새끼를 낳는다.
재앙은 만족을 모르는 것보다 큰 것이 없으며
허물은 욕심내는 것보다 큰 것이 없다.
그런 까닭에 만족을 아는 만족이야말로 영원한 만족이다.

天下有道, 却[1]走馬以糞[2]. 天下無道, 戎馬[3]生於郊.
천하유도　각주마이분　천하무도　융마생어교

禍莫大於不知足. 咎莫大於欲得. 故知足之足, 常足矣.
화막대어부지족　구막대어욕득　고지족지족　상족의

1 각(却): 물리치다. 여기서는 되돌려줌.
2 분(糞): 원래 뜻은 똥이나, 여기서는 경작의 뜻으로 쓰였다.
3 융마(戎馬): 전마(戰馬). 이 구절로 인해 본문을 노자의 반전사상을 언급하는 이들도 있다. 예컨대, 장송여(張松如)는 『노자교독(老子校讀)』에서 이렇게 말했다. "제46장의 앞 네 구절은 반전사상을 말하고 있다. 노자가 반대하는 것은 당연히 춘추시대 열국의 각 귀족, 통치자 집단들 사이에 빈번하게 벌어지던 병탄, 약탈을 위한 전쟁이다. 누군가 이런 전쟁은 주류에서 볼 때는 어느 정도 진보적인 흐름을 담고 있다고 말하고 있긴 하지만 백성들, 특히 농사를 짓던 기층민들의 입장에서 보면 참혹한 재난과 폭행, 재해의 고통을 안겨줄 뿐이다. 노자가 이런 전쟁을 반대하는 것은 당연한 일이 아닌가? 노자를 일컬어 병가라고 말하는 이도 있다. 하지만 자고로 어떤 병가가 반전의 사상을 가지고 있단 말인가? 노자는 봉건통치자가 만족을 알지 못하고, 탐욕으로 전쟁을 일으킨다고 하였다. 만족이라는 것을 알고, 현상에 만족하며 아무것도 탐하지 않는다면 전쟁은 일어나지 않을 것이다. 만족을 아는 만족이야말로 영원한 만족이라고 했다. 이는 유심론적 사관으로, '과욕', '지족'에 대한 주장은 당시 봉건 귀족 집단의 한도 끝도 없는 욕구에 대한 강한 항의라 할 수 있다."

● ○

무엇이 인생의 바른 길인가? 당신이 진정으로 원하는 인생이란 무엇인가?

몇 년 전 유명한 잡지사에서 일하고 있는 여성과 알게 되었다. 어느 날 우연히 만나 이러저러한 이야기를 나눌 기회가 있었다. 그녀는 결혼한 후에 아이를 갖고 싶었지만 차마 임신을 할 수 없었다고 했다. 직장에서 할 일도 많고 스트레스가 심해 임신하기에 적합지 않았기 때문이다. 그녀는 자신뿐만 아니라 자신의 여성 동료들 중에도 이렇게 생각하는 이들이 적지 않다고 말했다. 그들의 걱정 중에는 임신을 할 경우 승진에 불리하다는 이유도 있었다.

노자는 "천하에 도가 없으면" 새끼를 밴 암말까지 전쟁터에 나가 황량한 들판에서 새끼를 낳게 된다고 말했다. 오늘날 어떤 기업의 경우 명문 규정은 없지만 무형의 압박과 경쟁 분위기 속에서 기혼 여직원들이 임신조차 마음대로 할 수 없는 상황으로 내몰고 있다. 이것이야말로 또 다른 형태의 "천하에 도가 없음" 아니겠는가?

　나중에 그 여성은 잡지사를 떠나 대우는 비록 적지만 비교적 여유가 있는 직장을 찾았으며, 자신이 원하는 대로 아이를 낳아 잘 기르고 있다. 개인의 가치관에 따라 다르겠지만 과연 무엇이 "인생의 올바른 길인가"를 새삼 느끼게 된다. 무엇이 인생의 올바른 길일까? 노자의 일관된 주장은 사실 간단하다. 자연스럽고 정상적으로 생활하라는 것이다. 결혼하여 아이를 낳고 행복한 가정생활을 영위하고 싶다면 이를 방해하거나 파괴하는 모든 것에 대해, 설사 이유가 정당하다고 할지라도 '무도無道', 즉 올바른 길이 아니니 받아들이지 말아야 한다. "인생의 올바른 길"을 왜곡하고 벗어나기 때문이다. 유감스러운 것은 오늘날 많은 이들이 선망하는 직업이나 직장이 대부분 이런 부류에 속한다는 점이다. 대우도 좋고 명성도 있지만 오히려 이로 인해 다람쥐 쳇바퀴 돌듯이 정신없이 바쁘고 스트레스도 그만큼 크다. 곰곰이 생각해보면, 과연 누구를 위한 고생이고 누구를 위해 바쁜 것인가? 그것이 과연 진정으로 당신이 원하는 일인가?

　물론 현대인들이 추구하는 인생 목표는 다종다양하며, 만족감을 성취하려는 욕구 또한 적지 않다. 하지만 그렇다고 한 개인이 모든 것을 할 수는 없다. 만약 당신이 무엇이든 다 하고자 한다면 결국 실망으로 끝나고 말 것이다. 얻지 못하는 것이 얻는 것보다 많고, 얻을 수 없는 것을 얻기 위해 또는 더 많은 것을 얻기 위해 체력을 소진하고 가정을 희생하며, 심지어 막다른 처지에 몰려 모험을 감행했음에도 불구하고 결국 아무것도 얻지 못하거나 쓰라린 대가를 지불할 수 있기 때문이다. 그래서 노자는 "재앙은 만족을 모르는 것보다 큰 것이 없으며, 허물은 욕심내는 것보다 큰 것이 없다"라고 말했다.

노자는 우리에게 '지족知足'을 권유하고 있다. 물론 소극적이고 보수적인 관념처럼 보일 수 있으나 밝은 지혜의 발언임에 틀림없다. "지족자부知足者富." 만족을 알고 쉽게 만족할 수 있는 사람은 세상에서 가장 부유한 사람일뿐더러 가장 즐거운 사람이다. 진정한 행복이나 즐거움은 가진 것의 많고 적음에 기인하지 않고 '얼마나 향유할 수 있는가'에 따르기 때문이다. 게다가 당신이 '향유'하는 것이 당신이 진정으로 원하는 것이라면 더할 나위가 없다.

상상과 사고 그리고 검증

문밖을 나가지 않아도 천하의 이치를 알 수 있고
창밖을 내다보지 않아도 자연의 규율을 알 수 있다.
외적인 것을 추구할수록 아는 것은 더 적어진다.
그래서 성인은 돌아다니지 않아도 알고
보지 않아도 환히 알며
작위하지 않아도 일을 이룰 수 있다.

不出戶, 知天下, 不窺牖[1], 見天道. 其出彌遠, 其知彌少.
불출호　지천하　불규유　견천도　기출미원　기지미소
是以聖人不行而知, 不見而明[2], 不爲而成.
시이성인불행이지　불견이명　불위이성

1 규유(窺牖): '규'는 작은 구멍으로 안을 바라본다는 뜻이고, '유'는 창문이다.
2 불견이명(不見而明): 굳이 보지 않아도 천도를 알 수 있다는 뜻이다. '불견이명(不見而名)'으로 쓴 판본
　도 있다.

●○

"문밖을 나가지 않아도 천하의 이치를 알 수 있고, 창밖을 내다
보지 않아도 자연의 규율을 알 수 있다." 현대인에게 이는 그리 기
이한 일이 아니다. 집안에서 텔레비전이나 인터넷을 통해 세상에
서 일어나는 크고 작은 일을 쉽게 알 수 있고, 심지어 태양계 밖에
서 새로운 별의 탄생까지 남김없이 알 수 있기 때문이다. 하지만 이
러한 것들은 모두 피동적으로 주어들은 2차 자료에 불과할 뿐 노자
가 말하고자 하는 뜻과 다르다. 노자는 한 개인이 굳이 세상 밖으로
나가지 않더라도, 다시 말해 직접 자신이 관찰하거나 체험하지 않
더라도 깊은 사고와 추론을 통해 세상의 추세를 능히 이해하고 밝
게 알 수 있다는 것이다.

한 예를 들어보자. 천문학계에 해왕성의 발견에 관한 흥미로운

이야기가 전해진다. 1846년 9월 23일 독일 베를린 천문대 책임자인 천문학자 요한 고트프리트 갈레Johann Gottfried Galle는 프랑스 수학자 위르뱅 르베리에Urbain Le Verrier의 서명이 적힌 편지 한 통을 받았다. 편지에는 "오늘 저녁 망원경을 염소자리와 물병자리 사이에 두고 관찰하면 새로운 별을 발견할 수 있을 것이다……"라는 내용이 적혀 있었다. 요한 고트프리트 갈레는 의아한 생각이 들었지만 연구생 하인리히 루이 다레스트와 함께 망원경으로 그가 말한 지점을 관찰하다 정말로 새로운 별, 해왕성을 발견했다.

1개월 후 그는 자신이 직접 프랑스로 가서 르베리에를 만났다. 만나보니 상대는 이제 겨우 서른 살 정도밖에 되지 않은 젊은이였다. 궁금해진 갈레는 그에게 도대체 어떤 비밀스러운 관측기가 있기에 해왕성을 발견할 수 있었느냐고 물었다. 그러자 르베리에는 천체를 본 적은 없고 단지 책상머리에서 케플러 법칙과 태양계에 이미 알려진 행성의 운행 법칙에 따라 '연산'한 것이라고 말했다. 그가 베를린 천문대장인 갈레에게 편지를 쓴 것은 자신의 계산이 맞는지 여부를 확인하기 위함이었던 것이다.

생각건대, 이것이 바로 "창밖을 내다보지 않아도 자연의 규율을 알 수 있다"라는 말이 아닌가 싶다. 다만 노자의 말이 지나친 점이 없지 않다. 방안에서 책을 읽으며 추론과 상상만으로 얻은 결론은 객관적인 검증을 거치지 않을 경우 단지 '가설'에 불과하다. 만약 이를 진실로 믿게 되면 참담한 결과를 가져올 수 있다. 전국시대 조괄趙括이 그 좋은 예이다.

조괄은 조趙나라 명장 조사趙奢의 아들이다. 어려서 병서를 즐겨 읽어 병법에 통달했으며, 남들과 용병이나 전투에 대해 이야기할 때면 명장인 부친도 그를 이길 수 없을 정도였다. 하지만 조사는 아들의 병법 능력을 그리 높이 평가하지 않았다. 무엇보다 실전 경험이 없어 '지상담병紙上談兵'에 불과하기 때문이다. 게다가 지나치게 경솔하여 대군을 맡기기에 부족하다고 여겼다. 조사가 죽은 후 조괄을 '군사 천재'로 생각하고 있던 조나라 왕은 명장 염파廉頗 대신 그를 대장으로 삼아 진나라와 싸우도록 했다. 실전 경험이 없었던 조괄은 결국 장평長平 전투에서 진나라 진영을 공격하다가 진나라 장수 백기白起의 계략에 말려들어 포위망에 빠져 보급로가 끊기고 군사들이 기아에 허덕이는 상황에 직면하고 말았다. 조괄은 직접 포위망을 뚫으려고 출진했으나 오히려 비처럼 쏟아지는 적군의 화살에 맞아 죽고 말았다. 대장이 죽고 식량마저 떨어진 조나라 군사 40만여 명은 결국 백기에 의해 산채로 매장되는 참혹한 지경에 이르고 말았다. 조나라 역시 이로 인해 멸망의 길로 접어들었다.

하늘이 낳은 천재라 할지라도 오직 상상과 사고, 내적 수련만으로 "돌아다니지 않아도 알고, 보지 않아도 환히 알며, 작위하지 않아도 일을 이룰 수 있는" 이는 없다. 위르뱅 르베리에가 많은 이들에게 찬사를 받은 것은 그가 문을 닫고 수레를 만드는 것처럼 오로지 자신의 주관과 식견만으로 새로운 사실을 발견했기 때문이 아니라 그가 주동적으로 자신의 상상과 사고, 그리고 추론에 의한 가설에 대해 실제 검증을 요청했기 때문이다. 실험과 관찰을 통해야만 우리는 어떤 사실이 참인가 거짓인가를 확인할 수 있다. 이러한 과정을 통해야만 다른 이들을 설득할 수 있다.

사람은 풍부한 상상이 필요하며, 무엇보다 깊은 사고가 중요하다. 하지만 모든 상상과 사고는 반드시 사실에 대한 검증이 있어야만 비로소 사람들이 믿고 의지할 수 있는 안심입명의 도가 될 수 있다.

제48국

인생의 덧셈과 뺄셈

학문을 닦으면 날마다 많아지고
도를 닦으면 날마다 줄어든다.
줄어들고 또 줄어들어 무위의 지경에 이르게 된다.
무위하면 하지 못하는 일이 없게 된다.
천하를 다스리는 데
항상 백성을 성가시게 하는 일이 없도록 해야 한다.
번잡하고 성가신 일이 있게 되면
천하를 취하는 데 적합하지 않다.

爲學日益[1], 爲道日損[2]. 損之又損, 以至於無爲.
위학일익   위도일손   손지우손   이지어무위

無爲而無不爲. 取天下常以無事[3]. 及其有事[4], 不足以取天下.
무위이무불위   취천하상이무사   급기유사   부족이취천하

1 위학일익(爲學日益): '위학'은 외물의 지식을 탐구함이고, '일익'은 날로 지식이나 기교가 늘어난다는 뜻이다.

2 위도일손(爲道日損): '위도'는 '도'를 체득함이고, '일손'은 날로 욕망이나 겉치레 등이 줄어든다는 뜻이다.

3 무사(無事): 소란스럽고 잡된 일이 없다는 뜻이다.

4 유사(有事): 번잡하고 성가신 일이 있다는 뜻이니, 가혹한 정치나 제도로 민생을 괴롭히는 것을 비유한다.

5 왕양명, 『전습록』99조목, "吾輩用力, 只求日減, 不求日增. 減得一分人欲, 便是復得一分天理, 何等輕快脫灑, 何等簡明."

6 이는 왕필의 주장과 일치한다. 왕필의 주에 따르면, "학문을 닦으면 날마다 많아진다는 말은 힘써 능한 바로 나아가려고 하는 것이고, 도를 닦으면 날마다 줄어든다는 말은 힘써 텅 비고 무위하는 쪽으로 되돌아가려고 하는 것." 이렇듯 왕필은 양자를 체도, 득도의 순환과정으로 보고 있다. 이에 반해 하상공(河上公, 한나라 문제(文帝) 시절에 황하 인근 낭야(琅琊)에 살았던 은사로 하상장인(河上丈人), 하상진인(河上眞人)으로 칭하기도 한다. 황로사상(黃老思想)의 집대성자이자 황로교의 개산조사로 알려져 있다. 그가 『노덕경』에 주를 단 『하상공장구(河上公章句)』는 비교적 이른 시기에 작성되고 광범위하게 퍼져 영향력이 크다)는 "학은 정교와 예학의 학문이고, 일익(日益)은 정욕과 문식(文飾)이 날로 많아진다는 뜻이다. 도는 자연의 도를 말하고, 일손(日損)은 정욕과 문식이 날로 줄어든다는 뜻이다"라고 하여 '위학'과 '위도'를 서로 배치되는 것으로 간주하고 있다.

혁후어

●○

사람은 누구나 나름의 인생 목표가 있다. 공자는 일찍이 군자는 "학문에 뜻을 두고", "도에 뜻을 둔다"라고 말한 바 있다. 그의 '구학', '구도'는 결코 양립하지 않으며 오히려 상호 보완적이다. 하지만 노자는 '구학'과 '구도'가 서로 무관하며 상호 저촉됨을 일깨워준다. 학습이란 외부에서 생활에 필요한 각종 지식과 기술을 배운다는 뜻이다. 당연히 날로 축적되고 점점 더 많아진다. 이로써 일상생활은 더욱 편리해지고 개선된다. 이것이 "학문을 닦으면 날마다 많아진다"라는 뜻이다. 하지만 '도'는 외부에서 빌려오는 것이 아니다. 이른바 '구도'란 일종의 내적 수행이다. 구체적으로 내심의 욕

망과 탐심을 없애고 스스로 잘난 척하거나 작위적인 일을 줄이는 것이니 당연히 날마다 줄어들지 않을 수 없다. 그렇게 줄고 또 줄어 갓난아이처럼 순진무구한 상태가 되면 마음이 깨끗하여 아무런 사욕이나 잡념이 끼어들지 않게 된다. 그래서 노자는 이렇게 말했다. "도를 닦으면 날마다 줄어든다. 줄어들고 또 줄어들어 무위의 지경에 이르게 된다."

"무위이무불위無爲而無不爲." 즉 무위하면 하지 못하는 일이 없게 된다는 말은 아무 일도 하지 않는다는 뜻이 아니라 어떤 목적이나 의도에 따르지 않고 무심으로 행한다는 의미이다. 해야 할 일(예를 들어 사욕을 제거함)은 마땅히 실천해야만 도를 얻는 데 도움이 되며 많은 이들의 지지를 얻어 마치 물이 흐르는 곳에 도랑이 생기듯 절로 이루게 되며 심지어 "천하를 다스리는 데 백성을 성가시게 하는 일이 없게 된다." 하지만 반대로 적극적으로 고취하고 선전하며 가혹한 명령과 무력을 통해 천하를 취하고자 한다면 이는 백성을 수고롭게 하고 재물을 손상시켜 설사 천하를 얻는다고 해도 오래 지속할 수 없다.

노자의 "학문을 닦으면 날마다 많아진다"라는 말은 선종에서 주장하는 "명심견성明心見性"과 유사하다. 다만 선종에서 사욕과 집착을 제거하는 목적은 해탈을 얻기 위함이고, 노자의 목적은 "천하를 취함"에 거리낌이 없도록 하기 위함이다. 그런 까닭인지 제법 많은 이들이 『도덕경』을 통치자를 위한 제왕술로 간주하고 있다.

그러나 통치자든 아니면 개인이든지 간에 노자가 보기에, '위도'가 '위학'보다 훨씬 중요할뿐더러 '위학'은 때로 '위도'에 방해가 된다. 노자가 앞서 여러 차례 언급했다시피 지식이 누적되어 많아질수록 사람의 마음이 영악해면서 원래의 질박하고 순진한 마음을 잃어 '도'에서 멀어진다. 여기서 알 수 있다시피 노자는 비록 생활에 필요한 지식이나 기술 학습을 반대하지는 않았지만 그것에 대해 그다지 높이 평가하지 않았음을 알 수 있다.

명조의 유학자 왕양명王陽明(1472~1528년)은 이렇게 말했다.

"우리의 공부는 오직 날로 줄어드는 것을 추구하지 날로 늘어나는 것을 추구하는 것이 아니다. 한 푼의 인욕을 줄일 수 있다면 한 푼의 천리를 회복할 수 있으니 어찌 경쾌하고 시원스럽지 않은가? 또한 어찌 간단하고 쉽지 않은가?"[5]

그의 이러한 논설은 노자와 선종의 영향과 무관치 않다. 다만 이전 공자와 비교할 때 유가의 면모가 이로 인해 애매하게 변하고, 심지어 후퇴했다는 느낌이 들지 않을 수 없다. 전통적으로 중국인들이 생활에 필요한 지식과 기술을 경시하는 풍조는 어쩌면 이것과 유관할 수도 있는데, 이는 참으로 아쉬운 일이다.

오늘날 인류 사회는 노자나 왕양명의 시대에 비해 그야말로 천양지차로 변화하고 발전했다. 하지만 주로 "학문을 닦아 날로 많아진 것"이지 "도를 닦아 날로 줄어든 것"이 아니다. 그래서 혹자는 오늘날의 진보란 물질적인 측면에서만 그런 것이고 현대인의 정신문명은 오히려 과거보다 공허하고 고통스럽다고 말하기도 한다. 과연 정말 그런 것일까? 현대인이 옛 사람들에 비해 공허하고 고통스럽다는 구체적인 증거가 어디에 있는가? 필자가 생각하기에 "도를 닦아 날로 줄어든다"라는 말에 반대할 사람은 없지만 그렇다고 이로 인해 "학문을 닦아 날로 많아진 것"을 비난하거나 억제할 필요는 없어 보인다.

'위학'과 '위도'는 뺄셈과 덧셈처럼 결코 양립하거나 충돌하는 것이 아니다. 양자는 모두 생활에 필수불가결한 일이다. 설사 그 사이에 모순과 대립이 있을지라도 양자를 조화로운 통일체로 정합하여 물질생활과 정신생활을 공히 아름답게 만들 수 있다면, 그것이 바로 노자가 추구한 이상적인 경계가 아니겠는가?[6]

전체적으로

엘리트주의와 포퓰리즘

성인은 언제 무심하여
백성의 마음을 자신의 마음으로 삼는다.
선량한 사람을 나는 선하게 대하고
선량하지 않은 사람도 나는 선하게 대한다.
이렇게 하면 사람들이 선을 따를 수 있다.
믿을 만한 사람을 나는 믿는다.
믿을 만하지 못한 사람도 나는 믿는다.
이렇게 하면 사람들이 믿음을 지키게 된다.
성인이 천하에 임하여 자신의 의욕을 거두고
천하를 위해 사람들의 마음을 질박한 곳으로 이끄니
이리하여 백성들이 모두 자신의 귀나 눈에 집중하며
성인은 그들을 모두 갓난아이와 같은
순진한 상태로 돌아가게 한다.

聖人常無心[1], 以百姓心爲心.
성인상무심   이백성심위심

善者吾善之, 不善者吾亦善之, 德[2]善.
선자오선지   불선자오역선지   득선

信者吾信之, 不信者吾亦信之, 德信.
신자오신지   불신자오역신지   득신

聖人在天下, 歙歙焉[3], 爲天下渾其心[4], 百姓皆注其耳目,
성인재천하   흡흡언   위천하혼기심   백성개주기이목

聖人皆孩之[5].
성인개해지

1 상무심(常無心): 사사로운 욕망이나 탐욕이 없는 마음을 오랫동안 유지함.
2 덕(德): '득(得)'과 통한다.
3 흡흡언(歙歙焉): '흡'은 코로 숨을 들이쉰다는 뜻이다. 여기서는 성인이 자신의 의지나 의욕을 거둬들인다는 뜻으로 풀이한다.
4 혼기심(渾其心): 사람의 마음을 순수하고 질박한 상태로 돌려놓는다는 뜻이다.
  성인개해지(聖人皆孩之): 성인이 백성들을 갓난아이처럼 질박하고 무욕한 상태로 되돌려 놓는다는 뜻이다.

●○

요즘 중국이나 대만을 막론하고 정치가들마다 "성인은 무심하여 백성의 마음을 자신의 마음으로 삼는다"라는 말을 자신의 정치 이념으로 제시하며 자신이 인민들과 함께 있음을 표명하곤 한다. 그들은 노자의 이 말을 현대의 민주 정신에 부합하는 말로 생각하는 듯하다.

사람은 어떤 일에 대해 나름의 편견이나 호오를 지니기 마련이다. 하지만 "성인은 무심하다." 다시 말해 훌륭한 영도자는 자신의 아집이나 선입견, 좋고 나쁨, 심지어 의지마저 버리고 민의를 근거로 삼는다. 그렇기 때문에 "백성의 마음을 자신의 마음으로 삼는다." 이는 현대 민주정치의 정신과 일치한다. 다만 노자가 말하고자 하는 것이나 바라는 것은 현대의 민주정치가 아니라 민의에 근

거한 성인 정치이다.

국가가 추구하는 방향이나 치국 방침은 누가 결정하는가? 지금도 엘리트주의와 포퓰리즘의 쟁론이 여전하다. 엘리트주의를 지지하는 이들은 일반 대중들은 지식이 부족하고 판단력이 떨어지고 선전, 선동에 쉽게 넘어가 감정적으로 일을 처리하여 사회가 불안정해질 수밖에 없기 때문에 소수의 지식과 능력, 교양과 경험을 갖춘 귀족이나 관료들이 정책을 결정하고 실행해야 한다고 주장한다. 그래야만 사회가 안정되고 정치가 올바른 방향으로 나아간다는 뜻이다. 이에 반해 포퓰리즘을 중시하는 이들은 사회의 이른바 엘리트 집단이 자신만 옳다고 여기고 실제 생활이나 생각이 일반 대중들과 괴리되어 있음을 지적하면서 그들이 추구하는 것은 사실상 자신들의 이익일 뿐이기 때문에 대다수의 대중들이 직접 정치에 참여하고 실행해야 한다고 주장하고 있다. 일반 대중들에 관한 일은 당연히 일반 대중들이 결정할 수 있도록 해야 한다는 뜻이다. 다만 사회 일반 대중들의 의견이 일치하지 않는 경우 대다수의 민의를 따를 수밖에 없었으며, 의견을 형성하거나 표현하는 과정에서 원칙에 따른 공평과 공정을 확보하여 소수의 조종이나 왜곡을 줄일 수 있다고 주장한다.

사회 대중은 좋고 나쁜 사람들이 섞여 있으며, 각기 나름의 생각과 성격을 지니고 있기 마련이다. 그렇다면 '백성의 마음'을 어떻게 대해야 하는가? 노자는 이에 대해 다음과 같이 말하고 있다.

일반 대중들이 착하든 착하지 않든 훌륭한 통치자(성인)는 언제나 그들을 선하게 대하며, 그들이 신뢰할 수 있는지 여부와 상관없이 그들을 신뢰해야 한다. 다시 말하자면, 사회에는 각종 모순과 대립이 존재하지만 진정한 영도자라면 차별이 없는 자비심과 관대함으로 모든 이들을 대하여, 마치 큰 바다가 온갖 크고 작은 하천을 받아들이듯이 그들을 받아들여 감화시키고 정화하며 모순과 대립을 해소함으로써 그들이 선을 향해 나아가고 신뢰를 지켜나가며, 사회 또한 순박한 상태가 될 수 있다는 뜻이다. 듣기에 유가가 주장하는 덕치와 유사하나 차원이 다르다. 또한 보기에 상당히 완미한 듯하나 현실적이라고 말하기 힘들다.

노자가 살던 시대는 도가나 유가와 또 다른 법가 사상이 싹트고 있었다. 그들이 생각하기에, 도가나 유가는 사람의 선을 지향하는 측면을 강조하고 악행의 잠재적 가능성을 과소평가했다. 또한 모든 이들이 감화될 수 없을뿐더러 자비나 도덕만으로 국가를 다스릴 수 없고 무엇보다 성인 한 명에게 모든 것을 맡길 수 없다고 생각했다. 그래서 그들은 법을 통한 통치를 주장하면서 집권자가 법률에 근거하여 나라를 다스려 상벌을 분명히 하고, 권선징악을 명시함으로써 더 안락하고 평화로운 사회를 건립할 수 있다고 강조했다. 하지만 노자는 이런 방식을 반대했다. 제57국에서 "법령이 분명해질수록 도적들이 더 많아진다"라고 말한 것은 바로 이 때문이다. 확실히 법률이란 나타난 현상을 바로 잡는 일종의 지엽적인 것일 뿐 통치의 근본이 될 수 없다. 게다가 봉건사회에서 법률은 집권자가 제정하여 일반 백성들을 관리하고 통제하는 수단이 되었을 따름이다. 그렇기 때문에 현대인의 관점에서 볼 때 봉건시대 법가가 주장하는 '법치'는 '법제法制, rule by law'일 뿐 진정한 '법치rule of law'가 아니다.

'법치'는 '인치'에 상대되는 개념으로 인류 사회에서 모든 것을 능가하는 최고의 규칙에 따른 다스림을 뜻한다. 모든 이들이 똑같이 이를 준수해야만 한다. 어떤 면에서 볼 때 이는 노자가 말한 '도'나 다를 바 없다. 그것 역시 차별심이 없으며, 통치자나 백성이나 모두 똑같이 대하며, 똑같이 자비를 베푼다. 혹자는 구분을 위해 '법제'를 '도치刀治', '법치'를 '수치水治'라고 칭하기도 한다. 부수에 따라 양자를 구분한 것이긴 하나 '수치'가 노자가 말한 '자연지도'에 부합하지 않을까?

그렇다면 '법치'의 '법'은 어디에서 오는가? 가장 이상적인 방식은 사회 각 계층을 대표하는 능력을 갖춘 이들이 초안을 마련하고 모든 사람들의 인가를 거쳐 모든 이들이 공동으로 준수해야 하는 최고의 법칙을 만드는 것이다. 필자는 이것이 바로 노자가 말한 "성인은 무심하여 백성의 마음을 자신의 마음으로 삼는다"라는 말의 현대적 함의라고 생각한다.

지혜롭게 위험에 대처하라

사람이 생명을 얻는 것을 '생'이라고 하고
죽어서 땅속으로 들어가는 것을 '사'라고 한다.
살아 있는 무리들 가운데 장수한 이는 열에 세 명이고
죽은 무리들 가운데 요절한 이는 열에 세 명이며
원래 오래 살 수 있었는데 스스로 죽음의 길로 나아가는
이도 열에 세 명이다.
왜 그런가? 그들은 봉양이 지나쳤기 때문이다.
듣건대 섭생을 잘하는 이는 땅에서 걸어 다녀도
코뿔소나 호랑이를 만나지 않고
전쟁터에 나가도 죽거나 다치지 않는다.
(그런 이에게) 코뿔소는 그 뿔을 쓸 수가 없고
호랑이는 그 발톱을 쓸 수 없으며
병기의 칼날도 쓸 수 없다고 한다.
왜 그런가? 그는 죽음의 땅에 들어가지 않기 때문이다.

出生入死. 生之徒, 十有三¹, 死之徒², 十有三, 人之生,
출생입사   생지도   십유삼   사지도   십유삼   인지생
動之於死地, 亦十有三. 夫何故?
동지사지   역십유삼   부하고
以其生生之厚³. 蓋聞善攝生者⁴, 陵行不遇兕虎, 入軍不被甲兵⁵.
이기생생지후   개문선섭생자   릉행불우시호   입군불피갑병
兕⁶無所投其角, 虎無所措其爪, 兵無所容其刃.
시무소투기각   호무소조기조   병무소용기인
夫何故? 以其無死地⁷.
부하고   이기무사지

1 십유삼(十有三): 십분의 삼.
2 사지도(死之徒): 요절한 이들.
3 생생지후(生生之厚): 살려는 욕망이 지나침. 영양이 과잉한 것과 같다.
4 섭생자(攝生者): 양생의 도를 터득하여 자신을 제대로 보양하는 사람.
5 입군불피갑병(入軍不被甲兵): 군대에 들어가 전쟁터에 나가도 다치거나 죽지 않음.
6 시(兕): 외뿔 들소. 무소의 암컷.
7 무사지(無死地): 사지로 들어가지 않음.

●○

사람은 누구나 일찍 죽을 생각이 없다. 어떻게 하면 요절을 면할 수 있는가? 노자는 나름대로 괜찮은 제안을 하고 있다.

우선 노자는 천생 장수하는 이들이 있는가 하면 비교적 단명의 운명을 지닌 이들이 있고, 원래 장수할 수 있었으나 자신의 잘못 또는 작위적인 행태로 인해 일찍 죽는 이들도 있다고 말한다. 그렇다면 천생 장수하거나 요절하는 이들을 제외하고 능히 장수할 수 있었음에도 무엇 때문에 단명하여 사라지는 이들이 있는가? 노자는 중요 원인이 지나치게 먹고 마시며 사치하고 안일하게 지내며 자신에 대한 봉양이 과하기 때문이라고 보았다. 비율이나 정도의 문제가 있기는 하지만 그의 주장은 현대 의학의 관점과도 부합한다.

연이어 나오는 부분이 노자가 중점을 두고 있는 '섭생攝生'에 관

한 내용이다. 그는 섭생을 잘하는 이는 "땅에서 걸어 다녀도 코뿔소나 호랑이를 만나지 않고, 전쟁터에 나가도 죽거나 다치지 않는다"라고 들었다고 했다. 어떻게 그런 것인가? 그들이 "죽음의 땅에 들어가지 않기 때문이다." 노자는 이에 대해 구체적인 해석을 하고 있지 않으나 다음 두 가지 원인을 생각해볼 수 있을 듯하다. 첫째, 그들은 대단히 소심하여 위험한 상황에 노출되지 않는다. 코뿔소나 호랑이가 출몰하는 곳은 아예 가지 않으며, 전쟁터도 당연히 가지 않는다. 코뿔소의 뿔이나 호랑이의 날카로운 이빨, 예리한 병기도 쓸모가 없는 땅이니 그를 상하게 할 수 없다. 둘째, 그들은 어떤 상황에 처하더라도 두려워하거나 놀라지 않으며, 자연스럽게 위험을 받아들여 냉정하게 처리한다. 그러니 병기나 호랑이, 코뿔소도 그에게 피해를 줄 생각이 없으며 피해를 줄 수도 없다.

전자에 비해 후자의 해석이 비교적 낫다. 위험을 회피하는 것은 소극적인 방법이고 살다보면 크고 작은 위험에 직면하지 않을 수 없으며, 심지어 일상적으로 위험한 처지에 놓일 수도 있기 때문이다. 따라서 진정으로 중요한 것은 위험에 대처하거나 대면하는 방식이다. 노자의 후계자인 장자는 이에 대해 나름의 방법을 제시하고 있다. 『장자·달생達生』에 보면, 본문과 관련하여 흥미로운 내용이 나온다.

"열자列子가 관윤關尹에게 물었다. '덕이 지극한 사람은 금석 같은 것에 스며들어도 가로 막을 수 없고 불을 밟아도 뜨거워하지 않으며 만물의 가장 높은 곳을 가도 두려워하지 않는다고 합니다. 어떻게 그렇게 되는지 알고 싶습니다.' 관윤이 대답했다. '순수한 기를 지킨 때문입니다. 지혜나 기교, 또는 용감하기 때문이 아닙니다 …… 이러한 사람은 자신의 천성을 온전하게 지키며, 정신에 빈틈이 없으니 외물이 어찌 끼어들겠습니까?'" 관윤은 술에 취한 자가 마차에서 떨어져도 다치지 않는 까닭을 예로 들면서 이렇게 말했다. "술에 취한 사람은 수레에서 떨어져도 다치기는 하지만 죽는 일은 없습니다. 이는 뼈마디나 관절이 남과 같은데 상해를 입는 것이 남과 다른 것은 그의 정신상태가 온전한 때문이지요. 그는 수레를 탔다는 것도 모르고 떨어졌다는 것도 모릅니다. 죽음과 삶, 놀라움과 두려움이 아예 그의 마음속에 들어가지 않으니 물체에 부딪쳐도 두려워하지 않는 것입니다. 그는 술에서 온전한 상태를 언어이 정도인데 하물며 자연에서 온전함을 얻은 이라면 어떻겠습니까?"

객관적으로 볼 때, 술에 취한 이들은 넘어져 다칠 가능성이 있다. 하지만 마음속에 두려운 마음이 없다면 위험에 직면해서도 당황하거나 놀라지 않는다면 분명 피해를 최소화할 수 있다. 술에 취한 자는 의식이 없기 때문에 위험에 직면해도 놀라거나 두려워하지 않는다. 이에 비해 지인은 마음속에 순수하고 조화로운 기가 충만하기 때문에 언제나 태연자약하고 생사를 초월하여 천지만물과 하나가 된다. 그렇기 때문에 두려워하거나 놀라지 않으며 다치거나 상하지도 않는다.

나폴레옹은 정치가이기 이전에 전술에 뛰어난 장군이었다. 군대를 이끌고 출병하면서 그의 가장 큰 염려는 적지 않은 병사들이 죽음이 두려워 탈영을 마다하지 않는다는 것이었다. 그래서 그는 탈영병을 잡아와 다시 전선으로 내보내면서 다음과 같이 정신교육을 시켰다. "나의 동포, 형제들이여. 그대들은 생각이 잘못되었다.

만약 그대들이 죽을 운명이라면 설사 땅굴 속에 숨을지라도 폭탄이 그대들을 찾아 날아들 것이다. 그러나 만약 살 운명이라면 총탄이 빗발치는 곳을 뛰어다닐지라도 절대로 죽지 않을 것이다." 실제로 그의 훈시를 들은 병사들은 죽기를 불사하고 전쟁터로 달려 나갔다. 삶과 죽음이 정해진 것이라면 무슨 두려움이나 걱정이 있겠는가? 두려움과 걱정이 없으니 오히려 삶의 기회가 더 늘어날 것이다.

사실 이는 장자가 말한 "안지약명安之若命", 즉 운명처럼 받아들여 편안하다는 뜻과 같다. 삶과 죽음의 문제는 우리가 이해할 수 없거나 파악하기 어려운 부분이 적지 않다. 다만 우리가 할 수 있는 일은 우선 일부러 자신을 위험에 노출시키지 않음으로써 불필요한 험지를 제거하는 일이고 다음은 어쩔 수 없이 위험에 직면하더라도 당황하거나 두려워서 피하는 것보다 편안하게 받아들이며 적절하게 대처하는 것이다.

이 시대에 어울리는 새로운 도덕관

도가 만물을 낳고 덕이 만물을 기르며
만물이 형태를 지닌 후에는 환경이 그들을 사물을 성장시킨다.
그러므로 만물은 도를 존중하고
덕을 귀하게 여기지 않는 것이 없다.
도가 존중을 받고 덕이 귀하게 여겨지는 까닭은
간섭하지 않고 자연에 따라 맡겨두기 때문이다.
그런 까닭에 도는 만물을 낳고 덕은 만물을 길러
만물이 성장하고 발육하게 하며
만물이 성숙하고 편안하게 하며 만물을 기르고 보호한다.
이렇듯 만물을 낳고도 소유하지 않고
만물을 길러내고도 자랑하지 않으며
만물을 이끌지만 주재하지 않는다.
이를 일러 현덕이라고 한다.

道生之, 德畜之, 物形之, 勢¹成之.
도생지　　　덕축지　　　물형지　　　세성지
是以萬物莫不尊道而貴德.
시이만물막불존도이귀덕
道之尊, 德之貴, 夫莫之命而常自然².
도지존　　　덕지귀　　　부막지명이상자연
故道生之, 德畜之. 長之育之, 亭之毒之³, 養之覆之.
고도생지　　　덕축지　　　장지육지　　　정지독지　　　양지복지
生而不有, 爲而不恃, 長而不宰, 是謂玄德.
생이불유　　　위이불시　　　장이불재　　　시위현덕

1 세(勢): 만물이 생장하는 자연환경을 지칭한다. 백서본은 '기(器)'로 썼다.
2 막지명이상자연(莫之命而常自然): 만물에 간섭하거나 주재하지 않고 만물이 절로 변화하고 이루어지
  도록 함.
3 정지독지(亭之毒之): 일반적으로 '정'은 성장, 성숙, '독'은 안정, 편안함으로 풀이한다. 그러나 혹자는
  말 뜻 그대로 '정'은 정(停) 즉 정체의 뜻으로, '독'은 해독의 뜻으로 풀이하기도 한다. 이럴 경우 만물
  을 정체하게 만들거나 해를 끼치기도 한다는 뜻으로 풀이할 수 있다. 뒤에 나오는 '복(覆)'의 경우도
  일반적으로 '복육(覆育: 덮어 기르다)'로 해석하지만 전복(顚覆)의 뜻으로 풀이할 수도 있다. '도'는 본
  시 무정(無情)하니 능히 그럴 수도 있다. 하지만 여기서는 다수 주석가의 뜻을 따른다.

●○

사람들은 흔히 현대사회는 "인심이 예전 같지 않고 도덕이 타락
했다"라고 말하곤 한다. 과연 '도덕'이 무엇이냐고 묻는다면 아마도
열에 아홉은 이렇게 말할 것이다. 도덕이란 모든 이들이 공인하는
일련의 행위 규범이자 준칙이다. 우리는 그것을 통해 개인 행위의
정당성 여부, 인격의 높고 낮음을 판단하며 이를 통해 사회의 조화
를 유지한다. 중국인이라면 누구나 알고 있는 사유四維(예의염치禮義廉
恥)나 팔덕八德(인의예지충신효제仁義禮智信忠孝悌)가 바로 중국의 전통
도덕이다. 하지만 '타락'하여 더 이상 아무도 중시하지 않고 준수하
지 않기 때문에 결국 사회가 날로 혼란해졌다.

'도덕'이란 말이 처음 나오는 것은 아마도 노자의 『도덕경』일
것이다. 하지만 우리가 현재 말하고 있는 '도덕'은 주로 유가의 관

점을 반영하고 있으며, 노자의 생각과 크게 차이가 난다. 노자에게 있어 '도'와 '덕'은 구분된다. 전자가 생명 존재의 역량이라면 후자는 성장 과정의 역량이다. 본국에서 알 수 있다시피 노자는 '도'를 모든 생명의 근원으로 간주하고 있다. 도가 만물을 끊임없이 생성, 발전시키기 때문에 "도생지道生之", 즉 도가 만물을 낳는다고 말한 것이다. 생명은 각기 다른 종류로 변화하고 발전하며 서로 다른 본성을 지닌다. 이것이 '덕'이다. 만물은 각기 나름의 본성에 따라 발전하니, 이를 일러 "덕축지德畜之", 즉 덕이 만물을 기른다고 말한다. 발전 과정에서 만물은 외부의 양분과 내부의 메커니즘에 따라 서로 다른 형체를 지니게 된다. 이것이 "물형지物形之", 즉 만물이 형태를 지니는 것이다. 그런 다음 외부의 환경 변화와 개별적인 상황에 따라 독특한 존재가 되니 이를 일러 "세성지勢成之", 즉 환경에 따른 성장이다.

이러한 성장과 존재의 양식 속에서 '도'와 '덕'은 만물을 낳고 기를 뿐 간섭하지 않으며, 만물이 나름의 본성과 주변 환경 및 개별 상황에 따라 저절로 발전하게 놔둔다. 이것이 노자가 말한 '도덕'의 고귀한 점이다. 인류는 만물의 일원이니 당연히 동일한 패턴을 따른다. 노자가 말한 존재의 양식 속에서 생명 자체는 이미 정해지거나 예정된 '목적'을 가지고 있지 않다. 모든 생명의 의의 또는 존재의 목적은 각기 개인이 창조하고 추구하며 실현시킨다. 그래서 자신의 본성에 귀를 기울이며 자신의 장점을 발휘할 때 비로소 '도덕'에 부합할 수 있다. 이는 현재 우리가 이해하고 있는 '도덕'과 상당히 다르다. 하지만 우리가 인정할 만한 가치가 있는 도덕관임에 틀림없다.

자신의 본성을 따라 자신의 장점을 발휘하고 자신의 생명 의의를 창조함과 동시에 우리는 다른 사람들 역시 자신의 본성에 따라 발전하고, 각자 생명의 의의를 추구하도록 해야 한다. 다시 말해 다른 이를 간섭하거나 방해해서는 안 된다는 뜻이다. 설사 우리가 낳고 양육하며 돌보아 성장 또는 성숙해진 자녀들이나 아랫사람들 역시 은혜를 베풀었다는 이유로 자신의 소유로 여기거나 그들을 주재하려고 들어서는 안 된다. "만물을 낳고도 소유하지 않고, 만물을 길러내고도 자랑하지 않으며, 만물을 이끌지만 주재하지 않는다." 노자의 이런 말처럼 그들이 어떤 억압이나 압력도 없는 상태에서 자신의 장점을 최대한 발휘하여 자신의 길을 개척하도록 해야 한다. 이렇게 하는 것이 바로 '덕'의 최고 경계이다.

　　노자는 제18국, 제38국에서 우리 사회에 통용되는 '도덕'에 대해 반대 의사를 분명히 밝혔으며, 오히려 그것을 '타락'으로 간주하고 있다. 과연 우리가 살고 있는 사회의 행복과 화해를 위해 우리는 누구의 도덕관을 따라야 할 것인가? 옛말에 어진 이는 어진 점을 보고, 지혜로운 이는 지혜로운 점을 본다고 했다. 동일한 문제라도 사람에 따라 각기 견해가 다르다는 뜻인데, 우리 역시 시각과 심정을 바꿔 '도덕'을 바라보는 것도 괜찮을 듯하다.

욕망을 억제하고 내심을 보라

천하 만물에는 모두 기원이 있으니
그것이 천지만물의 모체(근원)이다.
모체를 얻으면 그 자식을 알 수 있고
자식을 알고 다시 그 어미를 지키면 몸이 위태롭지 않다.
언설의 구멍을 막고 탐욕의 문을 닫으면
평생토록 수고롭지 않아도 될 것이다.
언설의 구멍을 열면 복잡한 일이 더해져
평생 구원받지 못할 것이다.
미세한 것을 볼 수 있는 것을 '밝음'이라고 하고
부드러움을 지키는 것을 '강함'이라고 한다.
외재하는 빛을 써서 내재하는 '밝음'을 회복하면
자신에게 재앙이 따르지 않을 것이니
이를 일러 영원히 끊이지 않는 도라고 한다.

天下有始, 以爲天下母. 旣得其母[1], 以知其子[2].
천하유시　　이위천하모　　기득기모　　　이지기자

旣知其子, 復守其母, 沒身不殆. 塞其兌[3], 閉其門[4],
기지기자　　부수기모　　몰신불태　　새기태　　폐기문

終身不勤.
종신불근

開其兌, 濟其事, 終身不救. 見小曰明, 守柔曰强.
계기태　　제기사　　종신불구　　견소왈명　　수유왈강

用其光, 復歸其明, 無遺身殃[5], 是爲襲常[6].
용기광　　부귀기명　　무유신앙　　　시위습상

1 모(母): 시원, 도를 말한다.
2 자(子): '모'의 자식이니, 도에서 생겨난 만물을 뜻한다.
3 새기태(塞其兌): '태'는 『주역』의 괘 가운데 하나이다. 태괘는 구설(口舌)이나 언설(言說)의 뜻을 지닌
　다. 이외에도 어지럽게 이야기하거나 명령을 하달한다는 뜻도 있다. 언설의 구멍을 막는다는 것은
　말을 아낀다는 뜻이자 정령이나 명령을 줄인다는 뜻도 된다.
4 폐기문(閉其門): 욕념이나 탐욕의 문을 막는다는 뜻이다.
5 무유신앙(無遺身殃): 자신에게 성가신 일이나 재앙을 끼치지 않음.
6 습상(襲常): 만세토록 끊이지 않는 상도(常道).

● ○

　어미와 자식, 모자는 세상에서 가장 친밀하고 귀한 관계이다. 노자는 본국에서 모자관계를 통해 우리와 '도'의 관계를 묘사하고 있다.

　'도'는 우리 인류를 포함한 만물의 어미이다. 만물과 우리는 모두 '도'의 자식이자 외재적 표현象이다. 만약 우리가 '도'를 파악한다면 만물의 운행 준칙을 알 수 있다. 그것은 마치 어미를 이해하면 자식을 어느 정도 파악할 수 있음과 같다. 어미가 없으면 자식도 없다. 모든 자식에게는 어미의 본질이 담겨져 있기에 외재적 표상을 꿰뚫어 내재적 본질을 파악하면 우리는 비로소 '도'를 인식하고 나아가 '도'를 실천할 수 있다.

　"언설의 구멍을 막고 탐욕의 문을 닫으면 평생토록 수고롭지 않

아도 될 것이다." 이는 외부의 자극이나 유혹을 막고 욕망을 최소한으로 억제하면 근심, 걱정이 있을 수 없는 뜻이다. 또한 이는 생명의 '도'를 파악하고자 한다면 감관이 아닌 내적 성찰과 수련을 통해야만 한다는 뜻이기도 하다. "언설의 구멍을 열면 복잡한 일이 더해져 평생 구원받지 못할 것이다." 이는 만약 외적인 것만 추구하고 외부의 자극이나 감관의 만족만 추구한다면 도와 정반대 방향으로 치달아 더욱 미망에 빠지고 평생 구원을 얻을 수 없다는 뜻이다.

노자의 이런 관념은 고금을 막론하고 여러 지자들의 공통된 견해이기도 하다. 예를 들어 분석심리학의 토대를 마련한 융은 이렇게 말했다. "만약 당신이 내심을 바라보면 당신의 눈빛은 밝게 빛날 것이다. …… 밖을 보면 꿈을 꾸는 것과 같지만 안을 바라보면 깨어난 것과 같다." 레바논 출신의 유명한 시인이자 철학자인 칼릴 지브란Kahlil Gibran은 "나는 여행가이자 항해가이다. 매일 나의 영혼 속에서 새로운 영역을 발견한다"라고 말했다. 당신이 눈을 감고 내심을 살펴본다면 외부적인 자극에 기인한 탐욕과 지나친 욕구를 줄일 수 있으며, 내심의 풍요로움, 내심에 자리한 '도'를 발견하고 체득할 수 있다.

내적 관조와 명상은 온갖 잡념이 흩날리고 어지러운 가운데 이루어질 수 없다. 내심의 '도'와 합치하고자 한다면 '도'를 따라 '도'의 본질을 깨달아야 한다. '도'의 본질에 관해 노자는 이미 여러 차례 언급한 바 있다. 이에 따르면, '도'는 세상 사람들이 좋아하는 것과 오히려 상반되며 '무위'하고 '부쟁'한다. 이외에도 노자는 '도'가 비록 클 수도 있고 작을 수도 있지만 작은 것을 취하여 세밀한 곳을 통찰하고 작은 것에 안거해야만 진정한 밝음이고, '도'는 비록 강하기도 하고 부드럽기도 하지만 그 부드러움을 취하여 굳건하게 지키고 약함을 보일 수 있어야 진정한 강함이라고 덧붙이고 있다. 이 역시 '도'의 본질에 관한 내용이다.

'광光', 즉 빛은 외재적 표상이고, '명'은 내재적 본질이다. 이른바 수련이나 득도는 "외재하는 빛을 써서 내재하는 '밝음'을 회복함"이다. 외재하는 표상에 대한 성찰을 통해 심성을 밝혀 우리의 내재적 본질, 즉 '도'를 회복해야 한다. 이렇게 해야만 우리는 세속의 굴레에서 벗어나 '도'와 함께 춤추며 소요하고 자유로울 수 있다.

샛길을 벗어나 큰길에서 걸어라

만약 내가 약간의 식견이 있다면 큰길大道을 따라 걸어가고
오로지 올바르지 않은 길로 들어설까 두려워할 것이다.
큰길은 아주 평탄하지만
사람들은 오히려 샛길로 가는 것을 좋아한다.
조정은 심히 부패하고 밭은 황폐하며
창고는 텅 비어 있으나 비단옷으로 치장하고
날카로운 칼을 차고 맛난 음식을 질리도록 먹으며
빼앗은 재물이 넘친다.
이것을 도적의 우두머리라고 한다.
이 얼마나 도에 어긋나는 짓거리인가!

使我¹介然²有知，行於大道，唯施³是畏.
사아개연유지　　　　　행어대도　　　　유시시외

大道甚夷⁴，而民好徑⁵. 朝甚除⁶，田甚蕪，倉甚虛，服文綵，
대도심이　　　이민호경　　조심제　　전심무　　창심허　　복문채

帶利劍，厭飲食⁷，財貨有餘，是爲盜竽⁸. 非道也哉！
대리검　　염음식　　재화유여　　시위도우　　　비도야재

1 아(我): 도를 체득한 성인.
2 개연(介然): '개'는 아주 작음이다. 백서 갑본은 '설(挈)'로 썼다. 손으로 들 수 있는 작은 병처럼 용량이 적다는 뜻이다.
3 시(施): 사(邪) 또는 사경(斜徑), 즉 비탈길을 말한다. 백서 을본은 '타(他)'자로 썼는데, 고명(高明)은 '타'는 '이(迤: 비스듬하다)'의 뜻이니, '시'가 아니라 '이'라고 하였다. 현대 한어에서 '시(施)'는 베풀다, 행하다의 뜻만 있을 뿐이니 고명의 말도 일리가 있다.
4 이(夷): 평탄함.
5 경(徑): 샛길, 바르지 않은 길.
6 조심제(朝甚除): 조정이 심히 부패함.
7 염음식(厭飲食): 더 이상 먹을 수 없을 정도로 배불리 먹음.
8 도우(盜竽): 도적의 우두머리. 왕필본은 '우' 대신 '과(夸)'로 썼다. 한비자의 「해노(解老)」에 따르면, '우'는 오성(五聲) 가운데 으뜸으로 먼저 소리를 내면 종이나 금슬(琴瑟)이 뒤를 따른다. 일종의 튜닝인 셈이다. 여기에서 우두머리, 으뜸의 뜻이 파생되었다.

●○

본국에서 노자는 심각한 말을 남기고 있다. 그는 생업에 종사하지 않고 자신들의 향락을 위해 백성들의 고혈을 빨아먹는 자들을 향해 '도우盜竽', 즉 도둑의 괴수라고 꾸짖고 있다. 상당히 매섭지만 적절한 지적이 아닐 수 없다. 노자는 이를 "올바르지 않은 길로 들어서서" 자연의 '대도'에서 벗어나는 것이라고 했다. 그는 이처럼 올바르지 않은 길을 일러 '경徑', 즉 샛길이라고 불렀다. 사실 통치자들뿐만 아니라 많은 이들이 샛길을 좋아하지만, 노자는 이와 반대이다.

그렇다면 '대도', 샛길과 반대되는 큰길은 무엇인가? 자연계의 만물은 상호 의존하여 취하기도 하고 주기도 하면서 살아간다. 다른 생물에게 얻는 것이 있다면 또 다른 생물에게 주는 것도 있다

는 뜻이다. 가령 백수의 제왕이라는 사자도 초식동물을 잡아먹으며 생존하지만 모기나 곤충들에게 물려 피를 주기도 하며, 죽은 후에는 다른 동물의 성찬이 되기도 한다. 조금이라고 식견이 있는 이라면 자연의 이러한 '대도'를 인지하고, 사람과 사람의 관계 역시 상호 의존적이기 때문에 취하는 것이 있으면 반드시 주어야 한다는 이치를 깨달을 수 있다. 하지만 높은 자리를 차지하고 있는 집권층은 "오직 취하기만 할 뿐 주지 않는다." 일반인들 역시 가능하면 "많이 취하고 적게 주려고" 애쓴다. 이는 모두 개인의 사욕이 저지른 장난으로 샛길에 해당한다. '대도'와 '소로小路(샛길)'는 '대아'와 '소아'의 관계와 유사하다. 만약 사람들마다 '소아'를 위해 '소로'를 택하여 갖은 방법으로 남의 것을 빼앗고 주는 일에 인색하다면 사회는 곧 균형을 잃고 혼란에 빠질 것이다.

홍콩 중문대학 교수이자 산문가인 천즈판陳之藩은 「하늘에 감사하며謝天」라는 산문에서 이렇게 말하고 있다. 외국인들은 식사하기에 앞서 언제나 "주님, 오늘도 거룩한 양식을 주셔서 감사합니다"라고 기도를 올렸다. 그는 어린 시절 식구들이 원탁에 둘러앉아 밥을 먹을 때 할머니가 머리를 쓰다듬으며, 하느님께서 우리 식구를 배부르게 먹을 수 있도록 해주셨으니 감사의 기도를 올리라고 말했던 것이 생각났다. 당시 그는 무언가 답답한 생각이 들었다. 분명 우리가 먹고 있는 밥은 할아버지와 할머니가 힘들게 농사를 지어 마련한 것인데, 왜 하느님에게 감사하라고 하지? 그의 이런 의문은 나중에야 풀렸다. 그는 미국 프린스턴 대학에서 석사과정에 있을 때 아인슈타인이 쓴 『내가 바라본 세상』이란 책을 읽었다. 아인슈타인은 그 책에서 자신의 독창적인 상대성이론이 주변 동료와 친구들이 자신에게 영감을 주고 함께 토론해주었기 때문이라고 하면서 감사의 이야기를 적었다. 그것은 마치 자신의 위대한 발견이 다른 이들의 공헌인 것처럼 들렸다. 이후에도 여러 사람들이 자신의 공적을 주변 사람들에게 돌리는 모습을 보면서 천즈판은 "새로운 깨달음을 얻었다. 어떤 일이든 자신이 누군가에게 주는 것보다 얻는 것이 더 많다. 감사할 사람이 너무 많으니 결국 하늘에 감사하는 것이 아니겠는가?"

서구 사람들이 감사하는 '주님'이나 천즈판이 감사하는 '하늘'과 노자가 말하는 '대도'는 사실 거의 같다. 실제로 우리는 "남들에게 얻는 것이 훨씬 많고 내주는 것은 너무 적다." 그렇다면 감사하는 것 말고도 남들을 위해 스스로 최선을 다하고 자신이 얻은 것을 사회에 환원해야 하지 않을까? 아인슈타인은 이렇게 말하고 있다.

"나는 매일 수도 없이 자신을 일깨운다. 나의 정신생활이나 물질생활이 모두 다른 이(생존하거나 이미 사망한 이들을 모두 포함하여)들의 노동에 의존하고 있기에 반드시 내가 받았으며 지금도 받고 있는 것만큼 다른 이들에게 보상해야 한다는 사실을. 그래서 나는 더욱더 검소한 생활을 추구하며, 내가 동포들에게 너무 많은 것을 받고 있음을 알기에 송구스럽게 생각한다."

이것이야말로 "식견이 있는 자"의 폐부를 찌르는 말이 아니겠는가? 자신만 생각하는 '샛길'을 벗어나 넓고 큰 '대도'를 걸으며 다수는 나를 위하고 나는 다수를 위하는 것이 바로 생명의 지극한 길, 지도至道이다. 아인슈타인이 말한 '인도人道'는 '천도'를 통해 인지한 것이 아니라 개인의 내성內省을 통해 얻은 것이라는 점이 노자와 다른 점일 뿐이다.

전통에 대한 확고한 신념과 의식

잘 세운 것은 뽑을 수 없고 잘 껴안은 것은 빠지지 않는다.

자손들이 (이러한 도리를 지킨다면)

세세대대로 자손이 끊이질 않는다.

개인이 이러한 도리를 지키면 그 덕이 참되고

가정이 이러한 도리를 지키면 그 덕이 남음이 있고

마을이 이러한 도리를 지키면 그 덕이 오래가며

나라가 이러한 도리를 지키면 그 덕이 풍성해지고

세상이 이러한 도리를 지키면 그 덕이 널리 베풀어진다.

그런 까닭에 나 자신으로 타인을 보고

자신의 집에서 다른 집을 보며

자신의 마을에서 다른 마을을 보고

자신의 나라에서 다른 나라를 보며

자신의 세상에서 다른 세상을 보아야 한다.

나는 천하가 이러함을 어떻게 아는가?

바로 이러한 도리로 안다.

善建者不拔，善抱者不脱，子孫以祭祀不輟.
선건자불발　　　　선포자불탈　　　　자손이제사불철

修之於身，其德乃真，修之於家，其德乃餘，修之於鄉，
수지우신　　기덕내진　　수지어가　　기덕내여　　수지어향

其德乃長，
기덕내장

修之於邦[1]，其德乃丰，修之於天下，其德乃普.
수지어방　　기덕내봉　　수지어천하　　기덕내보

故以身觀身，以家觀家，以鄉觀鄉，以邦觀邦，以天下觀天下.
고이신관신　　이가관가　　이향관향　　이방관방　　이천하관천하

吾何以知天下然哉？以此.
오하이지천하연재　　이차

1 방(邦): 나라. 백서 을본은 '국(國)'으로 썼다.

●○

"잘 세운 것, 잘 껴안은 것." 노자가 말한 세우거나 껴안은 것은 무슨 집이나 나무 등이 아니라 정신과 유관한 신념, 전통, 의식, 풍속 등이다. 일단 이러한 부류들이 세워지고 아름다운 것, 좋은 것으로 인식되면 확고한 지지를 받게 된다. 설사 아무리 힘들고 어려운 시련을 겪더라도 면면히 이어지고 굳건하게 지켜진다. 확실히 이는 드문 일인데, 과연 진정으로 이런 사람이나 이런 신념이 존재하는 것일까?

필자는 젊은 시절 정신분석학을 창시한 프로이트를 좋아했는데, 그의 전기를 읽으면서 상당히 흥미로운 점을 발견했다. 그는 유대인으로 1856년 5월 6일 체코(당시에는 오스트리아의 프라이베르크 모라비아라는 작은 마을이었다)에서 출생했으며, 부친은 모직물을 판매하

혁후어

는 상인이었다. 부친은 그가 출생하고 1주일 후에 유대인의 전통에 따라 할례를 거행하고 집안에 있는 유태교의 성경 안에 유태력에 따라 그의 생일과 할례를 받은 날짜, 그에게 할례를 주재한 사제의 이름, 그리고 유태교식 이름 등을 기록했다. 이는 유대인의 신념, 전통, 의식, 습속의 구체적인 표현이다. 여기서 주목할 부분은 프로이트 가족이 수십 년 전이 아니라 이미 천여 년 전 박해를 피해 수천 킬로미터나 떨어진 유럽으로 이주하여 살고 있었다는 점이다. 그렇다면 프로이트의 부친은 선조의 땅에서 이주한 지 이미 천여 년이나 지났음에도 여전히 유대인의 전통적인 의식을 고수하고 있었다는 뜻이 된다. 이러한 이유로 프로이트는 자신이 유대인이라는 사실을 평생 잊지 않았으며, 그의 마지막 저작인『모세와 일신교』를 통해 유태민족의 역사와 궁극적인 존재의 문제를 다루었다.

프로이트를 통해 필자는 "잘 세운 것은 뽑을 수 없고, 잘 껴안은 것은 빠지지 않는다. 자손들이 (이러한 도리를 지킨다면) 세세대대로 자손이 끊이질 않는다"라는 노자의 말을 새삼 되새겼다.

화인華人, 특히 해외로 이주하여 외국에서 살고 있는 화인들은 흔히 유대인과 비유된다. 하지만 조금만 비교해보면 양자 간에 차이가 크다는 사실을 확인할 수 있다. 중국인은 어느 민족보다 전통을 중시한다고 자부하고 있다. 나라가 흥성하고 개인이 영달할 때면 전통문화를 전가의 보도처럼 여기며 열정적으로 껴안고 온힘을 다해 찬가를 부른다. 이는 그리 기이한 일이 아니다. 하지만 나라가 피폐해지고 쇠락할 때면 대부분의 사람들은 "자식이 추한 어미를 싫어하고 개가 가난한 집을 싫어하는 것"처럼 매정하게 전통을 원망하고 비난하며, 심지어 전면 포기나 소멸을 주장하기도 한다. 이러한 예는 역사에서 흔치 않게 볼 수 있다. 과연 해외로 이주한 화인들(특히 20세기 후반)의 경우 자녀가 태어났을 때 중국민족 나름의 의식을 따르고 있을까? 전통 책력에 따라 족보에 자녀의 이름을 기록하고 있을까? 어쩌면 족보조차 없을 수도 있다. 그럼에도 그들은 자신의 고향을 떠나온 지 채 수십 년도 되지 않았다. 이게 무슨 전통 중시란 말인가?

물론 그들이 중시하는 것은 내재적 가치관이지 외재적 의식이 아니라고 변호할 수도 있다. 하지만 그것을 누가 알 수 있겠는가? 만약 구체적인 행위가 없이 텅 빈 개념만 남아 있다면 아무리 건립하고 껴안는다고 해도 거짓에 불과하며, 도전에 직면할 경우 여지없이 풀어지거나 탈락하기 때문이다.

진정으로 전통을 중시함은 그저 한 자루의 붓이나 몇 마디의 말로 허풍을 떨면서 말재주를 부려 이룰 수 있는 일이 아니다. 반드시 개인과 가족 내부에서 구체적으로 실천해야만 "그 덕이 참되게 된다." 또한 노자가 말한 것처럼 개인이나 가정에서 향리나 사회까지 확대되어 대대로 이어지면서 "뽑을 수도 없고 빠지지도 않아야만" "그 덕이 풍성해지고" 광채를 발산하게 된다.

인류의 문명사에서 중국인과 유대인은 왜 서로 다른 형태로 발전하였는가? 물론 여러 가지 원인이 있을 것이다. 하지만 2천여 년 전의 노자는 우리에게 중요한 한 가지 원인을 일깨워주고 있다. 두 민족의 개인과 가정, 그리고 사회의 전통에 대한 신념과 의식의 차이로부터 그 대강을 알 수 있다는 것이다. 전통에 대한 신념은 멀리 높은 하늘에 매달아두는 것이 아니라 일상생활에서 구체적으로 실천하는 것이다.

성장과 완숙함에 대하여

덕을 두텁고 깊게 머금은 사람은 갓난아이에 비유할 수 있다.
독충도 그를 물지 않고 날랜 맹수도 덤벼들지 않으며
사나운 날짐승도 후려치지 않는다.
힘줄과 뼈가 유약해도 손으로 움켜쥐는 힘은 세다.
아직 남녀의 교합은 모르지만 작은 생식기가 자주 일어서는데
이는 정기가 충만하기 때문이다.
종일 울어대지만 목이 쉬지 않으니
이는 원기가 순박하고 조화롭기 때문이다.
자연의 조화로운 기를 아는 것을 일러 '상(常: 영원성)'이라 하고
'상'을 아는 것을 '명(明: 밝음)'이라 한다.
삶을 탐내어 절제하지 않는 것을 일러 '상(祥: 재앙)'이라 하고
욕념이 정기를 부리는 것을 일러 '강(强: 강포함)'이라 한다.
사물이 장대해지면 쇠로하게 되는데
이를 일러 도에 부합하지 않음이라고 한다.
도에 부합하지 않으면 일찍 죽을 것이다.

含德之厚, 比於赤子. 毒虫不螫[1], 猛獸不據[2], 攫鳥不搏[3].
함덕지후　　　비어적자　　　독충불석　　　　맹수불거　　　　확조불박

骨弱筋柔而握固. 未知牝牡之合而朘作[4], 精之至也.
골약근유이악고　　　　미지빈모지합이최작　　　　정지지야

終日號而不嗄[5], 和之至也.
종일호이불사　　　　화지지야

知和曰常, 知常曰明, 益生[6]曰祥[7], 心使氣曰强.
지화왈상　　　지상왈명　　　익생왈상　　　심사기왈강

物壯則老, 謂之不道, 不道早已.
물장즉로　　　위지부도　　　부도조이

1 석(螫): 벌레가 쏘다, 물다.
2 거(據): 맹수가 덤벼들어 발톱이나 발로 물건을 빼앗다.
3 확조불박(攫鳥不搏): '확조'는 발톱이 날카로운 맹금류. '박'은 잡다, 후려치다의 뜻이다.
4 최작(朘作): '최'는 남자아이의 생식기.
5 사(嗄): 목이 잠기다.
6 익생(益生): 삶을 탐내어 절제하지 않음.
7 상(祥): 주로 상서로움, 복락 등의 의미로 사용되나 여기서는 요상(妖祥)하거나 불상(不祥)하다는 뜻이다.

●○

언젠가 신문에서 이런 기사를 읽은 적이 있다. 미국의 한 마을에서 젊은 엄마가 집에 들어가니 어린 딸이 가만히 앉아 방바닥에 도사리고 있는 독사를 호기심 어린 눈으로 바라보고 있는 것을 발견했다. 깜짝 놀란 엄마가 한걸음에 달려가 아이를 안아 들자 독사가 바짝 고개를 들고 당장이라도 달려들 듯 하더니 금세 사라지고 말았다.

그렇다면 왜 어린아이 앞에서는 가만히 있던 뱀이 어른이 들어오자 갑자기 독기를 품었을까? 왜 노자는 갓난아이에 대해 "독충도 그를 물지 않고, 날랜 맹수도 덤벼들지 않으며, 사나운 날짐승도 후려치지 않는다"라고 말한 것일까?

어린아이는 세상 물정을 알지 못하기 때문에 애증도 없고 두려

움이나 걱정도 없으며, 누군가를 공격하거나 방어해야 한다는 차별심이 없다. 그저 자연 그대로 소박하고 천진난만하게 상대(독사)를 바라보았을 뿐이다. 그렇기 때문에 독사 역시 아이를 방어해야 한다거나 해치겠다는 마음이 들지 않았다. 양자 간에 화해가 있을 뿐이다.

노자는 덕을 두텁고 깊게 머금은 사람은 아이처럼 천진하고 순박하기 때문에 어떤 것도 그를 해칠 수 없으며, 정기가 순정하고 화기가 돈후하다고 여겼다. 그는 특별히 어린아이의 세 가지 특징을 제시하며 그 증거로 삼고 있다. 첫째, 어린아이는 "종일 울어대지만 목이 쉬지 않는다." 아마도 많은 이들이 억지로 웃어본 경험이 있을 것이다. 속마음은 그렇지 않은데 애써 미소를 짓다보면 얼마 가지 않아 얼굴 근육이 굳어 통증을 느끼기도 한다. 부자연스럽게 억지로 웃기 때문이다. 그렇다면 어린아이는 왜 하루 종일 울어도 목이 쉬지 않는 것일까? 아이의 울음이 자연스러운 반응이기 때문이다. 당연히 몸 또한 자연스럽게 받아들이니 다치거나 망가질 이유가 없다.

분명 누군가는 노자의 발언이 설득력이 있으며, 그의 세밀한 관찰에 경의를 표할 수도 있다. 하지만 실제로 소아과에 가보면 너무 울어 목소리가 쉬고 성대를 다쳐 내원하는 어린아이들이 적지 않으며, 곤충이나 심지어 쥐에게 물려 발진이 생기거나 피부에 농양이 생긴 아이들도 비일비재하다. 노자의 주장은 허점이 많다. 어린아이의 음경이 발기하는 경우도 흔히 볼 수 있기는 하다. 하지만 어린아이가 호기심에 만지거나 비벼서 자극을 받아 발기하거나 그 밖의 다른 이유로 발기하는 경우가 대부분이다. 이를 정기가 순정하기 때문이라고 말하는 것은 지나치게 일방적인 주장일 따름이다. 하지만 어린아이가 음경을 가지고 놀다가 발기했을 때 부모에게 꾸지람을 들을 경우 '거세 불안'이 생길 수 있다는 프로이트의 관점과 비교한다면 오히려 훨씬 자연스럽고 순수하다.

노자가 자신의 관점의 정확성을 증명하기 위해 제시하고 있는 '보편 현상'은 때로 그 자신의 '선택적 인지'이거나 아마도 그럴 것이라는 '개연성'에 불과하다. 필자가 이렇게 말하는 까닭은 노자를 야유하거나 의도적으로 폄하하기 위함이 아니다. 노자가 아닌 다른 누구의 발언이든지 간에 우리는 새롭게 사고하고 논증할 필요가 있다. 다만 노자가 연이어 말하고 있는 내용에 관한 한 필자도 적극 찬성한다. 필자가 생각하기에 이것이 본국의 핵심 내용이다. 우리는 만물은 물론이고 자신의 몸과 마음도 자연스럽고 조화로운 관계를 유지할 수 있어야 하며知常曰明, 억지로 자신의 생각이나 욕심으로 정기를 부려서는 안 된다. 본문에 나오는 "심사기왈강心使氣曰强"은 바로 이런 뜻이다. 예를 들어 웃을 생각이 없음에도 기를 쓰고 웃음을 짓거나 발기할 방법이 없는데도 굳이 그곳을 비비고 문지르는 행위 등은 자연스러운 것일 뿐 작위적인 행위가 아니다. 이런 점에서 천진무구한 어린아이를 연상하는 것 또한 자연스럽다. 노자가 굳이 어린아이를 예로 든 것은 이처럼 어린아이가 자연의 질박한 생명상태에 가장 가깝기 때문이다.

사실 어린아이의 마음이나 행태를 예로 드는 경우는 노자에 국한되지 않는다. 유가의 맹자도 "대인은 적자의 마음을 잃어서는 안 된다大人者, 不失其赤子之心也"라고 했으며, 니체 역시 자신의 '정신의 변화' 세 가지 가운데 마지막 단계를 어린아이의 정신으로 제시했다. 하지만 맹자의 '적자지심'은 마음이 순진하고 선량해야 한다는 점에 착안한 것으로 대인이 된 후에도 선량한 심성을 지녀야 한다는 뜻이다. 그러나 노자의 '어린아이'는 근본적으로 무심무욕無心無欲이기 때문에 선악의 구분이 처음부터 존재하지 않는다. 또한 연이어 "사물이 장대해지면 쇠로하게 되는데, 이를 일러 도에 부합하지 않음이라고 한다"라는 말에서 알 수 있다시피 노자는 인생의 여정에서 장대壯大해지거나 성취를 추구할 의도가 아예 존재하지 않는다. 그저 그는 어린아이처럼 천진난만하고 질박한 상태를 유지하기를 바라고 있을 따름이다.

그러나 사람은 영원히 어린아이 상태에 머물 수 없으며 성장을 거절할 수도 없다. 노자는 제28국에서 "어린아이로 복귀하라"라고 말한 바 있다. 그는 모든 이들이 '반박귀진反璞歸眞', 즉 삶의 여로에서 교만하고 방종하여 심신이 피곤할 때 각종 욕망과 속셈, 이리저리 따지고 고려하는 행태를 중지하고 어린아이와 같은 천진하고 소박한 상태로 돌아가기를 바라고 있다. 니체가 제시한 '정신의 변화' 역시 이런 의미를 지니고 있다. 니체는 이상적인 인생의 첫 번째 단계는 낙타가 되는 것이라고 말했다. 낙타는 온순하지만 능히 무거운 짐을 감당하며 고생스러워도 감내한다. 두 번째 단계는 낙타에서 사자로 변하는 것이다. 사자는 용맹하고 적극적으로 자신의 주장을 펼치며 온갖 속박에 저항하면서 자신의 앞길에 놓인 장애물을 제거한다. 그리고 세 번째가 바로 어린아이 단계이다. 어린아이는 천진무구하고 자연스럽고 질박한 마음상태로 살아간다. 과연 어떻게 살아가야할 것인가에 대해 노자와 니체의 주장을 판이하게 다르다. 하지만 그들이 느끼기에 '반박귀진'이야말로 최고, 그리고 최후의 인생 경계이다. 어쩌면 그것은 인류라는 생물체가 지구에 생겨난 이래로 누구나 희구하는 공통된 바람이 아닐까?

이상적인 인생이란 어떤 걱정이나 두려움도 없는 어린아이처럼 영원히 산다는 뜻이 아니라 점차 성장하여 완숙한 지경에 이르러 마침내 어린아이와 같은 생명의 가치를 회복하는 것이다.

지혜로운 자는 타인과 조화로운 동화를 이룬다

진정으로 아는 이는 말을 많이 하지 않고
말을 많이 하는 이는 제대로 알지 못한다.
언설의 구멍을 막고 탐욕의 문을 닫으며
날카로움을 꺾어 드러내지 않고 분란과 잡념을 해소하고
뭇사람들과 빛을 함께 하며 속세와 섞여 같아지니
이를 일러 현동(玄同: 현묘한 동화同化)이라 한다.
이런 경계에 이르면 사람들은 그와 친근할 수도 없고
소원할 수도 없으며 그를 이롭게 할 수도 없고
해롭게 할 수도 없으며 그를 귀하게 여길 수도 없고
천하게 여길 수도 없다.
그런 까닭에 천하 사람들이 귀중하게 여긴다.

知者不言, 言者不知.
지자불언　　　언자부지

塞其兌, 閉其門, 挫其銳, 解其紛, 和其光, 同其塵,
새기태　　폐기문　　좌기예　　해기분　　화기광　　동기진

是謂玄同¹.
시위현동

故不可得而親, 不可得而疏, 不可得而利, 不可得而害,
고불가득이친　　　불가득이소　　　불가득이리　　　불가득이해

不可得而貴, 不可得而賤. 故爲天下貴.
불가득이귀　　　불가득이천　　　고위천하귀

1 현동(玄同): 현묘하며 일체를 포용하고 통일시켜 같아지게 하는 경지. 도의 경계를 지칭함.
2 신기질, 「추노아(醜奴兒)·서박산도중벽(書博山道中壁)」, "少年不識愁味, 愛上層樓, 愛上層樓, 爲賦新詞
　強說愁. 而今識盡愁滋味, 欲說還休, 欲說還休, 却道天涼好個秋."

●○

남송의 시인 신기질辛棄疾의 사詞 가운데 「추노아醜奴兒 · 박산 가
는 길에 벽에 쓰다書博山道中壁」가 있다.

"어린아이들은 우수憂愁가 뭔지 몰라 그저 높은 데로 오르기만
좋아한다. 그저 높은 데로 오르기를 좋아하여 사 한 수 쓴다고 억지
로 우수를 말한다. 이제야 우수가 무엇인지 맛보고 나니, 말을 하고
싶어도 차마 하지 못한다. 말하고 싶어도 차마 하지 못하고 그저 상
쾌한 가을이라고 말할 뿐이다."²

나이가 들수록 삶에서 차마 말로 다할 수 없는 속사정을 이해할
수 있게 된다. 젊은 시절에는 스스로 감상에 도취하여 제멋대로 무
엇이 기쁨이고 무엇이 슬픔이라는 식으로 자신의 정감을 풀어내기
도 한다. 하지만 이제 나이가 들어 과연 우수가 무엇인지 진정으로

깨닫게 되니 차마 입을 열어 토로하기가 쉽지 않을뿐더러 굳이 많은 말을 하고 싶지도 않다. 이것이 바로 노자가 말한 "지자불언, 언자부지知者不言, 言者不知." 즉 진정으로 아는 이는 말을 많이 하지 않고, 말을 많이 하는 이는 제대로 알지 못한다는 말의 뜻이다. "가득 찬 병은 조용하지만 반쯤 찬 병은 소리가 요란하다." 사람들은 왜 이러쿵저러쿵 이야기하기를 좋아하는가? 주로 다른 이들이 자신을 대단하다고 생각하기를 바라거나 자기 자신이 지혜롭다고 여기기 때문이다. 하지만 진정한 '지자'는 노자가 말한 것처럼 말하지 않으며 굳이 자신을 드러내려고 애쓰지 않는다. 그는 뭇 중생들과 '동화'하여 속세에서 더불어 살아갈 따름이다. 이어서 노자는 '화기광和其光'이라는 멋진 말을 하고 있다. 이 구절은 특별한 의미가 있다. 하나의 예를 들어보자. 우리는 거대한 암실에서 함께 살고 있다. 사람들마다 손에 촛불을 들고 있는데, 그 모양이나 색깔이 각기 다르다. 일단 점화되면 방이 즉시 환해진다. 비록 촛불마다 밝기가 다르지만 어둠 속에 빛을 가져다준다는 점에서 각기 나름의 공헌을 하고 있기 때문에 나의 빛과 너의 빛을 구분할 수 없다. 이것이 바로 '화기광'이다. 인생에 대해 이런 체험적 이해가 가능하다면 '동기진同其塵'하여 도연명처럼 "거대한 조화 속에 자신을 맡길 수 있다縱浪大和中."

뭇사람들과 자연에 '동화'한다는 말과 "언설의 구멍을 막고 탐욕의 문을 닫으며, 날카로움을 꺾어 드러내지 않고, 분란과 잡념을 해소한다"라는 말은 동전의 양면처럼 인과관계를 지닌다. 사람이 만약 개인의 사사로운 욕념을 없애고 날카로움을 꺾는다면 뭇사람들과 "화광동진和光同塵"할 수 있다. 반대로 뭇사람들과 '화광동진'

하면 자연스럽게 개인의 색채가 옅어지며 날카로움이 줄어들고 자기중심적 사욕과 잡념이 사라지게 된다.

이런 경계에 도달한 사람은 애매모호한 상상 속의 인물이 아니라 오히려 한 번 보기만 해도 감지할 수 있는 인물이다. 대학 시절 필자는 시내에 나갔다가 사람 왕래가 많은 기루騎樓(건물 인도 쪽으로 베란다를 길게 뽑아 비를 가릴 수 있게 만든 건물) 아래에서 서가를 내놓고 시집을 팔고 있는 수척한 중년 남성을 보고 매료된 적이 있다. 그는 온갖 사람들이 오가는 시끄러운 길가에서 전혀 아랑곳하지 않고 조용하고 편안한 모습으로 자리에 앉아 있었다. 그는 독립적인 존재이면서도 주변과 하나로 융합하여 마치 길거리의 한 부분인 양 느껴졌다. 그야말로 '화광동진'이 따로 없었다. 나중에 이야기를 듣고서야 그가 유명한 시인 저우멍데周夢蝶라는 사실을 알았다. 때로 문인들이 그를 근처의 커피숍으로 초청하면 굳이 거절하지 않고 합석하곤 했는데, 사람들마다 이야기를 하느라 바빴지만 그는 그저 듣기만 할 뿐 대화에 끼어들지 않고 가끔씩 펜을 꺼내 천천히 무언가를 적었다고 한다.

나중에 필자는 그를 여러 차례 직접 만나기도 하고 지근거리에서 이야기를 나누기도 했다. 그때마다 필자는 노자가 말한 "그와 친근할 수도 없고 소원할 수도 없으며, 그를 이롭게 할 수도 없고 해롭게 할 수도 없으며, 그를 귀하게 여길 수도 없고 천하게 여길 수도 없다"라는 말을 실감했다. 왜냐하면 그는 친소, 이해, 귀천 등 차별적인 관계가 아니라 누구에게나 미소를 짓고 유별난 관계를 과시한 적이 없으며, 만나는 사람들마다 어떤 것으로도 그를 동요시킬 수 없다는 느낌이 들도록 했기 때문이다.

이런 사람이야말로 사람들에게 존중받고 또한 마음이 향하지 않겠는가?

백성에 대한 믿음과 존중

나라를 다스릴 때는 올바름(무위, 無爲)으로 하고
군사를 활용할 때는 변칙(기변, 奇變)으로 하며
천하를 얻을 때는 작위하지 않는다.
내 어찌 그러함을 아는가?
다음과 같은 것으로 안다.
세상에 금기가 많을수록 백성들은 더욱 가난해진다.
정부에 권모술수가 많을수록 나라는 더욱 혼미해진다.
사람들에게 기교가 많아질수록
사악하고 기이한 일이 계속 일어난다.
법령이 분명해질수록 도적들이 더 많아진다.
그래서 성인이 말했다.
내가 인위적인 일을 하지 않으면 백성들이 절로 화육되고
내가 고요함을 좋아하면 백성들이 절로 바른 길을 가게 되며
내가 번거로운 일이 없으면 백성들이 절로 풍족해지고
내가 탐욕이 없으면 백성들이 절로 소박해진다.

以正治國, 以奇用兵, 以無事取天下. 吾何以知其然哉?
이정치국 이기용병   이무사취천하   오하이지기연재
以此, 天下多忌諱¹, 而民彌貧. 人多利器², 國家滋昏.
이차   천하다기휘   이민미빈   인다리기   국가자혼
人多伎巧, 奇物³滋起. 法令滋彰, 盜賊多有.
인다기교   기물자기   법령자창   도적다유
故聖人云, 我無爲, 而民自化. 我好靜, 而民自正.
고성인운   아무위   이민자화   아호정   이민자정
我無事, 而民自富. 我無欲, 而民自樸.
아무사   이민자부   아무욕   이민자박

1 기휘(忌諱): 금기, 꺼리는 일.
2 이기(利器): 날카로운 무기.
3 기물(奇物): 사악하고 기이한 사물이나 일.

●○

혁후어

 1954년 후스胡適는 대만臺灣 대학에서 강연하면서 노자가 '무정부주의'를 제창했다고 말한 적이 있다. 아마도 많은 이들이 이에 대해 무작정 동의하지는 않을 듯하다. 예컨대 본국 서두에서 단정적으로 "나라를 다스릴 때는 바른 도로 한다"라고 했는데, 어찌 그가 무정부주의자라고 말할 수 있겠는가? 노자는 당시 정부나 통치자들에 대해 크게 실망했으며, 매서운 비판을 마다하지 않았다. 하지만 『도덕경』어디를 보더라도 노자가 정부를 전복하자거나 정부를 폐지하자는 내용은 나오지 않는다. 그러나 원점으로 돌아가서 노자가 주장한 "무위이치無爲而治"는 확실히 '무정부주의'의 이상과 연결된다. 어쩔 수 없이 정부가 있어야 한다면 차선책으로 받아들이겠지만 최선은 역시 '무위', 즉 백성들의 생활에 전혀 간섭하지 않

는 것이기 때문이다.

본문 서두에 나오는 "이정치국以正治國"은 사실 "이도치국(以道治國" 正道로 뒤에 나오는 "이기용병以奇用兵"과 대응시키기 위해 '정' 자를 썼을 뿐이다. 그것은 마치 그 뒤에 나오는 "이무사취천하以無事取天下)"의 '무사'가 '무위'의 뜻인 것과 같다. 도의 본질은 '무위'이다. 자구에 얽매이지 않는다면 노자가 여기서 말하고자 하는 내용이 바로 '무위이치'라는 것을 쉽게 알 수 있다. 그렇다면 왜 정부는 '유위'하지 말아야 하는가? 노자는 다음과 같은 이유를 제시하고 있다. 통치자가 권모술수를 쓰고 법령을 많이 만들고 기이하고 교묘한 일을 많이 만들수록 나라는 점점 더 혼미해지고, 인심이 교활해지며, 사회가 동탕하여 불안해진다. 그렇기 때문에 이상적인 통치자(성인)와 정부는 인위적인 일을 하지 않으며 고요함을 지키고 무사무욕을 유지한다. 가능한 백성들에 대한 간섭과 훼방을 하지 않는다는 뜻이다.

노자는 앞서 이에 대해 여러 차례 이야기한 바 있는데, 본국에서는 한 걸음 더 나아가 정부가 무위, 무사無事, 호정好靜(고요함을 유지함), 무욕하면 백성들이 자체적으로 발전自化하고, 스스로 올바른 길을 찾아가며自正, 스스로 풍요로워지고自富, 저절로 순박해진다自樸는 점을 강조했다. 여기에 나오는 네 가지 '자自' 자를 통해 우리는 노자의 백성들에 대한 믿음과 존중을 확인할 수 있을 뿐만 아니라 그가 백성들의 자발성과 자체 문제 해결 능력, 더 나은 것에 대한 추구, 자기반성의 자정력自淨力을 믿었음을 느낄 수 있다.

서구의 '무정부주의'의 기본 입장은 정부나 권위의 존재 필요성을 부정하는 것이다. 이는 사회를 혼란스럽게 만들고, 도덕적 붕괴 상태로 이끌려는 의도가 아니다. 인성의 선량과 이성을 바탕으로 사람들이 상호 부조의 본성을 신뢰하고, 독재를 물리치고 불공정한 법률과 제도를 폐지함으로써 사람들이 더 자유롭고 자연스럽게 협력하며, 자신들이 요구하는 사회 질서와 환경을 만들어 만족스러운 삶을 살겠다는 뜻이다. 후스胡適는 서구의 '무정부주의' 및 정부의 권력을 제한하는 '불간섭주의' 등의 사조가 노자 사상의 영향을 받은 바 있다고 말하기도 했다(『도덕경』 번역본은 이미 오래전에 서구 사회에 유입되었다).

그의 말은 나름대로 일리가 있다. 영국의 철학자 존 로크John Locke는 이렇게 말한 바 있다. "오늘날의 문제는 정부를 어떻게 운영하는가에 있는 것이 아니라 어떻게 그것의 운영을 중지시킬 것인가에 있다." 현재 우리가 어떤 나라든 정부의 운영을 중지한다는 것은 사실상 불가능하다. 하지만 정부가 자체적으로 모든 이들이 행복하게 운영될 수 있다는 것도 믿을 수 없다. 그렇다면 정부와 국민, 집단과 개인, '유위'와 '무위'의 이상적인 경계는 어디에 있을까? 2천여 년 전 노자가 첫 번째 포성을 울린 후 지금까지도 그 여음이 맴돌고 있다.

변화와 전환 속에서도 원칙을 지켜라

정치가 너그러우면 백성들이 순박해지고
정치가 엄하고 혹독하면 백성들이 교활해진다.
재앙이여! 행복이 그 안에 기대어 있구나.
행복이여! 재앙이 그 안에 숨어 있구나.
누가 그 본말을 알겠는가?
거기에는 정해진 준거가 없나니
바른 것이 돌연 사악한 것으로 변하고
선한 것이 돌연 악한 것으로 변한다.
사람들이 의혹을 지닌 지 이미 오래되었다.
하여 성인은 반듯하나 타인에게 억지로 시키지 않으며
예리하나 사람을 상하게 하지 않으며
솔직하나 제멋대로 하지 않고
빛이 나되 눈부시게 하지 않는다.

其政悶悶[1], 其民淳淳[2]. 其政察察[3], 其民缺缺[4].
기정민민　　　　기민순순　　　　기정찰찰　　　　기민결결

禍兮福之所倚, 福兮禍之所伏. 孰知其極?
화혜복지소의　　　복혜화지소복　　　숙지기극

其無正[5]. 正復爲奇, 善復爲妖. 人之迷, 其日固久.
기무정　　　정부위기　　　선부위요　　　인지미　　　기일고구

是以聖人方而不割[6], 廉而不劌[7], 直而不肆[8], 光而不耀[9].
시이성인방이불할　　　염이불귀　　　직이불사　　　광이불요

1 민민(悶悶): 원래 혼미하고 어두운 모양이나, 여기서는 관후(寬厚)의 뜻으로 풀이한다.
2 순순(淳淳): 순박한 모양.
3 찰찰(察察): 엄격하고 가혹한 모양.
4 결결(缺缺): 교활하고 원망하는 모양.
5 기무정(其無正): '정'은 표준, 준거의 뜻이다. '기'는 재앙과 복락의 변화하는 것을 말한다.
6 방이불할(方而不割): 방정하여 불편부당(不偏不黨)하지 않으니 타인에게 강제하지 않음의 뜻이다.
7 염이불귀(廉而不劌): '염'은 예리함. '귀'는 상처를 입히는 것이다. 예리하지만 사람에게 상처를 입히지 않는다는 뜻이다.
8 직이불사(直而不肆): 솔직하지만 지나치게 방자하거나 제멋대로 하지 않는다는 뜻이다.
9 광이불요(光而不耀): 빛이 나지만 그렇다고 눈을 찌르지는 않는다는 뜻이다.

●○

혁후어

　　사람들은 실의나 좌절에 빠졌을 때 '새옹지마塞翁之馬'라는 말로
스스로를 위안한다. 심리적으로 건설적이긴 하다. 하지만 이와 관
련된 내용 전체를 살펴봐야만 비로소 그 진정한 함의를 이해할 수
있다. 이 말은 유안劉安이 편찬한 『회남자』에 나온다.

　　변방에 복술卜術에 능한 노인네가 살았다. 어느 날 그가 기르던
말이 까닭도 없이 도망쳐서 오랑캐의 땅으로 들어갔다. 친척, 친구
들이 찾아와 그를 위로하자 그가 말했다. "말을 잃어버린 것은 안
좋은 일이나 이것이 좋은 일이 될지 어찌 알겠소?" 몇 달이 지나자
잃어버린 말이 오랑캐 땅의 준마를 데리고 돌아왔다. 다시 친척들
이며 친구들이 찾아와 기뻐하여 축하하니 노인네가 다시 입을 열
었다. "좋은 일이기는 하나 이것이 나쁜 일이 될지 어찌 알겠소?"

그의 집에는 좋은 말이 적지 않고 그의 아들은 말타기를 좋아했는데, 어느 날 말을 타다가 땅에 떨어져 그만 넓적다리가 부러져 절름발이가 되고 말았다. 사람들이 다시 찾아와 그를 위로하자 그가 말했다. "이는 나쁜 일이긴 하나 나중에 좋은 일이 될지 어찌 알겠소?" 1년이 지난 후 오랑캐가 대대적으로 쳐들어왔다. 변방의 장정들은 너 나 할 것 없이 모두 징발되어 전쟁터로 나갔으며, 변방 마을의 장정들 가운데 죽은 이가 열에 아홉이나 되었다. 하지만 그의 아들만은 절름발이인 까닭에 전쟁에 끌려가지 않으니 부자 모두 온전하게 생명을 지킬 수 있었다.

이것이 바로 노자가 말한 "재앙이여! 행복이 그 안에 기대어 있구나. 행복이여! 재앙이 그 안에 숨어 있구나"의 본래 뜻이다. 『회남자』의 이야기는 여기에서 그치지만, 세세대대로 끊임없이 관찰해보면 어떤 일이나 행위, 또는 상황이 과연 행복인지 아니면 불행인지 엿볼 수 있다. 그렇다면 우리는 어떤 '시간대'에서 판단을 하고 있는지 살펴봐야 하지 않겠는가. 오늘 좋은 일이 1년 후에는 나쁜 일이 되지만 다시 5년이 흐른 뒤에 "앞날을 예견한 장거"로 찬사를 받다가 다시 20년 후에는 "재앙의 시발점"으로 떨어질 수도 있으며, 다시 50년 후에는…… 그래서 노자는 "누가 그 본말을 알겠는가? 거기에는 정해진 준거가 없다"라고 말했다. 어떤 일이든지 그 결말이 행복인지 아니면 불행인지 정해진 법칙이 없으니 근본적으로 알 수 있는 것이 아니라는 뜻이다. 같은 이치로 오늘날의 '정正'이 내일의 '사邪'가 될 수도 있고, 다시 '정'이 될 수도 있다. 오늘의 '선'이 내일의 '악'이 될 수도 있는 것처럼.

이러한 변화와 전환은 어떤 일뿐만 아니라 사람에게도 성립될 수 있다. 오늘의 정인군자正人君子가 내일은 사악한 소인이 될 수도 있고, 오늘의 선인이 이전에는 악인이었을 수도 있다. 그러한 변화와 전환은 시간뿐만 아니라 양量의 문제와 관련이 깊다. 예를 들어 극단적인 '정'은 '사'일 수 있으며, 과도한 '선', 특히 '선'에 대한 지나친 요구나 강제 역시 일종의 '악'이 될 수 있기 때문이다.

하지만 그렇다고 해서 모든 일이 나름의 준칙이 없는 것은 아니다. 그럴 경우 사람들은 미혹에 빠지지 않겠는가? 이는 당연히 노자의 뜻이 아니다. 노자가 우리나 집권자들에게 권고하는 말은 세상일이나 인간사가 결코 간단한 단선單線이 아니니 자기만 옳다고 여기거나 일방적으로 자신이 좋은 것만 바라지 말고, 일을 하거나 처세함에 있어서도 탄력적으로 대처하되 끊임없는 변화와 전환 속에서 자신의 본성과 원칙을 잃지 말라는 뜻이다. 또한 이것이 바로 그가 말미에서 한 말, 즉 "반듯하나 타인에게 억지로 시키지 않으며, 예리하나 사람을 상하게 하지 않으며, 솔직하나 제멋대로 하지 않고, 빛이 나되 눈부시게 하지 않는다"라는 말의 참된 의미이다. 매사에 자신의 본성과 원칙을 바탕으로 행복이나 불행, 좋은 일과 나쁜 일에 굳이 얽매이거나 조바심을 가질 이유가 어디에 있겠는가?

본국 모두에 나오는 "정치가 너그러우면 백성들이 순박해지고, 정치가 엄하고 혹독하면 백성들이 교활해진다"라는 말은 제57국에 나오는 내용의 연속이다. 하지만 굳이 본국에 둔 이유는 다음과 같다. 인생이든 정치든 우리의 의지나 마음대로 이루어지지 않는다. 그중에는 우리가 장악하거나 예견할 수 없는 일이 너무도 많다. 그러니 '세勢'를 따라 경우와 상황에 맞추어 안거하는 것이 밝은 지혜의 방식이 아닐까?

절제하고 또 절약하라

나라를 다스리고 심신을 보양하는 데
절제와 아낌보다 더 중요한 것은 없다.
절제와 아낌을 일러 일찍 준비함이라 하며
일찍 준비함을 일러 끊임없이 덕을 쌓음이라 한다.
끊임없이 덕을 쌓으면 능히 감당하지 못할 것이 없으며
감당하지 못할 것이 없으면 그 역량을 가늠할 수 없다.
그 힘을 가늠할 수 없을 정도가 되면
능히 나라를 보호하는 책임을 맡을 수 있다.
나라를 다스리는 근원을 지니면 장구하게 유지할 수 있다.
이것이 바로 뿌리가 깊고 밑동이 견실함으로
장생하는 도리이다.

治人事天[1], 莫若嗇[2]. 夫爲嗇, 是謂早服[3], 早服謂之重積德.
치인사천　　　막약색　　　부위색　　시위조복　　　조복위지중적덕
重積德則無不克. 無不克則莫知其極. 莫知其極, 可以有國.
중적덕즉무불극　　　무불극즉막지기극　　　막지기극　　　가이유국
有國之母, 可以長久. 是謂深根固柢, 長生久視[4]之道.
유국지모　　　가이장구　　　시위심근고저　　　장생구시지도

1 치인사천(治人事天): '치인'은 백성을 다스림이고, '사천'은 정기와 심신을 보양함이다.
2 색(嗇): 아끼다, 절검(節儉)하다.
3 조복(早服): 일찍 준비함. 초간본은 '조비(早備)'로 썼다. 뜻이 더 분명하다.
4 장생구시(長生久視): 장구하게 유지하고 존재함. 사람이 늙으면 점차 사물을 제대로 보지 못하게 된다. 따라서 '구시', 즉 오래 본다는 것은 늙지 않고 오래 산다는 의미와 통한다.

● ○

'인색吝嗇'이란 말은 그다지 긍정적이지 않다. 쩨쩨하다, 수전노, 손에 틀어쥐고 내놓지 않다, 심지어 각박하다 등 부정적으로 사용되기 때문이다. 그러니 노자의 말이 부적절하다는 생각이 들 수도 있다. 하지만 고대에 '색'은 저장, 절약, 소중히 여김 등 긍정적인 뜻으로 사용되었다.

한 문제와 그의 아들인 경제는 황제라는 귀한 신분임에도 상당히 검소하게 생활하여 황궁의 수레나 의상 등도 그다지 늘리지 않았다. 황제가 이러하니 관료들이나 일반 백성들 역시 감히 사치를 할 수 없었다. 치국의 방침도 간단하고 단순한 것을 으뜸으로 삼아 요역과 부세를 줄이고 가능한 백성들이 휴식을 취하며 평안한 삶을 영위하도록 했다. 외교 정책 면에서도 전쟁보다는 평화를 추구

하면서 북방 흉노족과 마찰을 줄이면서 국력을 보충했다. 이렇게 수십 년이 지나자 재화가 풍부해지고 백성들이 부유해졌으니, 역사는 이를 일러 '문경지치文景之治'라고 칭송했다. 이것이 바로 노자가 말하는 '색'이다. 문제와 경제의 축적은 이후 한 무제가 원대한 구상을 실현하는 데 밑받침이 되었다. 노자가 말한 '조복早服'과 '중적덕重積德'과 상응한다.

물론 절검과 인색, 아낌과 쩨쩨함이 어디에서 갈리는지 사람마다 관점이 다를 수 있다. 예컨대 현대 경제학자들은 사람들이 먹고 쓰는 것을 절약하고 욕구를 절제하며 자원을 아끼게 되면 소비 저하를 초래하며, 소비가 주춤하면 경제가 정체되고 사회적으로 활기가 사라지게 된다고 믿는다. 그래서 그들은 경제의 활로를 찾아 사회 분위기를 띄우려면 경제적 제제 조치를 거침없이 제거하고 욕망을 최대한으로 풀어 사회 각 방면의 소비를 진작시켜야 한다고 말한다. 물론 다른 의견을 지닌 경제학자들도 있다. 그들은 노자와 마찬가지로 이듬해 식량을 앞당겨 먹는 것처럼 자신은 물론이고 사회나 자연의 자산을 남김없이 소모할 경우 그 재앙이 후대의 미래까지 이어질 것이라고 경고한다.

정치경제학도 이에 관한 논쟁이 그치지 않으니 일단 우리 개인의 문제로 국한하여 살펴보고자 한다. 노자의 발언을 통해 우리는 이러한 사실을 깨달을 수 있다. 소비를 적극 권유하는 시대, 사회에서 살면서 우리는 때로 그것이 진실인 양 세뇌를 당하곤 한다. 그래서 절검을 쩨쩨한 것으로, 소중하게 여김을 인색한 것으로 여긴다는 뜻이다. 노자는 이런 이들에게 반드시 자신 나름의 관점을 확보해야 한다고 권유하고 있다. 우리가 절약하고 소중하게 여겨야 할 것은 돈이나 음식, 일용품, 물이나 전기 등 유형의 사물, 계량할 수 있는 것만이 아니다. 오히려 계량할 수 없는 것, 예를 들어 시간, 정력, 심신, 욕망, 생명 등도 마땅히 절약해야할 대상들이다. 또한 마음의 능력과 관련이 있는 항목들 예를 들어 사랑, 인격, 인자함 등은 고정된 질량을 지닌 것이 아니기 때문에 아무리 써도 줄어들지 않으며 오히려 더욱 많아진다. 이런 것들은 절약할 필요가 없으며 오히려 더욱더 많이 써야 한다. 그래야 진정한 '중적덕重積德'이 된다.

절약이나 저축, 개발이나 보존하는 것이 무엇이든 언젠가는 어떤 방법으로 또는 어떤 분야에서 활용되기 마련이다. 설사 자기가 사용하지 않더라도 후손이 활용하도록 남겨둘 수도 있다. 그래야만 절약하고 축적하는 것이 의미가 있다. 노자는 문장 말미에서 "이것이 바로 뿌리가 깊고 밑동이 견실함으로 장생하는 도리이다" 라고 말했다. '장생하는 도리'라고 하니 문득 도가의 수련 방식 가운데 하나인 '장생불노의 방술'이 생각난다. 그들은 단식, 금욕, 부동심을 통해 정력을 축적하여 자신의 수명을 천세까지 늘리자고 고취한다. 하지만 그렇게 아무것도 하지 않고 어떤 일에도 마음이 움직이지 않으며 오랜 세월을 산다고 한들 무슨 의미가 있을 것이며, 도대체 무엇을 위한 것인가? 그래서 필자는 절검과 축적의 생명 에너지나 정력을 그대로 보존만 하는 것이 아니라 오히려 '승화' 시켜 모종의 의의가 있거나 또는 최소한 자신이 좋아하는 활동을 하면서 함부로 과소비를 하거나 주변을 훼손시키지 말아야 비로소 자연의 도에 부합한다고 생각한다.

백성을 괴롭히고 착취하지 말라

큰 나라를 다스리는 일은 마치 작은 생선을 굽는 것과 같다.
도로 천하를 다스리면 요괴가 조화를 부리지 못한다.
요괴가 조화를 부리지 못할 뿐만 아니라
신령도 사람을 방해하지 않는다.
신령이 사람을 방해하지 않을 뿐만 아니라
성인도 사람을 방해하지 않는다.
귀신과 성인은 모두 사람을 방해하지 않는다.
그런 까닭에 피차간에 서로 평안하고 무사하다.

治大國若烹[1]小鮮[2].
치대국약팽소선

以道蒞[3]天下，　其鬼不神.
이도리천하　　　기귀불신

非其鬼不神，　其神不傷人.
비기귀불신　　　기신불상인

非其神不傷人，　聖人亦不傷人.
비기신불상인　　성인역불상인

夫兩不相傷，　故德交歸焉[4].
부량불상상　　　고덕교귀언

1 팽(烹): 삶는다는 뜻이나 여기서는 굽는다는 뜻으로 풀이한다.
2 소선(小鮮): 작은 생선
3 리(蒞): 임(臨)하다. 여기서는 다스린다는 뜻으로 풀이한다.
4 덕교귀언(德交歸焉): 사람들이 덕의 은택을 향수한다는 뜻이다.
5 『한비자·해로』, "烹小鮮而數撓之, 則賊其澤. 治大國而數變灋, 則民苦之. 是以有道之君, 貴虛靜而重變法."

● ○

　　제40대 미국 대통령이었던 로널드 레이건Ronald Reagan은 국민들에게 사랑받은 인물이다. 그는 1987년 연두교서에서 "큰 나라를 다스리는 것은 마치 작은 생선을 굽는 것과 같다"라는 말을 인용한 바 있다. 전하는 말에 따르면, 그의 발언이 나온 후 미국에서 『도덕경』 번역본이 불티나게 팔렸다고 한다. 노자가 청우靑牛를 타고 지나갔다는 함곡관函谷關의 태초궁太初宮(노자의 사당으로 원래는 함곡관을 지키던 윤희尹喜가 살던 곳이라고 한다)에 레이건이 당시 연두교서를 발표하던 모습이 사진으로 남아 있다.

　　레이건이 노자의 말을 인용한 것은 노자의 치국 이념에 동의했기 때문일 것이다. 현대적인 관점에서 볼 때 "큰 나라를 다스리는 것은 마치 작은 생선을 굽는 것과 같다"라는 말은 고대 민본주의 사상과 자유주의를 멋있게 비유한 것으로 보인다. 전국시대『한비자·해로』를 보면 다음과 같은 해석이 나온다.

"작은 생선을 구울 때 여러 번 뒤척이면 생선의 윤택이 없어지고, 큰 나라를 다스릴 때 여러 차례 법률을 바꾸면 백성들이 힘들어진다. 그런 까닭에 도를 지닌 군주는 고요함을 귀하게 여기고 변법을 중히 여기지 않는다."[5]

작은 생선을 구울 때 자꾸만 뒤척이지 않는 것을 비유하여 나라의 법률을 빈번하게 바꾸어 백성들을 괴롭히지 말라는 뜻이다. 한대에 나온『하상공주河上公注』는 여기서 한 걸음 더 나아가 이렇게 말하고 있다.

"선은 물고기이다. 내장도 제거하지 않고 비늘도 떼지 않으며 뒤척이지 않으니 문드러질까 두렵기 때문이다."[5]

조그마한 물고기를 구을 때 행여 파손되거나 문드러지지 않도록 뒤척이지도 말고 내장을 빼내지도 말며, 비늘조차 건드리지 말라는 뜻이자 백성들을 과도하게 훼방 놓거나 제멋대로 착취하지 말라는 뜻이기도 하다. 노자의 '무위이치'의 기본 정신을 제대로 표현하고 있다. 백성들은 집권세력이 지나치게 간섭하거나 과도한 법률로 얽어매지 않으면 충분히 자유롭게 자주성을 발휘할 수 있다.

이러한 치국 방식은 자연의 도에 부합한다. 노자는 여기서 한 걸음 더 나아가 바른 길을 따라가기만 하면 국태민안國泰民安할 것이니 무슨 요괴나 신령이 끼어들어 놀라게 하거나 보우하는 것조차 할 수 없다고 단정 짓고 있다. 이렇듯 그는 다시 한 번 자신이 이성적 무신론자임을 천명하고 있다. 공자는 "귀신을 공경하되 소원해야 한다敬鬼神而遠之"라고 하여 굳이 귀신에 대해 언급하는 것을 꺼렸다. 하지만 노자는 근본적으로 귀신의 존재를 믿지 않았다. 그래서 상제나 신령이 우주와 만물을 창조하거나 귀신을 빌어 세간의 불공평이나 불의를 징벌할 필요도 없고, 요괴를 빌어 백성들을 놀라게 하거나 통치자의 명령에 순종하게 만들 필요도 없었다. 무엇보다 이 세상에서 진실로 존재하고 의존할 수 있는 자연의 도가 존재하기 때문이다. 이러한 저절로 그러한 무위의 도를 따르며 괜히 간섭하지 않고 백성들이 절로 자신의 재주와 능력을 다하면 사회가 평안하고 행복해져 스스로 자신의 운명이 자신의 수중에 있음을 느끼게 된다. 그러니 어찌 '초자연적인 힘'이 필요할 것이며, 무슨 귀신에게 의존하려 할 것인가? 필요하지도 않고 갈망하지도 않으니 어떤 신령이나 요괴도 더 이상 그대를 간섭하지 못할 것이다.

춘추전국시대는 귀신에 대한 신앙이 비교적 보편적이었는데, 이는 아직 백성들의 이성이 개화되지 않은 까닭도 있지만 삶의 고단함 때문이기도 했다. 일반적으로 정치가 날로 암흑 속으로 치닫고 사회가 혼란해지면 종교나 미신에 기대어 구원을 얻고자 하는 이들이 많아지게 된다. 하지만 그들을 구원해주리라 믿었던 종교나 미신이 오히려 그들을 구속하고 그들의 삶을 억누른다. 노자는 일찍이 이러한 종교나 미신의 본질을 간파했다고 해도 과언이 아니다. 그래서 그의 이상사회 속에는 어떤 종교나 미신도 필요하지 않으며 개입할 여지조차 없다. 그는 다만 통치자가 자연의 도를 체득하여 "큰 나라를 다스리는 데 마치 작은 생선을 굽는 것과 같이 하기"를 바랐을 뿐이다.

문득 레이건 대통령의 부인 낸시 여사가 영매나 점성술을 맹신

했다는 이야기가 생각났다. 그녀는 레이건을 위해 이러한 '초자연
적인 것'에 의견을 물어보곤 했다는데 레이건도 굳이 반대한 것 같
지는 않다. 어떻게 보면 노자가 그보다 훨씬 이성적이고 자유로웠
는지도 모르겠다. 그뿐만 아니라 현대의 여러 정치가들 역시 노자
에게 배워야 하지 않겠는가라는 생각을 해본다.

온화하고 겸손하게 행동하라

큰 나라는 마치 강의 하류와 같아서 천하가 모두 모여드니
세상의 부드러운 암컷의 위치에 처한다.
암컷의 부드러움은 항상 고요함으로 수컷의 강함을 이긴다.
고요하면서도 스스로 아래에 머물기 때문이다.
그런 까닭에 큰 나라가 작은 나라에 대해 자신을 낮추면
작은 나라들을 모을 수 있고
작은 나라가 큰 나라에게 스스로 낮추면
큰 나라의 신임을 얻을 수 있다.
큰 나라는 낮추어 작은 나라의 지지를 얻고
작은 나라는 낮추어 큰 나라의 신임을 얻는다.
하여 큰 나라나 작은 나라나 모두 자신이 원하는 바를
얻을 수 있으니 큰 나라는 마땅히 더욱더 겸손해야 한다.

大國¹者下流, 天下之交², 天下之牝. 牝常以靜勝牡, 以靜爲下.
대방자하류　　　천하지빈　　　천하지교　　　빈상이정승모　　　이정위하

故大國以下小國, 則取³小國, 小國以下⁴大國, 則取大國.
고대방이하소방　　　즉취소방　　　소방이하대방　　　즉취대방

故或下以取, 或下而取. 大國不過欲兼畜人⁵,
고혹하이취　　　혹하이취　　　대방불과욕겸축인

小國不過欲入事人. 夫兩者各得所欲, 大者宜爲下.
소방불과욕입사인　　　부양자각득소욕　　　대자의위하

1 국(國): 방(邦)으로 쓴 판본도 있다.
2 교(交): 모임, 모이는 곳.
3 취(取): 모이다. 취(聚)와 통한다.
4 하(下): 겸허한 자세를 취함.
5 겸축인(兼畜人): 사람을 한 곳에 모아 보호하고 양육함. 여기서는 큰 나라가 작은 나라를 겸병하여
　보호한다는 뜻이다.
6 맹자, 『맹자·양혜왕』, "'交隣國有道乎?'孟子對曰, '有. 惟仁者爲能以大事小, ……. 惟智者爲能以小事大,
　……. 以大事小者, 樂天者也, 以小事大者, 畏天者也. 樂天者保天下, 畏天者保其國.'"
7 제갈량, 「출사표」, "由是感激, 遂許先帝以驅馳."
8 제갈량, 「후출사표」, "鞠躬盡瘁, 死而後已."

● ○

매 시대마다 각기 시대적 형세나 문제가 있기 마련이다. 노자가
살던 시대는 주 왕조가 점차 와해되면서 크고 작은 제후들이 숲처
럼 빽빽이 들어서 상호 경쟁과 다툼을 시작하고 있었다. 본문의 내
용은 바로 이러한 시국에 대한 감회에서 출발했다. 지금 중국은 중
화인민공화국이라는 대국과 중화민국이라는 소국으로 나뉘어져
양안의 관계가 상당히 난감한 상태인지라 노자의 발언이 더욱더
마음에 와 닿는다.

　대국이든 아니면 소국이든 노자는 무엇보다 겸손하고 부드러
운 태도로 상대를 대해야 한다고 주장하고 있다. 이는 그의 일관된
입장으로 자연의 도에 부합할뿐더러 이상적인 외교 정책이기도 하
다. 대국이 만약 오만하고 위압적인 방식으로 순종할 것을 강요한

다면 당연히 반발을 불러일으켜 재앙이 그치지 않으며, 반대로 소국이 상대국에게 약한 모습을 보이지 않으려도 강경한 태도로 대국을 능멸한다면 굴욕을 자초하여 심한 경우 멸망에 이를 수도 있다.

전국시대 맹자는 이런 점에서 노자와 유사한 관점을 제시하고 있다.

제나라 선왕이 그에게 "이웃나라와 사귀는 데 나름의 도가 있느냐"라고 묻자 맹자가 대답했다. "있습니다. 오직 어진 자만이 큰 나라로 작은 나라를 섬길 수 있으니……. 오직 지혜로운 자만이 작은 나라로 큰 나라를 섬길 수 있으니……. 큰 나라로 작은 나라를 섬기는 자는 기꺼이 천도를 받드는 자이고, 작은 나라로 큰 나라를 섬기는 자는 천도를 경외하는 자입니다. 기꺼이 천도를 받드는 자는 천하를 보존할 수 있고, 천도를 경외하는 자는 그 나라를 보전할 수 있습니다."[6]

맹자가 말한 '사事(섬김)'는 겸손한 태도를 지칭하며, '천天'은 노자의 '도'와 유사하다. 물론 양자간에 다른 점도 있다. 유가 학자인 맹자에게 대국이 소국에게 겸손한 까닭은 '인', 즉 어질기 때문이자 기꺼이 '천도'를 받들기 때문이다. 그래서 천하 모든 이들이 대국을 받들어 귀부한다. 반면 소국이 대국에 대해 겸손한 것은 '지', 즉 지혜롭고 '천도'를 경외하기 때문이다. 그래서 자신의 나라를 보호받을 수 있다. 필자가 생각하기에 맹자의 발언이 노자보다 훨씬 구체적인 것 같다. 양안 관계에서 중국이 대만을 어떻게 대해야 할 것인가는 우리가 결정할 수 있는 문제가 아니다. 하지만 대만이 중국에 관용의 자세를 보여 나라를 보호하고자 한다면 크나큰 '지혜'가 필요한 것이 분명하다. 절대로 한때의 만족이나 방종은 금물이다.

사실 대국과 소국의 관계뿐만 아니라 대기업과 중소기업, 상사와 부하의 관계에도 노자가 말한 '상호 겸손'의 태도가 적용될 수 있다. 윗사람이 아랫사람에게 겸손한 태도를 취하는 일은 그다지 쉽지 않지만 그만큼 좋은 평가를 받기는 쉽다. 유비가 제갈량을 모시기 위해 '삼고초려三顧草廬'한 것이 대표적인 예이다. 제갈량은 자신의 「출사표出師表」에서 그 일에 대해 언급하면서 "이에 감격하여 선제를 위해 치달을 것을 허여했습니다"[7]라고 말한 다음, 「후출사표」에서 "삼가 몸을 굽히고 온 힘을 다하며 죽은 뒤에야 그만둘 것입니다"[8]라고 말했다.

이에 반해 아랫사람이 윗사람에게 겸손한 태도를 보이는 일은 일반적이고 또한 쉽다. 하지만 때로 비위를 맞추거나 아부하는 것처럼 보일 수도 있다. 예를 들어 맹자가 '이소사대以小事大'의 예로 제시한 구천句踐의 경우가 그러하다. 구천이 얼마나 겸하하여 스스로 비천하게 굴었는지 부차夫差에게 시중드는 모습이 말의 엉덩이를 쓰다듬는 것과 같다고 말한 적이 있을 정도였다. 실제로 그는 부차의 대변을 직접 맛보면서 건강 상태를 변별하기도 했다. 사실 우리도 겸손과 아첨을 제대로 구분하지 못할 때가 적지 않다. 양자를 구분할 수 있는 관건이 바로 노자가 말한 '정靜'이다. 만약 누군가 경망스러운 몸짓으로 만면에 웃음을 지으며 온갖 감언이설을 늘어놓는다면 이는 아첨일 가능성이 농후하다. 만약 그가 조용하고 침착한 모습이라면 설사 대변을 직접 맛본다고 할지라도 겸손일 수 있으며, 맹자가 말한 '지자'일 수도 있다.

어리석은 이는 '이소사대'를 무릎을 꿇고 비굴하게 아첨하는 행태로 여기기 때문에 일부러 허장성세를 보이거나, 사마귀가 앞발을 들어 수레를 막는 것처럼 무모하게 덤벼든다. 계란으로 바위치기나 다를 바 없으니 결국 스스로 곤경에 빠지고 만다. 이런 점에서 노자가 본국에서 말한 내용은 우리가 심사숙고할 부분이 아닌가 싶다.

자아 각성을 추구하라

도는 만물이 비호庇護한다.
선善한 사람은 그것을 귀하게 여기고
선하지 않은 사람도 그것을 보유해야 한다.
아름다운 말은 남들의 존경을 얻고
고귀한 행위는 남들의 존중을 받는다.
선하지 않은 사람인들 어찌 도를 버리겠는가?
그래서 천자가 즉위하여 삼공을 세울 때
비록 옥을 하사하고
여러 공작들이 사두마차를 헌상한다고 하나
이러한 도를 가지고 헌상하는 것만 못하다.
옛날에 도를 중시한 까닭이 무엇인가?
그것의 비호를 받아 만족하고 죄가 있어도
용서를 받을 수 있기 때문 아니겠는가?
그래서 세상 사람들이 귀중하게 여긴 것이다.

道者萬物之奧[1]. 善人之寶, 不善人之所保[2].
도자, 만물지오   선인지보   불선인지소보

美言可以市尊, 美行可以加人[3]. 人之不善, 何棄之有?
미언가이시존   미행가이가인   인지불선   하기지유

故立天子, 置三公[4], 雖有拱璧以先駟馬[5], 不如坐進此道[6].
고립천자   치삼공   수유공벽이선사마   불여좌진차도

古之所以貴此道者何? 不曰, 求以得, 有罪以免邪?
고지소이귀차도자하   불왈   구이득   유죄이면야

故爲天下貴.
고위천하귀.

1 오(奧): 일설은 이목으로 볼 수 없는 오묘한 곳으로 풀이하고, 다른 일설은 두둔하고 비호한다는 뜻으로 풀이한다. 양자는 크게 다른 것이 아니다. 다만 백서 갑을본은 '오' 대신 '주(注)'로 썼다. 만물이 흘러들어가는 곳이란 뜻이다.

2 불선인지소보(不善人之所保): 도는 선하지 않은 사람도 가지고 있다는 뜻이다. 선과 불선은 어떤 가치기준에 따른 판단이다. 그러나 도는 그 자체일 뿐 또 다른 기준에 의한 판단을 하지 않는다. 도가 무정(無情)한 것은 바로 이 때문이다. 이를 정치와 연관시켜 말하면, 진정한 군주는 선과 불선에 따라 한쪽에 편중되지 않고 도를 따라 관후해야 한다는 의미로 받아들일 수 있다.

3 미언가이시존, 미행가이가인(美言可以市尊, 美行可以加人): 왕필본은 이렇게 썼지만, 백서 갑을본은 "화려한 말은 좋은 것으로 바꿀 수 있고, 남에게 존중받는 행위는 사람들이 경하(敬賀)한다(美言可以市, 尊美可以賀人)"로 썼다. 왕필본에 따르면, '미언'과 '미행'은 진정한 의미의 아름다운 언행을 뜻한다. 그러나 백서본에 따르면, '미언'과 '존행'은 듣기에 좋고 보기에 좋을 뿐 진정한 의미의 언행이 아니다. '시(市)'는 시장의 뜻이니, 매매하거나 교환한다는 뜻이다.

4 치삼공(置三公): 삼공을 임명하다. 삼공은 태사(太師), 태부(太傅), 태보(太保).

5 공벽이선사마(拱璧以先駟馬): '공벽'은 두 손으로 귀중한 옥을 받드는 것이고, '사마'는 네 필의 말이 끄는 사두마차를 뜻한다. 고대의 예에 따르면, 천자가 즉위하여 제후국의 경대부를 임명할 때는 먼저 예옥(禮玉: 벽璧)을 하사한다. 이는 경대부들의 권위의 상징이다. 이후 여러 공작(公爵)들이 임명을 받은 경대부들에게 비단이나 마차 등을 예물로 보내는데, 네 필의 말이 끄는 마차를 보내는 것이 상례였다.

6 좌진차도(坐進此道): 청정무위의 도를 헌상하다.

●○

본국도 '도'에 관한 이야기이다. 하지만 왠지 종교적인 냄새가 짙다는 느낌이 든다. '도'는 만물이 생겨나는 근원으로 만물을 비호, 즉 감싸고 보호한다. 여기서 종교와 같다는 느낌이 드는데, 그렇다고 기독교나 불교와 같이 생각하면 곤란하다.

노자가 말한 '선인'이란 '도'를 이해하고 믿으며, 언행이 '도'에 부합하는 이를 말한다. 그들은 '도'의 좋은 점을 알고 있기 때문에 자연히 '도'를 귀중히 여긴다. 노자의 '선인'은 일반적으로 말하는

좋은 사람과 서로 교차하는 부분이 적지 않다. '선인'이든 '호인'이든 그들의 아름다운 언행은 사람들의 존경을 받기에 충분하다. 하지만 '도'는 이런 '선인'이나 '호인'만 비호하지 않는다. '불선인', 즉 '도'를 이해하거나 믿지 않으며 언행 또한 '도'와 어긋나는 이들도 생명 활동을 '도'의 운행에 의지할 수밖에 없다. 그렇기 때문에 '도'는 그들을 보호한다고 말할 수 있다.

예수는 "나는 길이요, 진리요, 생명이다"라고 말했다. 마치 '도'의 화신인 듯하다. "나를 믿는 자는 영생을 얻을 것이다." 그는 이렇게 말했다. 그렇다면 그를 믿지 않는 이들은 어떻게 되는가? 아마도 버림받거나 심한 경우 지옥에 빠질 수도 있다. 또한 불문佛門이 비록 크다고 하나 아무런 인연도 없는 이까지 제도濟度하지는 않는다. 이에 반해 노자의 '도'는 무친無親이지만 당신이 믿든 안 믿든, 귀하게 여기든 그렇지 않든 간에 전혀 차별 없이 대하며, 똑같이 비호한다. 그러니 설사 '도'를 이해하지 못한다고 하여 처음부터 활로를 끊거나 '도'를 포기할 필요가 있겠는가? 심지어 그는 나라의 안정을 희구하는 전통적인 의식에서도 '도'를 귀중한 예물로 전승하여 그것을 치국의 최고 준칙으로 삼으라고 주장하고 있다.

하지만 '도'는 형체가 없는데 어떻게 '무형'을 헌례獻禮의 대상으로 삼을 수 있는가? 문득 미국 대통령 취임식장에서 『성경』에 손을 얹고 선서를 하는 의식이 떠오른다. 어떤 이들은 미국의 치국 방침에 있어 최고 준칙은 헌법이 아니라, 『성경』이라고 하면서 『성경』을 미국의 헌법으로 대체해야 한다고 주장하고 있다. 하지만 이는 지나친 발언이다. 필자가 생각하기에 서구의 지도자들이 『성경』에 손을 얹고 선서를 하는 이유는 과거의 전통을 계승하는 것 말고도 『

성경』이 천도를 대표한다는 인식이 있기 때문일 것이다. 그렇다면 헌법은 인도를 대표하는 것 아니겠는가? 노자는 비록 "도가도, 비상도"라고 하여 진정한 도는 언설로 표현할 수 없다고 했지만 그가 생각하는 이상적인 나라에서 『도덕경』은 아마도 서방에서 중요 의식의 물증 역할을 하는 『성경』과 가장 근사한 저작물이지 않을까?

물론 『도덕경』과 『성경』은 내용 면에서 큰 차이가 있으며, 대표하는 '도'도 크게 다르다. 하지만 양자 모두 사람들이 그것을 믿고 따르며 희구하면 만족을 얻을 수 있고, 죄를 지었다고 할지라도 사면이나 구원을 얻을 것이라고 믿는다는 점에서 동일하다. "그것의 비호를 받아 만족하고 죄가 있어도 용서를 받을 수 있기 때문 아니겠는가?" 이 말을 들으니 문득 어린 시절 예배당에 걸려 있던 "예수를 믿으면 영생을 얻으리라", "주님께서 너의 죄를 사해주실 것이다"라는 문구가 생각난다. 물론 이 말은 당신이 믿기만 하면 즉각 무엇인가를 얻는다거나 어떤 죄를 사면받는다는 뜻이 아니라 믿음을 통해 스스로 반성하고 올바른 일을 몸소 실천함으로써 이루어진다는 뜻일 것이다.

사람이 삶을 영위하면서 종교적인 갈망을 느낄 때가 있다. 특히 힘들고 어려운 일이 있을 때면 종교에 기대어 마음의 위안을 얻고자 한다. 본국에서 우리는 노자 사상의 종교적 분위기, 또는 그 단서를 찾을 수 있을지도 모른다. 하지만 필자가 생각하기에 노자는 철학가이자 종교가가 아니며 구세주도 아니다. 그가 추구했던 것은 세상 사람들의 귀의나 신앙, 숭배가 아니라 자아 각성이었기 때문이다.

쉽고 작은 일부터 시작하라

무위를 행하고 번거롭지 않은 방법으로 일하며
맛이 없는 것으로 맛을 삼는다.
작은 일을 큰일로 간주하고 적은 것을 많은 것으로 생각하며
미덕으로 원한에 응대한다.
어려운 것은 쉬운 것부터 도모하고
큰일은 작은 일부터 시작한다.
세상의 어려운 일은 반드시 쉬운 일부터 시작하고
세상의 큰일은 반드시 작은 일부터 시작한다.
그래서 성인은 언제나 큰일을 하려고 애쓰지 않으나
오히려 능히 큰일을 이룰 수 있다.
가볍게 승낙하면 반드시 신뢰가 떨어지고
일을 너무 쉽게 여기면 반드시 어려움이 많아진다.
그래서 성인은 오히려 문제를 어렵게 생각하니
그런 까닭에 결국 어려움이 없게 된다.

爲無爲, 事無事, 味無味. 大小多少[1], 報怨以德[2].
위무위　　사무사　　미무미　　대소다소　　　　보원이덕

圖難於其易, 爲大於其細. 天下難事, 必作於易, 天下大事,
도난어기역　　위대어기세　　　천하난사　　　필작어역　　　천하대사

必作於細. 是以聖人終不爲大, 故能成其大[3].
필작어세　　시이성인종불위대　　　고능성기대

夫輕諾必寡信, 多易必多難. 是以聖人猶難之, 故終無難矣.
부경낙필과신　　　다역필다난　　　시이성인유난지　　　고종무난의

1 대소다소(大小多少): 큰 것은 작은 것에서, 많은 것은 적은 것에서 생겨난다는 뜻이다. 이외에 큰 것을 작은 것으로 보고, 많은 것을 적은 것으로 본다고 해석하거나, 큰 것을 버리고 작은 것을 취하며, 많은 것을 버리고 적은 것을 취한다고 해석하는 경우도 있다. 왕필본과 백서 갑본은 '대소다소, 보원이덕'이라고 썼지만, 초간본은 '대소지(大少之)'로 쓰고 '보원이덕'은 보이지 않는다. 초간본의 '대소지'는 앞에 나오는 무위, 무사, 무미의 뜻과 상응하는 것으로 큰 조정(朝廷)을 작은 조정으로 바꾼다는 뜻으로 풀이한다.

2 보원이덕(報怨以德): 앞뒤 문장과 상응하지 않기 때문에 착간일 가능성이 있다. 마서륜(馬敍倫)은 79국 "和大怨" 앞에 두는 것이 옳다고 주장했으며, 엄영봉(嚴靈峯)은 79국 "必有餘怨" 뒤에 두는 것이 옳다고 주장했다. 본서는 저자의 본문을 따른다.

3 성기대(成其大): 큰일을 이룰 수 있다는 뜻이다. 백서 갑본에는 없다.

●○

(헉후어)

헉후어

　　중화민국 초기 명사였던 이숙동李叔同은 문득 머리를 깎고 승려가 되었다. 홍일법사弘一法師는 그의 법명이다. 물론 이후 생활방식도 완전히 바뀌었다. 운치가 호방하게 풍류를 즐기던 생활은 고독한 고행의 삶으로, 맛난 음식과 좋은 차는 소찬과 맹물로 바뀌었다. 어느 날 친구인 하언존夏丏尊이 그를 찾아와보니 평소 차를 좋아하던 그가 아무것도 타지 않은 끓인 물을 마시고 있었다. 궁금을 참지 못하고 그가 물었다.

　　"찻잎이 없는 것 아닐 터인데, 왜 굳이 아무런 맛도 없는 끓인 물을 마시고 계신가?"

　　홍일법사가 웃으며 말했다.

　　"끓인 물이 싱겁기는 하네만 맹물도 나름의 맛이 없는 것은 아

닐세."

이것이 바로 "미무미味無味"이다. 이른바 "위무위, 사무사, 미무미爲無爲, 事無事, 味無味." 이는 세속의 '유'와 '무'의 이원적 대립을 타파하는 것이자 '무'를 '유'로 전화시켜 '무미'를 맛으로 삼고, '무위'를 '위'로 삼아 '무위'처럼 보이지만 오히려 충분히 능력을 발휘하게 만드는 것이다. 이것이 바로 높은 경계이다. 이런 인식이 가능하다면 크고 작음, 많고 적음, 은덕과 원한 등의 분별이 사라진다. 그러나 더욱 이상적인 것은 작은 일을 큰일로 간주하고, 적은 것을 많은 것으로 보며, 미덕으로 원한을 해결함이다.

한 걸음 더 나아가 많음과 적음, 큼과 작음, 어려움과 쉬움 등 이원적 관념의 대립성을 초월해야할뿐더러 상호 대립적인 것들이 끊임없이 유변한다는 사실을 이해해야 한다. 작은 일이 쌓여 큰 일이 되고, 쉬운 일이 시간이 흐르면서 어렵고 힘든 일이 되기도 하며, 양적인 변화가 결국 질적인 변화를 초래하기도 한다. 따라서 좋지 않은 일의 경우 조그마한 조짐을 보고 전체의 추세를 꿰뚫어 살핌으로써 시작 단계에서 잘못된 부분을 근절시켜 문제를 해결할 수 있도록 해야 한다. 또한 좋은 일의 경우 대국적인 견지에서 작은 일부터 착수해야 한다. 목표가 아무리 원대한 것일지라도 성공은 사소하고 하찮은 일부터 차근차근 쌓아야만 하기 때문이다.

위대한 예술가 미켈란젤로 부오나로티Michelangelo Buonarroti는 그림은 물론이고 조각가로도 유명하다. 그는 작품의 완성도를 높이기 위해 반복해서 다듬고 고치기를 거듭했다. 한 친구가 그를 찾아왔을 때도 그는 여전히 조각품을 만지고 세세한 부분을 고치는 등 세부 작업에 열심이었다.

"자네 작업이 조금도 진전이 없는 것처럼 보이는군."

친구의 물음에 미켈란젤로가 대답했다.

"눈매가 살아 있는 듯하고 피부가 좀 더 윤기가 나며 근육이 힘이 있어 보이도록 계속 다듬는 중일세."

친구가 다시 물었다.

"그건 사소한 부분들이 아닌가?"

이에 미켈란젤로가 정색하며 대꾸했다.

"자네의 말이 맞네. 사소한 부분들일세. 하지만 사소한 부분을 제대로 해야만 더욱 완미해지는 것일세."

위대한 예술의 완전성은 사실 이처럼 사소하고 하찮아 보이는 것까지 완벽을 기하는 데 있다. 아주 작은 일조차 큰 문제로 여기고 성실하고 진지하게 해결해야만 비로소 위대해진다는 뜻이다. 사람들은 뜻은 크게 가지면서도 작은 일이나 세세한 부분에 대해서는 그리 관심이 없는 경우가 많다. 독일의 문호 괴테는 이렇게 말했다.

"꿈은 커야만 한다. 작은 꿈은 사람들을 감동시킬 만한 힘이 없기 때문이다."

그의 말을 들으면 정신이 진작되고 당장이라도 기개를 떨칠 것만 같다. 하지만 노자는 미켈란젤로 편에 설 것 같다. 위대한 사업은 일시의 충동이나 거대한 포부에서 비롯되는 것이 아니라 일련의 하찮아 보이고 사소한 일의 집합이자 축적이기 때문이다. 이렇듯 작은 일부터 제대로 해나가야만 위대한 업적이 이루어진다.

홍일법사의 "무미한 맛味無味", 미켈란젤로의 '사소한 것에 대한 열정'이 있어야만 인생이 더욱 풍부해지고 생명의 깊이나 너비가 더욱 확대될 것이다.

늘 평상심을 유지하라

국면이 안정되었을 때는 유지하기 쉽고
조짐이 없을 때는 도모하기 쉽다.
취약한 사물은 흩어지기 쉽고 미세한 사물은 없어지기 쉽다.
일이 생기기 전에 타당하게 처리하고
재난이 생기기 전에 미리 준비해야 한다.
아름드리나무도 작은 씨앗에서 성장하고
아홉 층 누대도 한줌의 흙이 쌓이고 쌓여 시작되며
천리 길도 발밑 한 걸음에서 시작한다.
억지로 작위하면 실패하고 억지로 잡으려고 하면 잃게 된다.
그래서 성인은 애써 작위하지 않기 때문에 실패가 없고
애써 집착하지 않기 때문에 잃지 않는다.
사람들이 일을 하면 언제나 거의 성공에 가까웠을 때 실패한다.
일을 끝낼 때도 시작할 때처럼 신중하면 실패하는 일이 없다.
그래서 성인은 다른 이들이 바라지 않는 것을 바라며,
얻기 어려운 재화를 귀하게 여기지 않고
남들이 배우지 않는 것을 배우며
여러 사람들의 잘못을 구제하여 만물의 절로
그러한 발전을 도울 뿐 감히 작위하지 않는다.

其安易持, 其未兆易謀. 其脆易泮[1], 其微易散.
기안이지　　기미조이모　　　기취이반　　　기미이산

爲之於未有, 治之於未亂.
위지어미유　　치지어미란

合抱之木, 生於毫末[2], 九層之臺, 起於累土[3], 千里之行,
합포지목　　생어호말　　　구층지대　　기어루토　　천리지행

始於足下. 爲者敗之, 持者失之.
시어족하　　위자패지　　지자실지

是以聖人無爲故無敗, 無執故無失[4]. 民之從事, 常於幾成而敗之.
시이성인무위고무패　　무지고무실　　민지종사　　상어기성이패지

愼終如始, 則無敗事. 是以聖人欲不欲, 不貴難得之貨, 學不學[5],
신종여시　　즉무패사　　시이성인욕불욕　　불귀난득지화　　학불학

復衆人之所過. 以輔萬物自然而不敢爲[6].
부중인지소과　　이보만물자연이불감위

1 기취역반(其脆易泮): 사물이 약해지면 흩어지기 쉽다는 뜻이다. '반'은 흩어짐이다.

2 호말(毫末): 가는 털끝. 작디작은 씨앗을 비유한다.

3 누토(累土): 흙이 쌓임.

4 爲者敗之, 持者失之, 是以聖人無爲故無敗, 無執故無失: 마숙륜(馬叔倫) 등에 따르면, 제29장의 내용이 잘못 끼어든 것이라고 한다.

5 학불학(學不學): 왕필본과 백서 갑을본을 따른다. 초간본은 '교불교(敎不敎)'로 썼다. '교'는 교화의 뜻이다.

6 是以聖人欲不欲, 不貴難得之貨, 學不學, 復衆人之所過, 以輔萬物自然而不敢爲: 천구잉(陳鼓應)은 본문의 뜻과 무관하기 때문에 착간(錯簡)된 부분이라고 했다.

7 『순자·권학』, "不積蹞步, 無以至千里, 不積小流 無以成江海. 騏驥一躍, 不能十步, 駑馬十駕, 功在不舍. 鍥而舍之, 朽木不折. 鍥而不舍, 金石可鏤."

8 『서경(書經)·여오(旅獒)』, "爲山九仞, 功虧一簣."

혁후어

●○

　　사람이 살면서 어찌 작위가 없을 수 있는가? 노자의 '무위'는 무심하게 행한다는 뜻 이외에도 저절로 이루어진다는 뜻이 있다. 무심하니 저절로 이루어진다고 한 것이다. 이는 제63국에 나오는 '위무위爲無爲'의 뜻과 다를 바 없다. 본국에서 노자는 이에서 한 걸음 더 나아가 '위무위'를 '어떻게'해야 하는가에 대해 이야기하고 있다.

　　일반적으로 "취약한 사물은 흩어지기 쉽고, 미세한 사물은 없어

지기 쉽다." 그래서 '자연이위自然而爲'에 따라 "일이 생기기 전에 타당하게 처리하고, 재난이 생기기 전에 미리 준비해야 한다." 어떤 일을 해야 한다면 처음부터 좋지 않은 것을 근절할 필요가 있다. 사소한 것이라도 나쁜 것이 있으면 제때에 방지하고 처리하라는 뜻이다. 그렇지 않을 경우 악습이나 폐단이 누적되고 심각한 상황이 되어 마치 꼬리가 너무 커서 흔들 수 없는 것처럼 손댈 수 없는 지경에 이르고 만다. 가장 좋은 일은 비가 오기 전에 창문을 수리하는 것처럼 미연에 방지하는 것이다. 선행 처리는 한 걸음 느린 것보다 한 걸음 빠른 것이 당연히 바람직하다.

다음 "아름드리나무도 작은 씨앗에서 성장한다." 우리는 이런 자연을 본받는다. "아홉 층 누대도 한줌의 흙이 쌓이고 쌓여 시작된다." 천리 길도 한 걸음부터라는 뜻이다. 흔히 말하듯이 로마는 하루아침에 이루어진 것이 아니다. 어떤 위대한 업적도 사소한 것처럼 보이는 작은 일부터 시작하기 마련이다. 『순자·권학』에 이런 말이 적혀 있다.

"반걸음이라도 떼지 않으면 천리 길에 이를 수 없고, 작은 물이라도 흐르지 않으면 강과 바다를 이룰 수 없다."

노자의 발언과 대동소이하다. 하지만 순자는 연이어 이렇게 말하고 있다.

"천리마도 한 번 뛰어 열 걸음을 치달을 수 없고, 둔마도 열흘을 달리면 천리에 이를 수 있다. 성공은 그만두지 않음에 있다. 성공은 그만두지 않음에 있다. 새기려다 그만두면 오래된 나무에도 새길 수 없으나, 새기기를 그만두지 않으면 쇠나 돌에도 새길 수 있다."[7]

강인한 의지력을 강조한 것인데, 끊임없이 성실하게 노력하면 설사 재주나 능력이 부족하더라도 힘든 목표를 달성할 수 있다는 뜻이다. 여기서 우리는 도가와 유가의 중요한 차이점을 살필 수 있다.

노자는 우리에게 자연을 본받도록 권유하면서 동시에 이렇게 경고하고 있다.

"억지로 작위하면 실패하고, 억지로 잡으려고 하면 잃게 된다."

인위적으로 강제하거나 지나치게 집착하지 말라는 뜻이다. 유가는 매사에 부지런히 애쓰면서 "황급한 상황에서도 어짊을 잃지 않고 엎어지고 넘어지는 상황에서도 이를 잊지 말아야 한다造次必於是, 顚沛必於是"라고 주장하고 있다. 하지만 노자는 이와는 정반대로 인위적으로 애쓰지 말고 어떤 일이든 집착하지 말라고 하면서 자연스럽게 저절로 이루어지도록 놔두라고 권고하고 있다. 마음에 성패나 득실에 대한 우려와 걱정이 없다면 무슨 실패나 이에 따른 낙담과 실망이 있을 수 없다. 노자는 특히 일반인들이 성공하고자 성급하게 굴다가 오히려 실패하는 모습을 보면서 일을 끝낼 때까지 신중해야 한다고 당부하고 있다. 유가 역시 이와 유사한 발언을 하고 있다.

"아홉 길 높이의 산을 만드는 데 한 삼태기의 흙이 모자라도 일을 다 이루지 못한다."[8]

유가의 강조점은 최후의 순간까지 역량을 최대한 발휘하여 포기하지 말라는 것이다. 그러나 필자가 생각하기에 노자가 중시하고 있는 것은 '평상심'이다. 목표에 거의 달성했다고 흥분하거나 마지막 순간에 이르러 다른 데 정신을 팔게 되면 결국 실패하여 낙심하고 만다. 또한 목표 달성을 위해 노심초사하고 전전긍긍하게 되면 결국 제 풀에 꺾여 더 이상 나아갈 수 없게 된다. 그러니 처음부터 끝까지 평상시처럼 여유로운 마음을 유지하는 것이 무엇보다 중요하다. 이처럼 대범하고 편안한 자세야말로 노자와 유가가 근본적으로 달라지는 분계점이다.

사람들은 가능하다면 큰 업적을 이룩하고 많은 지식과 기술을 배우기를 갈망한다. 하지만 노자는 본문 말미에서 다른 이들이 하고 싶지 않은 것을 하며, 다른 이들이 배우지 않는 것을 배우라고 말했다. 그의 말을 들으니 이탈리아 지휘자 아르투로 토스카니니 Arturo Toscanini의 말이 생각난다. 그는 한 평생 여러 지역에서 유명한 교향악단을 지휘하고 남다른 예술적 성취를 보여주었다. 만년에 그의 아들이 그에게 이렇게 질문한 적이 있다.

"평생 수많은 중대한 일을 하셨는데, 그중에서 가장 중요하다고 생각하시는 것이 무엇입니까?"

토스카니니는 이렇게 대답했다.

"내가 지금 하고 있는 일이 평생 가장 중요한 일이지. 교향악단을 지휘하든 아니면 지금처럼 귤껍질을 까고 있든지 말이야."

귤껍질을 까는 일이 어찌 큰일이겠는가? 누구나 언제든지 할 수 있는 일이니 굳이 배울 필요도 없다. 하지만 진정 '도'를 체득한 이는 지금 이 순간에 하고 있는 모든 일을 중시하고 재미를 느끼며, 어떻게 하면 잘 할 것인지 배우고 생각한다. 이것이 자연이 우리에게 주는 교훈이 아니겠는가? 자연은 한 그루의 큰 나무나 작은 풀 한 포기에도 언제나 똑같은 공력과 사랑을 베풀지 않던가!

참된 지혜를 가진 자가 되어라

옛날에 도를 잘 행한 사람은
백성을 밝게 알도록 가르치지 않고 백성을 순박하게 했다.
백성을 다스리기가 어려운 것은
그들이 꾀를 많이 쓰기 때문이다.
교묘한 거짓 지혜를 써서 나라를 다스리면 나라의 재앙이고
교묘한 거짓 지혜를 쓰지 않고
나라를 다스리는 것은 나라의 복락이다.
이 두 가지 방식의 차이를 아는 것이
바로 계식稽式, 즉 불변의 법칙이다.
항상 이러한 법칙을 아는 것을 일러 '현덕'이라고 한다.
'현덕'은 얼마나 깊고 원대한가!
만물과 더불어 순박함으로 돌아가고
그런 후에 자연에 순응한다.

古之善爲道者, 非以明民¹, 將以愚之².
고지선위도자   비이명민   장이어지

民之難治, 以其智多. 故以智治國, 國之賊.
민지난치   이기지다   고이지치국   국지적

不以智治國, 國之福. 知此兩者³亦稽式⁴, 常知稽式, 是謂玄德.
불이지치국   국지복   지차량자역계식   상지계식   시위현덕

玄德深矣遠矣. 與物反矣⁵, 然后乃至大順.
현덕심의. 원의   여물반의   연후내지대순

1 비이명민(非以明民): 백성들이 기교와 거짓에 밝지 않도록 하다. '명'은 '밝다'이니 '알다'의 뜻과 통한다.

2 우지(愚之): 백성을 어리석게 하다. '우'는 단순히 어리석음이 아니라 순박하고 선량하여 어리석게 보인다는 뜻이다.

3 양자(兩者): "거짓 지혜를 써서 나라를 다스리면 나라의 재앙이고, 거짓 지혜를 쓰지 않고 나라를 다스리는 것은 나라의 복락이다"는 내용을 지칭한다.

4 계식(稽式): 법식, 법도. '해식(楷式)'으로 쓴 판본도 있다. '게'를 순응하다, '식'을 법도로 간주하여 "법도를 따르다"로 풀이하는 이도 있다.

5 여물반의(與物反矣): 덕이 만물과 더불어 진실하고 순박함으로 되돌아간다는 뜻이다. '물'을 '물의(物議)', 즉 뭇사람들의 의론으로 풀이하여 "뭇사람들의 의론과 상반된다"는 뜻으로 해석하는 이도 있다.

●○

과거 많은 이들이 본국에서 한 말을 근거로 노자가 '우민정책'을 고취시켰다고 주장한 바 있다. 하지만 필자가 생각하기에 이는 작은 꼬투리를 잡아 제멋대로 주장함으로써 천고의 오명을 뒤집어씌운 것이나 다를 바 없다. 다시 말해 어리석은 주장이란 뜻이다. 분명 이는 노자의 본의와 다른데 어찌하여 이런 해석이 가능해졌을까? 문제는 그가 쓴 '우愚'라는 말 때문이다.

대부분의 사람들은 '우'라는 글자를 보면 그 즉시 '분笨(멍청함)', '준蠢(아둔함)', '태呆(어리석음)' 등 지적으로 부족하거나 모자란 상태나 경우를 연상하기 마련이다. 하지만 이외에도 '우'에는 다른 뜻이 있다. 『설문해자』의 해석에 따르면, '우'는 "감憨이다. 우는 지智의 반대이다." 여기서 '감'이란 글자에는 '박직樸直', 즉 질박하고 우

혁후어

참된 지혜를 가진 자가 되어라   315

직함의 뜻이 있다. 대만의 속어에 이런 말이 있다. "천공동감인天公疼憨人." 하늘은 우직하고 질박한 이를 사랑한다는 뜻이다. 솔직하고 질박한 이는 바로 그런 이유로 명청하게 보일 수 있다. 노자는 제20국에서 "참으로 어리석은 나의 마음이나니, 혼돈스럽도다我愚人之心也哉, 沌沌兮!"라고 말한 바 있다. 그는 이렇듯 자신을 '우인愚人'에 빗대며 모든 것이 '혼돈'스러운 마음뿐이라고 고백하고 있다. 본문 말미에 나오는 "여물반의與物反矣"는 만물과 더불어 진실하고 순박함으로 되돌아간다는 뜻이다. 여기서도 우리는 그가 말한 '우'가 명청하거나 바보라는 뜻이 아니라 자연스러운 질박의 뜻임을 확인할 수 있다. 따라서 '우민정책'은 전혀 관련이 없다.

'명민' 역시 "백성들이 알게 만든다"는 뜻이 아니라 "백성들을 가르쳐 영리하게 만든다"는 뜻으로 해석해야 한다. 왕필은 『도덕경주』에서 이렇게 해석하고 있다. "명은 교묘하게 속임을 많이 드러내고 질박함을 감추는 것이다. 우는 무지함 속에서 참됨을 지켜 자연을 따르는 것이다明, 謂多見巧詐, 蔽其樸也. 愚, 謂無知守真, 順自然也." 바로 이것이 노자의 일관된 주장이자 입장이다. 그는 총명을 무시하거나 경멸한 것이 아니라 영리함을 사리사욕을 충족시키는데 사용하고 교묘하게 속임수를 쓰는 것을 미워했다. 이는 지식에 대한 반대가 아니라 지식을 사리사욕의 도구로 사용하는 것에 대한 반대이다. "백성을 다스리기가 어려운 것은 그들이 꾀를 많이 쓰기 때문이다." 여기에 나오는 꾀가 바로 사리사욕의 도구로 사용하는 지식이다.

문명이 진보함에 따라 인류는 날이 갈수록 더 많은 지식과 경험을 쌓고 그만큼 영리해지며, 또한 그만큼 자신의 주장이 확고해졌다. 이제 더 이상 소나 양처럼 제대로 관리할 수 없게 되었다. 하지만 이러한 지식과 경험의 확대가 오히려 사람들을 영악하게 만들어 지식을 통해 얻을 수 있는 긍정적인 결과보다 부정적인 결과가 커지게 되었다. 예를 들어 얼마 전에 중국에서 일어난 가짜 분유 사건이나 대만에서 공업용 기름을 첨가하여 식용유로 판매한 사건 등은 사리사욕을 채우기 위해 얄팍한 지식을 이용한 것이라고 할 수 있다. 그렇다면 왜 관리가 이토록 힘든 것일까? 문제 자체가 단순한 것이 아니라 유기적으로 복잡하게 얽혀 있기 때문이다. 다시 말해 부정한 물건을 제작하거나 판매한 회사나 상점의 교활한 속임수뿐만 아니라 보기 좋고 맛 좋은 것만 찾는 소비자들의 구매 패턴, 관리 감독 기관의 무능, 관계와 재계의 검은 커넥션, 과장 광고 등등 여러 가지 요인들이 복합적으로 결합되어 있다는 뜻이다. 나라의 모든 집단과 개인이 자신들의 지식과 경험을 사리사욕과 자기보호를 위해 사용한다면 국가는 총체적인 재앙에 직면하게 될 것이다. 이것이 바로 노자가 말한 나라의 재앙, 즉 '국지적國之賊'이다.

18세기 독일의 물리학자이자 계몽사상가 게오르크 리히텐베르크Georg Lichtenberg는 이렇게 말한 적이 있다.

"공정하게 일을 하는 데 굳이 많은 것을 알 필요는 없다. 하지만 떳떳하게 공정치 않은 일을 하고자 한다면 법률을 진지하게 공부할 필요가 있다."

만약 노자가 그의 풍자적인 말을 들으면 분명 동의했을 것이다. 우리가 질박하고 순수한 마음을 지니고 있다면 자연스럽게 어떤 것이 우리에게 좋은 것이고, 또한 반드시 해야만 하는 일인지 알 수 있다. 그러니 굳이 다른 것을 알려고 애쓸 필요 없다. 사람들은 말로는 인의도덕을 외치면서 실제로는 도둑놈 심보를 지닌 이들, 그럴듯한 말로 자신의 사리사욕을 감추려는 이들을 가장 경멸하고 미워한다. 사실 이는 사회의 가장 큰 해악이기도 하다. 진정으로 '현덕'을 지닌 이는 과연 어느 것이 정당하고 공정한지, 과연 어느 쪽이 옳고 그른지 명확하게 분별할 수 있다.

물러나는 것이 나아가는 것이다

강과 바다에 온갖 하천이 몰려드는 까닭은
그것이 낮은 곳에 처하기 때문이니
능히 온갖 물줄기가 모여드는 곳이 될 수 있다.
그런 까닭에 성인이 백성의 지도자가 되고자 한다면
반드시 언행을 낮추어 겸손해야 하며
백성들의 본보기가 되고자 한다면
반드시 자신을 그들 뒤에 놓아야 한다.
성인은 그런 까닭에 윗자리에 있어도
백성들이 무거워하지 않고
앞에 있어도 백성들이 해롭게 여기지 않는다.
그래서 천하 사람들이 모두 즐겁게
그를 추대하며 싫어하지 않는다.
그는 다른 사람과 다투지 않기에
세상에 그와 다툴 수 있는 사람이 없다.

江海所以能爲百谷王¹者,　以其善下之,　故能爲百谷王.
강해소이능위백곡왕자　　　　　　이기선하지　　　　　고능위백곡왕

是以聖人²欲上民,　必以言下之,　欲先民,　必以身後之³.
시이성인욕상민　　　　필이언하지　　　욕선민　　　필이신후지

是以聖人居上而民不重,　居前而民不害.
시이성인거상이민부중　　　　거전이민불해

是以天下樂推而不厭.　以其不爭,　故天下莫能與之爭.
시이천하락추이불염　　　　이기불쟁　　　고천하막능여지쟁

---

1 백곡왕(百谷王): 온갖 하천이나 협곡이 몰려드는 곳.

2 성인(聖人): 왕필본에는 없으나, 백서 갑을본과 초간본에는 모두 있다.

3 是以聖人欲上民, 必以言下之, 欲先民, 必以身後之: 초간본은 "성인지재민전야, 이신후지. 기재민상야,
이언하지(聖人之在民前也, 以身後之, 其在民上也, 以言下之)"로 썼다. 성인은 백성보다 앞에 있지만 항
시 백성 뒤로 물러서야 하고, 성군은 백성 위에 있지만 그가 내리는 명령을 항시 아래 백성들에게
맞아야 한다는 뜻이다.

4 중국의 유명한 다섯 선사(禪寺: 현통사顯通寺, 탑원사塔院寺, 문수사文殊寺, 수상사殊像寺, 용호사龍虎
寺) 가운데 한 곳이다.

5 포대화상(布袋和尚, 본명은 계차契此. 당말 오대五代 시절 명주明州 봉화奉化(지금의 영파) 출신이다)
의 게송으로 삽앙시(揷秧詩)로 알려져 있다. "手把靑秧揷滿田, 低頭便見水中天. 心地淸淨方爲道, 退步原
來是向前."

●○

"해납백천海納百川." 마음이 너그러운 사람을 비유하는 이 말은
아마도 여기에서 나온 것 같다. 사람, 특히 영도자나 통치자는 반드
시 겸손해야만 많은 이들이 그에게 귀의한다. 하지만 필자가 생각
하기에 노자가 말한 '백곡'이나 '백천'에는 많다는 뜻 외에도 다르다
는 뜻도 있다. 나라든 회사든 가장 훌륭한 통치권자, 또는 경영자는
각기 다른 인재를 영입하고 서로 다른 의견을 수용하는 사람이다.
특히 자신에게 반대되는 이들 가운데 인재를 선발하고 그들의 의
견을 받아들이는 것이 무엇보다 중요하다.

당 태종 이세민李世民은 이런 점에서 상당히 훌륭한 통치자였다.
그는 무엇보다 허심탄회하게 신하들의 간언을 받아들인 것으로 유
명하다. 하지만 처음부터 그의 입지가 순조롭기만 했던 것은 아니

다. 제위에 오르기 전 피비린내가 진동하여 많은 이들이 그를 반대하고 원망했다. 하지만 제위에 오른 후 그는 즉각 태상황(부친인 이연李淵)의 심복, 이전 태자(형인 이건성李建成)의 주변 인물들을 '공신방功臣榜'에 집어넣어 이전의 원한관계를 보복으로 갚지 않았다. 물론 이러한 '겸손'이 늦은 감이 없지 않으나 이 또한 아무나 할 수 있는 일이 아니다. 더욱 쉽지 않은 일은 한 때 자신의 적으로 간주되던 이들을 적극적으로 수용한 점이다. 예를 들어 자신이 제위에 오를 때 충성을 다 한 진숙보秦叔寶, 정교금程咬金 등은 원래 적대 진영의 무장들이고, 그와 함께 '정관의 통치貞觀之治'를 이룩한 핵심적인 인물인 위징魏徵은 이전 태자 이건성의 모사 출신이다. 그는 일찍이 이건성에게 즉각 이세민을 제거할 것을 건의하기도 했다. 그러나 그는 즉위 이후 이전의 나쁜 감정을 모두 버리고 이전의 적을 자신의 우익羽翼으로 삼았으며, 그들의 의견을 경청했다. 과연 겸손과 넓은 아량이 강이나 바다와 같았으니 그저 흉내만 낸 것이 아니었다.

최고 영도자가 진실로 겸손하면 자신만 위대하거나 옳다고 여길 수 없다. 그는 스스로 낮추어 다른 이들의 장점을 높이 사고 다른 이들의 의견을 받아들인다. 그런 사람 밑에 있는 이들은 압박감이나 스트레스를 받을 일이 없으니 자신의 능력과 재주를 마음껏 발휘할 수 있으며, 자신의 영도자를 위해 최선을 다하게 된다. 그렇게 되면 회사든 국가든 날로 발전하지 않겠는가. 선종에 이런 이야기가 전해진다.

용호선사龍虎禪寺[4]에서 젊은 스님들이 절 앞에 있는 담장에 용과 호랑이가 싸우는 그림을 그리고 있었다. 그림 속에 용은 구름 사이에서 선회하며 당장 내려올 것 같은 모습이고, 호랑이는 산꼭대기에 웅크리고 앉아 달려들 기세였다. 스님들은 너 나 할 것 없이 이러쿵저러쿵 의견이 분분하여 이리 고치고 저리 고치기를 반복했으나 왠지 약동하는 기세가 부족한 듯했다. 때마침 무덕선사無德禪師가 외출했다 돌아오자 스님들이 그에게 의견을 물었다. 무덕선사가 그림을 본 후에 말했다.

"용과 호랑이의 외형은 제대로 그렸군. 하지만 자네들은 용과 호랑이의 특성을 제대로 이해하지 못하고 있는 듯하네. 용은 공격에 앞서 머리를 뒤로 움츠러들어야 더욱 멀리 치달을 수 있을 것이고, 호랑이는 달려들기에 전에 고개를 수그려야 더욱 멀리 뛰지 않겠는가."

사부의 한 마디에 스님들은 그제야 자신들의 그린 용의 머리가 지나치게 앞으로 튀어나왔고, 호랑이 머리는 너무 치켜들려 뭔가 부족한 느낌이 들었음을 깨달았다. 무덕선사가 몇 마디 말을 덧붙였다.

"사람의 처세나 참선 수도하는 이치도 마찬가지일세. 한 걸음 물러나면 더 멀리 나갈 수 있고, 자신을 낮추고 머리를 숙이면 더욱 높은 곳으로 오를 수 있다네."

스님들이 고개를 갸웃거리며 물었다.

"사부님, 뒤로 물러나는데 어찌 앞으로 나갈 수 있으며, 고개를 숙이는데 어찌 더욱 높아진다고 하십니까?"

이에 무덕선사가 게송 한 수를 읊었다.

"푸른 모종 손에 쥐고 논 가득 심으며, 고개 숙이니 물속 하늘이 보이네. 마음 맑고 깨끗하니 비로소 도를 이루나니, 뒷걸음치는 것

은 원래 앞으로 나아감일세."⁵

스님들은 그제야 크게 깨달았다.

고개를 숙이고 한 걸음 물러난다는 말은 노자의 다음과 구절의 뜻과 상통한다.

"성인이 백성의 지도자가 되고자 한다면 반드시 언행을 낮추어 겸손해야 하며, 백성들의 본보기가 되고자 한다면 반드시 자신을 그들 뒤에 놓아야 한다."

참으로 곡은 달라도 교묘한 솜씨는 같다同工異曲는 말이 허언이 아님을 알겠다. 물론 인용한 이야기의 내용은 '용과 호랑이의 싸움'으로 노자가 주장하고 있는 '부쟁不爭'과 다르다. 하지만 이러한 '부쟁'으로 맞서 싸울 사람이 없다면 이것이 곧 '쟁'의 최고 경계가 아니겠는가?

자애롭고 검약하는 인물이 되어라

세상 사람들이 나에게 말하길,
도는 크지만 구체적인 사물과 같지 않다고 한다.
그것이 크기 때문에 구체적인 사물과 비슷하지 않다.
만약 그것이 구체적인 어떤 물건과 비슷하다면
오래전에 이미 하찮은 것이 되었을 것이다.
나에게는 세 가지 보물이 있어 지켜 보존하고 있다.
첫째는 자애로움이고
둘째는 검소함이며
셋째는 감히 천하에서 다른 사람 앞에 서지 않음이다.
자애롭기 때문에 용감할 수 있고
검약하기 때문에 크고 넓어질 수 있으며
천하 사람들 앞에 서지 않기 때문에
만물의 우두머리가 될 수 있다.
지금 자애로움을 버리고 용감하고자 하거나
검약을 버리고 넓어지고자 하거나
양보를 버리고 앞서고자 하는 것은 죽음의 길이다.
자애로움으로 싸우면 이길 수 있고, 지키면 견고해질 수 있다.
하늘이 누군가를 구하고자 하면 자애로움으로 그를 보위한다.

天下皆謂我道大, 似不肖[1]. 夫唯[2]大, 故似不肖. 若肖,
천하개위아도대　　　　사불초　　　부유대　　고사불초　　약초

久矣其細也夫[3]! 我有三寶, 持而保之.
구의기세야부　　　아유삼보　　지이보지

一曰慈, 二曰儉, 三曰不敢爲天下先. 慈, 故能勇, 儉, 故能廣.
일왈자　이왈검　삼왈불감위천하선　자　고능용　검　고능광

不敢爲天下先, 故能成器長[4]. 今舍慈且勇, 舍儉且廣,
불감위천하선　　고능성기장　　금사자차용　　사검차광

舍后且[5]先, 死矣. 夫慈以戰則勝, 以守則固. 天將救之,
사후차선　　사의　　부자이전즉승　　이수즉고　　천장구지

以慈衛之.
이자위지

1 사불초(似不肖): 구체적인 사물과 닮지 않았다는 뜻이다. '초'는 서로 비슷함이다. '불초'는 '불초자손
(不肖子孫)'이란 말에서 볼 수 있다시피 선조의 뛰어남에 미치지 못하는 어리석거나(愚鈍) 현명하지
못한 자를 뜻하는데, 혹자는 이런 뜻으로 해석하기도 한다.

2 유(唯): 때문에.

3 天下皆謂我道大, 似不肖. 夫唯大, 故似不肖. 若肖, 久矣其細也夫: 본장은 '자(慈)'에 대해 이야기하고 있는
데, 서두의 26자는 전체 내용과 어울리지 않는다. 그래서 천구잉은 이를 착간으로 보고 있다. 엄령
봉(嚴靈峯)은 『노자달해(老子達解)』에서 34장 "고능성기대(故能成其大)" 다음으로 옮겨야 한다고 주
장했다.

4 기장(器長): '기'는 만물이니, 만물의 우두머리라는 뜻이다.

5 차(且): 취(取)와 통한다.

●○

혁후어

어린 시절 어머니가 해주신 이야기이다. 친척 가운데 한 아주머
니가 사셨는데, 천성적으로 겁이 많아 매사에 소심했다고 한다. 살
던 마을 근처에 공동묘지가 있었는데, 읍내로 가는 지름길이 바로
그 길과 이어져 있었다. 겁 많은 아주머니는 대낮에도 그 길로 가지
못하고 멀리 돌아가곤 했다. 어느 날 아직 어린 아이가 갑자기 몸에
열이 나기 시작하더니 밤이 깊을수록 점점 더 심해졌다. 놀란 아주
머니는 읍내로 의사를 찾아가기 위해 황급히 아이를 업고 집을 나
섰다. 아주머니는 급한 나머지 평소 가지 않던 공동묘지 길로 접어
들어 걸음을 재촉했다. 나중에 아주머니의 한 말에 따르면, 한시라
도 빨리 읍내로 가야겠다는 마음이 앞서 무슨 귀신이나 강시僵尸 등

자애롭고 검약하는 인물이 되어라

을 생각할 겨를조차 없어 전혀 무섭지 않았다고 한다.

이른바 "여자는 약하나 어머니는 강하다"라는 말이 과연 옳다는 생각이 들었다. 평소 심약하고 약하기만 한 여인이 아이에 대한 사랑으로 인해 용감하고 강하기 이를 데 없는 이로 변하게 된 것이니 그럴 만했다. 이것이 바로 노자가 말한 "자애롭기 때문에 용감할 수 있다"라는 뜻이다.

앞서 노자는 '도'가 비록 미세하지만 천하에 그것을 지배할 수 있는 것이 없다고 말했다. 하지면 본국에서는 '도'가 너무 커서 구체적인 사물과 같지 않다고 했다. 사실 '도'는 이름도 없고 형체도 없으며, 클 수도 있고 작을 수도 있고, 어떤 사물과 같을 수도 있고 같지 않을 수도 있다. 여기서 중요한 점은 도를 체득한 이가 과연 무엇을 받들고 어떤 특질을 표현하는가이다. 노자는 본국에서 이 점에 관해 다음 세 가지 보물, 즉 '삼보三寶'를 제시하고 있다. "첫째는 자애로움이고, 둘째는 검소함이며, 셋째는 감히 천하에서 다른 사람 앞에 서지 않음이다." 불가에도 '삼보'가 있다. 불佛, 법法, 승僧이 그것인데, 이를 비교해보면 불가는 여전히 외재적이고 구체적인 것을 중시하고 있으며, 이에 반해 노자는 구체적인 사물을 벗어나 마음의 내적 수양과 관련된 개념을 제시하고 있다. 노자가 말한 '자慈'는 불가의 '자비'를 연상시키지만 그 실질적인 함의는 크게 다르다. 왜냐하면 노자의 '자'는 '용勇'을 낳는 데 반해 불가의 '자'는 '비悲'를 낳기 때문이다.

그렇다면 '자'는 왜 '용'을 낳는가? 앞서 이야기한 "어머니는 강하다"라는 말이 설명을 대신할 수 있을 듯하다. 또한 나머지 두 가지, 즉 검약과 겸양 역시 전통적인 여성의 특질에 속한다. 앞서 말한 바대로 노자의 사상은 이전 초나라 땅의 모계 문화의 색채를 짙게 띠고 있으며, '유柔'와 '정靜'은 여성의 특질에 대한 상당히 높은 평가이다. 하지만 노자의 '도'를 위대한 모친과 같다고 말한다면 어딘가 부족한 데가 있다. 무엇보다 '도'는 그 어느 것과도 같지 않기 때문이다. 당연히 여성이나 모친보다 위대하다.

노자는 본국에서 당시 사회 현상을 용감함, 확장, 앞섬 세 가지로 요약했다. 이는 남성의 특질을 대변하는 것이기도 하다. 하지만 이는 '도'와 위배되기 때문에 결국 멸망의 길로 빠지고 만다. 따라서 '삼보'가 이러한 사회를 치유하는 약방문이 될 수 있다. '삼보' 가운데 가장 중요한 것은 '자'이다. '자'는 여자에 국한되지 않으며, 남자도 지니고 있는 인간의 특질 가운데 하나이다. 예를 들면, 전국시대 위魏나라 명장인 오기吳起는 수하의 병사들을 자신의 혈육처럼 생각했다. 한 번은 휘하 병사의 몸에 독창이 생겼는데, 오기가 직접 입을 대고 고름을 빨아냈다. 그의 부모처럼 자애로운 행위는 그 병사뿐만 아니라 전군에 큰 감동을 주었다. 그리하여 오기의 군대는 "자애로움으로 싸우면 이길 수 있고, 지키면 견고해질 수 있다"라는 노자의 말을 그대로 실행에 옮겼다.

어떤 사람, 어떤 일이든 자애를 출발점으로 삼고 검약과 앞서지 않음으로 보완하면 자연의 '도'를 체현했다고 말할 수 있다.

전쟁과 처세

뛰어난 장수는 무용武勇을 드러내지 않고
잘 싸우는 이는 성내지 않으며
적과 싸워 잘 이기는 이는 맞서 싸우지 않고
사람을 잘 쓰는 이는 다른 이들에게 겸손하다.
이를 싸우지 않는 덕이라 하며
이를 남을 잘 쓰는 능력이라고 하고
이를 하늘의 도리에 부합하는 극치의 표현이라 한다.

善爲士者¹, 不武.
선위사자　　　불무

善戰者, 不怒.
선전자　　불노

善勝敵者, 不與².
선승적자　　불여

善用人者, 爲之下.
선용인자　　위지하

是謂不爭之德, 是謂用人之力, 是謂配天古之極³.
시위부쟁지덕　　　　시위용인지력　　　　시위배천고지극

1 선위사자(善爲士者): 잘 싸우는 무사. '사'는 무사, 장수의 뜻이다.
2 불여(不與): 부쟁(不爭)이다. 정면충돌을 하지 않는다는 뜻이다.
3 배천고지극(配天古之極): 왕필본을 따른다. 백서 을본은 "配天, 古之極"으로 썼다. '배천'은 천도에 부
　합한다는 뜻이고, '고지극'은 아주 오래된 준칙이란 뜻이다. '고' 자는 연문(衍文: 군더더기 글)이라고
　보는 이도 있다. 이럴 경우 하늘의 준칙에 부합한다고 풀이할 수 있다.
4 『손자·화공(火攻)』, "主不可以怒而興師, 將不可以慍而致戰."

● ○

　　본문에서도 용병과 싸움에 대해 구체적인 현상을 예로 들어 단
편적으로 논하고 있다. 전쟁은 비록 모든 이들에게 고통과 슬픔을
안겨주는 죄악이지만 국가와 가족을 보호하기 위해 때로 어쩔 수
없이 무기를 들 때가 있기 마련이다. 전쟁을 도저히 피할 수 없어
전쟁터로 나갔다면 괜히 머뭇거리거나 망설일 여유가 없다. 어떻
게 해서든지 이겨야 자신과 자신의 가족, 그리고 나라를 구할 수 있
기 때문이다.

　　『손자·화공火攻』에 따르면, "군주는 분노로 말미암아 전쟁을 일
으켜서는 안 되고, 장수는 일시적인 격정으로 전투에 임해서는 안
된다."⁴ 일시적인 분노 때문에 전쟁을 일으키거나 일시적인 격분으
로 출전해서는 안 된다는 뜻이다. 이는 노자가 말한 "뛰어난 장수

혁후어

는 무용을 드러내지 않고, 잘 싸우는 이는 성내지 않는다"라는 말과 교묘하게 일치한다. 그래서 혹자는 이를 근거로 『도덕경』을 병서, 노자를 병가라고 말하기도 한다. 하지만 노자가 말한 '불무不武', '불노不怒', 그리고 이어지는 '불여不與', '위지하爲之下', '부쟁' 등은 모두 '유정柔靜' 철학의 핵심적인 내용이자 이치이다. 그에게 있어 전쟁이란 일상생활이나 처세와 마찬가지로 자연의 도에 부합해야 한다. 바로 이런 점이 손자와 전혀 다른 부분이다.

일상생활은 '담박녕정澹泊寧靜(담백하여 욕심이 없고, 조용하고 평온함)'이 가장 좋고 아름답다. 군사 행동도 마찬가지이다. 황급하고 초조한 나머지 마음이 들떠 경망스럽게 행동하거나 사소한 일에도 쉽게 격노하는 것은 금물이다. 일단 마음이 격해지면 이성을 잃고 제대로 판단을 할 수 없어 결국 개인과 국가에 불행을 가져오기 때문에 그러하다. 『삼국연의』를 보면 적지 않은 예를 살필 수 있다. 제59회「허저는 옷을 벗고 마초와 싸우고, 조조는 한수에게 서신을 보내다許褚裸衣鬪馬超, 曹操抹書間韓遂」를 보자.

조조 진영의 허저는 용맹하고 싸움을 잘 하여 '호후虎侯'라는 영예를 얻을 정도였다. 그런 그가 유비 진영의 마초와 결전을 벌이게 되었는데, 마초가 달려 나오며 "허치許癡는 빨리 나오너라"라고 외치자 격분하여 달려 나갔다. 두 장수는 2백여 합을 싸웠으나 승부가 나지 않았다. 허저는 화가 나서 진영으로 돌아가 투구와 갑옷을 벗고 근육질 몸매를 그대로 드러낸 채로 말에 올라타 다시 마초와 결전을 벌였다. 결국 허저는 팔에 두 발의 화살을 맞아 물러나지 않을 수 없었으며, 나머지 장수들도 황급히 진영으로 후퇴했다. 이에 마초가 진격하여 조조의 병사 절반이 다치거나 죽었다. 일시적인 격분과 경솔한 행동의 결과였다.

딱딱한 것끼리 부딪치는 것을 지양하고 담백하고 조용한 마음 상태를 유지하라는 권고 외에도 본국은 용인用人에 대해 언급하고 있다. 이에 따르면, 장수로서 휘하 장병들이 자신과 국가를 위해 최선을 다하기를 원한다면 온갖 하천이 강과 바다로 흘러드는 것처럼 자신을 낮추고 겸손해야 한다. 앞서 유비가 제갈량에게 보여준 '삼고초려' 외에도 한 고조 유방 역시 자신을 낮추고 타인의 장점을 칭찬함으로써 군주의 자리를 더 확고히 할 수 있었다. 항우를 물리치고 황제의 자리에 오른 유방은 군신들이 모인 자리에서 이렇게 말했다.

"대저 군막 안에서 계획을 세워 천 리 밖의 전선에서 승리하게 만드는 재능 면에서 나는 자방子房(장량張良의 자)만 못하고, 나라를 안정시키고 백성을 위무하며, 급료를 지급하고 양식이 떨어지지 않도록 하는 면에서 나는 소하蕭何만 못하다. 백만 대군을 이끌고 싸움에 임하여 반드시 승리를 거두고 공격하면 반드시 취한다는 점에서 나는 한신韓信만 못하다. 이들 세 사람은 모두 인걸인데, 내가 그들을 곁에 두고 쓸 수 있었기에 천하를 얻을 수 있었다."

그의 발언은 자신이 인재를 적재적소에 활용할 수 있었기에 천하를 얻었다는 뜻이나 이보다 중요한 것은 그가 진정으로 자신을 낮추고 겸손할 줄 알았다는 점이다. 어떤 방면에서 자신이 남보다 못하다는 것을 자인하고 타인의 장점을 솔직하게 인정하며 대임을 상대에게 맡길 수 있다면 상대는 자신에게 대임을 맡겨준 이에게 충성을 다하며 자신의 장점을 최대한 발휘할 것이다. 유방은 바로 이런 점을 명쾌하게 보여주었다. 하지만 항우는 달랐다. 그의 가장 큰 패인은 자신이 어떤 면에서도 남들보다 뛰어나고 강하다는 자부심이었다. 그의 신변에 범증范增이라는 탁월한 모사가 있었음에도 그는 언제나 자신이 옳다고 여겼기 때문에 그의 건의를 받아들이지 않았다. 결국 돌이킬 수 없는 패배의 나락으로 떨어지고 말았다.

유방이 말한 세 가지 '불여不如(……만 못하다)'는 노자가 말한 '부쟁'과 다를 바 없다. 그는 탁월한 참모였던 장량과 누가 뛰어난지 다투지 않았으며, 백성을 누가 더 잘 위무하는지에 대해 소하와 다툰 적이 없었다. 또한 실제 전투에서도 누가 잘 하는지 한신과 다투지 않았다. 다투지 않았기 때문에 그는 세 사람의 장점을 최대한 활용하여 최선을 다하도록 함으로써 그들의 역량을 결집하여 건국의 대업을 완성시킬 수 있었다.

건국의 대업이 이럴진대 인생의 대업 또한 이러하지 않겠는가?

비분과 격정 대신 자애로움이 필요하다

용병에 능한 이가 이렇게 말한 적이 있다.

'나는 주동적으로 진격하지 않고 수세를 취하며

한 치를 나가지 않고 오히려 한 자를 물러난다.'

이를 일러 진열하고 있으나 진세陣勢가 없는 듯하고

휘두르려 하지만 오히려 팔이 없는 듯하며

맞서고 있지만 적군이 없는 듯하고

병기가 있으나 병기가 없는 듯하다고 말한다.

적을 가벼이 여기는 것보다 큰 화가 없으니

적을 가볍게 여기면 나의 세 가지 보물을 잃게 될지도 모른다.

그래서 병력이 엇비슷한 군대가 서로 맞붙게 되면

자애로운 쪽이 이기게 된다.

用兵有言.
용병유언

"吾不敢爲主[1], 而爲客[2], 不敢進寸, 而退尺."
　　　　이위객　　　불감진촌　　　이퇴척

是謂行無行[3], 攘無臂[4], 扔無敵[5], 執無兵[6].
시위행무행　　양무비　　잉무적　　집무병

禍莫大於輕敵, 輕敵幾喪吾寶. 故抗兵相若[7], 哀[8]者勝矣.
화막대어경적　　경적기상오보　　고항병상약　　애자승의

1 위주(爲主): 주동적으로 침범함. 공세적이라는 뜻이다.
2 위객(爲客): 피동적으로 물러나 지킴. 수세적이라는 뜻이다.
3 행무행(行無行): '행'은 행렬, 진열(陳列)을 말한다. 비록 진열을 갖추고 있으나 진세를 펼친 것처럼 보이지 않는다는 뜻이다.
4 양무비(攘無臂): 팔을 휘둘러 물리치려고 하나 휘두를 팔이 없는 것처럼 한다는 뜻이다.
5 잉무적(扔無敵): 적과 맞서고 있지만 적이 없는 것처럼 한다는 뜻이다. 백서 갑을본은 "집무병, 내무적(執無兵, 乃無敵)'으로 썼다.
6 집무병(執無兵): 병기를 잡고 있으나 병기가 없는 것 같다는 뜻이다.
7 항병상약(抗兵相若): '항병'은 군대가 서로 싸운다는 뜻이고, '상약'은 군사력이나 병력이 서로 엇비슷하다는 뜻이다.
8 애(哀): 자애로움이다. 전쟁은 비참하고 슬픈 상사(喪事)와 같다. 제31장 참조.
9 『손자·군형(軍形)』, "昔之善戰者, 先爲不可勝, 以待敵之可勝."
10 『손자·군쟁(軍爭)』, "軍爭之難者, 以迂爲直, 以患爲利."

●○

　　흔히 말하는 '애병필승哀兵必勝'이란 말은 여기에서 나왔다. 무슨 뜻인가? 대다수 사람들은 "비분에 찬 병사들이 투지를 발휘하여 적에게 승리를 얻는다"라는 뜻으로 믿고 있다. 하지만 이는 노자의 원래 뜻이 아니다. 노자가 생각하기에 전쟁이란 어쩔 수 없는 상황에서 '부득이' 치러지는 일인데, 어찌 '비분'과 '격양된 투지'로 적군을 필살하라고 말했겠는가? 하지만 이런 오해는 인지상정人之常情이라고 해도 과언이 아니다. 일반적으로 사람들은 심오한 사고보다 글자만 보고 단편적이고 그릇된 해석을 내리기가 쉽기 때문이다. 이는 마치 『도덕경』에 용병이나 군대에 관한 내용이 있다고 하여 노자를 병가로 보거나『도덕경』을 병서로 간주하는 것과 같다.

　노자가 본국에서 인용하고 있는 내용, 특히 "나는 주동적으로 진격하지 않고 수세를 취하며, 한 치를 나가지 않고 오히려 한 자를 물러난다"라는 발언은 어떤 병서에서도 찾아볼 수 없다. 하지만 병가를 비유하고, 병가의 관념을 빌린 것만은 분명하다.『손자·군형軍形』에 보면 이런 내용이 나온다.

　"예전에 전투에 뛰어난 장수는 먼저 적이 아군을 이기지 못할 태세를 갖추고 적이 허점을 드러내 아군이 승리할 수 있는 여건이 조성되기를 기다렸다."[9]

　말인 즉 우선 수비와 방어를 확고하게 한 후에 전승할 수 있는 기회를 기다리라는 뜻이다.『손자·군쟁軍爭』에서는 이렇게 말하고 있다.

　"군대의 싸움이 어려운 까닭은 먼 길로 돌아가면서도 곧바로 가는 것처럼 만들고, 불리한 조건을 유리한 조건으로 만들어야하기 때문이다."[10]

　전쟁에서 가장 힘든 일은 직접적인 목표를 달성하기 위해 우회의 방식을 사용하고, 불리한 조건을 극복하여 유리하게 만드는 일이라는 뜻이다. 이는 '이일대로以逸待勞(휴식하며 힘을 비축하여 적이 피로해지기를 기다림)', '이정제동以靜制動(고요함으로 움직임을 제어함)', '이퇴위진以退爲進(진격을 위해 일시 물러남)', '이유극강以柔克强(부드러움으로 강함을 제압함)'의 전술을 강조함이다. 손자는 이를 전쟁의 어려움이라고 말했다. 대다수 용병가들이 생각하듯이 지나치게 소극적이고 피동적이며, 자신에게 불리한 것처럼 보이는 방법이기 때문이다. 하지만 노자의 입장에서 볼 때 이는 가장 자연스럽고 유리한 전술이다. 무엇보다 노자의 인생철학에 부합하며 또 자신의 역방향 사고를 반영하기 때문이다.

　노자는 이어서 이렇게 말하고 있다.

　"진열은 있으나 진세陣勢가 없는 듯하고, 휘두르려 하지만 오히려 팔이 없는 듯하며, 맞서고 있지만 적군이 없는 듯하다."

　자못 난해한 구절이다. 혹자는 "잉무적扔無敵"이 세 구절을 개괄하고 있기 때문에 마지막에 두는 것이 합리적이라고 주장하고 있다. 상대방과 맞대결을 피함으로써 오히려 가는 곳마다 대적할 자가 없다는 뜻이다. 여하간 그의 발언은 '선禪'의 분위기가 물씬 풍긴다. 특히 가장 먼저 떠오르는 인물은 무협소설에 나오는 무림의 고수이다. 그들은 상대가 겨룰 때 대단한 초식이 있는 것처럼 보이나 오히려 무초無招, 즉 별다른 초식이 없으며, 검을 지닌 것처럼 보이나 실제는 검이 없다. 김용金庸(중국의 저명한 무협소설 작가로 필명인 김용은 용鏞 자를 파자破字한 것이다)의 무협소설『신조협려神雕俠侶』에 나오는 신비한 인물로 '검마劍魔'로 불리는 독고구패獨孤求敗는 천하에 대적할 자들이 없어 자신의 검을 땅속에 묻고 만다. 그는 이미 "검이 없어도 검을 지닌 자를 이길 수 있고, 별다른 초식이 없이도 초식을 지닌 이들을 이길 수 있기無劍勝有劍, 無招勝有招" 때문이다. 이처럼 '무'로 '유'를 제압하는 무학武學의 경계는 노자의 영향과 무관치 않다. 하지만 필자 생각에 노자의 군대(만약의 경우)는 그처럼 고명하지 않을 듯하다. 오히려 노자는 적들에게 약한 모습을 보였을 것이다. 그의 군대는 진형도 제대로 갖추지 않고 무기력하여 싸울 생각도 하지 않아 적의 공격에 속절없이 무너질 것만 같다. 하지만 이로 인해 적군이 상대를 가볍게 보고 자만하게 될 경우 '유약함으로 강강剛强을 물리쳐' 마지막 승리를 얻을 것이다. 노자가 "적을 가벼이 여기는 것보다 큰 화가 없다"라고 연이어 말한 까닭은 바로 이 때문이다.

양군이 대치하고 있는 상황에서 근신하고 조심하지 않으면 무고한 희생이 뒤따를 수밖에 없으며, 그가 앞서 말한 '삼보'도 잃게 된다. 노자가 공세보다는 수세守勢를 취하며 부드러움으로 강함을 제어하고 고요함으로 움직임을 억제하며, 진격보다 일시 물러남을 택하여 자신의 약함을 보이는 까닭은 자신을 보호함과 동시에 최소한의 손실로 최대의 승리를 얻기 위함이다. 다시 말해 '삼보'를 지키기 위함이라는 뜻이다. 전쟁은 부득이하고 비참한 일이다. 따라서 비애와 자애의 심정으로 출전해야만 비로소 진정한 승리를 얻을 수 있으며, 또한 민심을 거둘 수 있다.

이러한 '애병필승'이 비교적 노자의 본의에 부합한다. 인생이란 전쟁터에서 어쩔 수 없이 싸워야 할 때 우리가 지녀야 할 마음 역시 비분과 격정이 아니라 애련哀憐이다.

깊은 계곡의 난초는 늘 그윽한 향기가 난다

나의 말은 이해하기 쉽고 행하기 쉽다.
그러나 천하 사람들은 이를 알지 못하고 실행하지도 못한다.
말에는 주된 뜻이 있고
일을 하는 데는 근거가 있다.
이러한 도리를 모르기 때문에 나를 모르는 것이다.
나를 아는 이가 적을수록 나를 본받고자 하는 이가 드물다.
그래서 성인은 낡은 베옷을 걸쳤지만
속으로는 아름다운 옥을 품고 있다.

吾言甚易知, 甚易行. 天下莫能知, 莫能行.
오언심이지　　　심이행　　　천하막능지　　　막능행
言有宗[1], 事有君[2]. 夫唯無知[3], 是以不我知.
언유종　　　사유군　　　부유무지　　　시이불아지
知我者希, 則[4]我者貴. 是以聖人被褐而懷玉[5].
지아자희　　　칙아자귀　　　시이성인피갈이회옥

1 언유종(言有宗): 말에 종지, 주된 뜻이 있다.
2 사유군(事有君): 일을 행하는 데 일정한 근거가 있다. '종'과 '군'은 모두 '도'의 대칭이다.
3 유무지(唯無知): '유'는 때문의 뜻이다. '무지'는 다른 사람이 모른다는 뜻이지만 일설에는 자신의 무
　지라고 풀이하기도 한다.
4 칙(則): 본받음.
5 피갈이회옥(被褐而懷玉): '피갈'은 베옷을 걸치다. '회옥'은 아름다운 옥을 품다. 겉모습은 초라한 듯
　하지만 내면이 아름답고 충실하다는 뜻이다.

●○

　사람이 살다보면 푸념이나 불평불만이 있을 수밖에 없다. 본문을 읽다보면 노자의 푸념을 듣는 듯하다. 그는 천하에 자신의 말을 금과옥조로 신봉하거나 성실하게 실천에 옮기는 이들이 없음을 탓하고 있다. 그렇다면 세상 사람들은 왜 그를 이해하지 못하는 것인가? 그들은 아는 것이 부족하고 식견이 짧지만 노자는 마치 재주를 지녔으나 시대를 만나지 못한 이처럼 자신의 보석을 깊이 감추고 드러내지 않기 때문이다. 이런 그의 모습은 '무위', '무욕', '무쟁'을 숭상하는 기존의 노자 모습과 상당히 달라 보인다. 하지만 이런 푸념을 늘어놓는 모습에서 우리는 그가 인간적임을 새삼 깨닫게 된다.

　노자의 이런 모습 속에서 우리는 그와 똑같은 예지를 지녔으되

표현은 전혀 달랐던 니체가 생각난다. 노자 철학의 핵심이 '유약승강강'이라면 니체는 이와 정반대였다. 그의 초인超人 철학은 강한 것이 유약함을 이긴다는 '강강승유약'이다. 모든 유약한 도덕과 인류는 반드시 초월하고 대체되어야 한다는 뜻이다. 이렇듯 노자와 니체는 전혀 다른 주장을 하고 있지만 그들의 언설은 당시에 사람들에게 수용되지 않았다는 공통의 운명을 지니고 있다. 노자의 상황은 앞서 자술한 바 있다. 니체는 어떠했는가? 그의 작품은 거의 모두 자비로 출판했다. 시장을 고려하지 않을 수 없는 출판업자의 입장에서 볼 때 그의 책은 아무도 관심이 없는 책이었기 때문이다. 실제로 그러했다. 게다가 자비로 출판한 책들도 그저 몇백 부만 판매되었을 뿐이다. 후세에 니체의 걸작이자 대표작으로 유명해진『차라투스트라는 이렇게 말했다』의 경우 1885년 자비로 40권을 출간하여 몇몇 친구들에게 나누어주었을 뿐이다. 그는 책이 출간될 때마다 자신의 저작을 아무도 알아주지 않음을 원망했으며, "반유태주의의 쓰레기더미에 매몰되었다"라고 말하거나 심지어 '모든 현인들을 경멸하는 활동'과 연결하기도 했다.

아마도 이는 수준 높은 곡을 따라 부를 수 있는 이가 드문 것처럼 시대를 앞질러가는 선지자의 고독이라고 할 수 있을 듯하다. 비록 원망은 했지만 니체는 스스로 자신의 사상과 저작에 대해 상당한 자부심을 느꼈다. "나의 때는 아직 도래하지 않았다. 몇몇 사람은 죽은 후에야 태어나는 법이다." "누구든 장차 세상에 명성을 떨치려면 반드시 오랜 시간 침묵해야 하며, 장차 밝게 빛나고자 한다면 구름처럼 오랜 시간 떠다녀야 할 것이다." 그는 이런 말로 자신을 위로했다. 그리고 나중에 그의 말이 사실이었음을 증명했다. 필자 생각에 노자의 원망이나 푸념 역시 이런 것이 아니겠는가 싶다. 비록 세상 사람들이 알아주지 않지만 그는 담담하게 자신의 보석을 품에 안고 자신의 가치를 긍정했다.

길고 긴 인생의 여정에서 사람들은 누구나 좌절과 고통을 맛보기 마련이며, 때로 푸념을 늘어놓거나 누군가를 원망하고 한숨을 내쉴 때가 있다. 이는 당연한 일이자 건강에도 좋다. 아무런 원망도 내비치지 않고 불만이나 푸념도 하지 않는다면 오히려 사람들에게 이상하게 보이거나 거짓처럼 여겨질 수 있다.

아프리카에서 의료 선교활동을 한 알베르트 슈바이처Albert Schweitzer는 인류의 형제애를 위한 노력으로 1952년 노벨 평화상을 받은 바 있다. 그러나 그 역시 스스로를 원망한 적이 있다. "정말 바보 같아! 왜 이렇게 험난한 아프리카로 와야만 했을까?" 물론 짧은 푸념 후에 그는 정신을 차리고 더욱 열심히 자신의 이상을 위해 분투했다. 영웅이라 하여 원망이나 푸념이 없을 수는 없다. 다만 그들은 스스로 원망하고 한탄하는 단계에서만 머물지 않는다.

보통 사람도 누군가에게 무시를 당하거나 존중받지 못하는 경우가 없는 것은 아니다. 이로 인해 원망이나 불만을 털어놓는 일 역시 흔히 있을 수 있다. 그렇다면 그럴 경우 어떻게 대처해야 하는가? "깊은 계곡의 난초는 사람이 없어도 절로 향기롭다蘭生幽谷, 無人自芳." 이처럼 자신의 가치관, 신념, 생활방식이 옳다고 여긴다면 굳이 사람들이 이해하지 못한다고 원망하거나 다른 이들에게 영합하기 위해 바꾸지 않아도 된다. 깊은 계곡의 난초는 감상하는 이가 없어도 그윽한 향기를 발산하지 않던가! 이것이 노자가 말하는 '자연의 도'가 아니겠는가!

깊은 계곡의 난초는 늘 그윽한 향기가 난다

지혜를 지닌 지자가 되어라

자신이 알지 못한다는 것을 아는 것이 가장 좋고
알지 못하면서 안다고 하는 것은 결점이다.
성인이 결점이 없는 것은 결점을 결점으로 여기기 때문이다.
이렇듯 결점을 결점으로 여기기에 결점이 없는 것이다.

知不知¹, 上矣², 不知知³, 病也.
지부지 상의 부지지 병야
聖人不病, 以其病病⁴, 是以不病.
성인불병 이기병병 시이불병

1 지부지(知不知): 학자에 따라 다음 두 가지로 해석한다. 하나는 자신이 알지 못한다는 것을 아는 것이고, 다른 하나는 이미 알고 있지만 스스로 안다고 여기지 않는 것이다. 여기서는 전자를 따른다.
2 상의(上矣): 왕필본은 '의'가 없다. 백서갑, 을본, 부혁본은 '尙'으로 썼다. 고대에 '上'과 '尙'은 통용되었다.
3 부지지(不知知): 모르면서 알고 있다고 여기는 것을 말한다.
4 병병(病病): '병'은 결점, 결함이다. 앞에 나오는 '병'은 동사이니 자신의 결점을 결점으로 여기는 것을 말한다.

●○

　대학 시절에 소크라테스에 관한 책(『소크라테스를 위한 변명』)를 읽고 깊은 인상을 받은 적이 있다. 소크라테스의 친구가 아폴론 신전에 가서 "세상에서 가장 지혜로운 사람이 누구냐"라고 물었다. 사제가 신탁을 전하기를 "소크라테스가 세상에서 가장 지혜롭다"라고 했다. 친구가 소크라테스에게 이런 말을 하자 그는 오히려 번민에 빠졌다. 스스로 생각하기에 자신은 무지無知한 자였기 때문이다. 그는 과연 신탁의 진정한 뜻이 무엇인지 알아보기 위해 지자로 명성이 자자한 이들을 찾아다니기 시작했다. 소크라테스는 대화를 나누면서 그들이 너 나 할 것 없이 스스로를 대단한 인물로 생각하고 있으며, 자신의 학식이나 경험이 풍부할뿐더러 다른 분야나 일에 대해서도 정통하다고 자부하고 있음을 알게 되었다. 그제야 소크라테스는 아폴론이 왜 자신을 보고 가장 지혜롭다고 했는지 알 수 있었다. 그것은 바로 그가 자신의 무지를 알고 있었기 때문이다.

책을 읽고 인상이 깊을 수밖에 없었던 까닭은 당시 '지식 청년'을 자부하던 필자 자신이 교내나 커피숍 등에서 여러 사람들과 실존주의, 정신분석학, 초현실주의까지 마치 다 알고 있는 양 담론을 펼치면서 뛰어난 학식이라도 있는 양 잘난 척을 하고 있었기 때문이다. 소크라테스는 내 자신이 우물 안의 개구리에 불과하다는 것을 알려주었던 것이다. 하지만 솔직히 말해서 인상은 깊었지만 당시 필자는 아직 무엇이 '무지'인지 몰랐으며, 자신의 '무지'조차 깊이 체득하지 못하고 있었다.

나중에 『도덕경』을 읽고 나서야 비로소 노자가 똑같은 말을 하고 있음을 알았다. 필자 나름대로 어느 정도의 지식과 경험을 쌓은 후에야 '부지不知'나 '무지'에 다음 세 가지 형태가 있음을 깨달았다. 첫째, 우주만물과 세상에 대한 지식은 사람이 아무리 박학다식하더라도 다 알 수 없을 정도로 무궁하여 끝이 없다. 한 사람이 알고 있는 지식이란 창해일속滄海一粟처럼 미미할 따름이다. 아인슈타인이 "하나님 앞에서 우리는 모두 무지하다"라고 한 것과 같은 뜻이다. 둘째, 우리가 알고 있는 지식은 유한할뿐더러 대부분의 경우 상대적이기 때문에 의심할 여지가 적지 않다. 스스로 믿고 있는 것처럼 절대적으로 옳거나 정확하지 않다는 뜻이다. 셋째, 사람이 아무리 총명하고 최선의 노력을 다한다고 할지라도 그가 얻은 지식은 '사물의 본질'이나 '절대 진리'와 거리가 있기 마련이다. "도가도, 비상도"라는 노자의 첫 번째 발언처럼 또한 소크라테스의 말처럼 우리는 '절대 진리'를 얻을 수 없다. 우리의 지식이란 그것에 가

깝게 가는 과정에서 이전 현자들의 주장이 틀렸음을 아는 것일 따름이다.

노자는 사람들의 가장 큰 결점은 자신이 모르고 있는데도 알고 있다고 착각하는 것이라고 했다. 이러한 결점은 앞서 언급한 세 가지 '무지'에 대한 무지이다. 왜 사람들은 무지할수록 자신이 더 많은 것을 알고 있으며, 자신이 알고 있는 것이 정확하다고 여기는가? 그리스 엘레아학파의 철학자였던 제논의 이야기는 좋은 비유가 된다. 어느 날 제자가 제논에게 물었다.

"스승님은 많은 지식과 경험을 지니고 계시며 어떤 문제에 대해서도 명쾌하게 말씀해주십니다. 그런데 어찌하여 항상 잘 모른다고 말씀하시고, 대답하신 내용에 대해 의심하십니까?"

제논이 손에 든 지팡이로 땅에 큰 원을 그리고 다시 큰 원 안에 작은 원을 그린 다음 입을 열었다.

"큰 원이 내가 지닌 지식이라면 작은 원은 너희들이 지식이다. 그러나 이 원 밖에 있는 것은 나와 너희들도 모르는 부분이다. 내가 알고 있는 것이 너희들보다 많다고 하나 큰 원의 둘레가 작은 원보다 크기 때문에 내가 접하는 무지의 영역이 너희들보다 크고 길지 않겠느냐? 이것이 내가 너희들보다 잘 모르고 끊임없이 회의하는 까닭이다."

아는 것이 많을수록 자신이 아는 것이 많지 않다는 사실과 앎의 진실성을 단정할 수 없음을 깨닫게 된다. 만약 우리가 노자가 말한 '결점'을 마음속에 새기면서 문제를 섣불리 판단하지 않고 자신이 '무지'하다는 겸손한 태도로 더 나은 것을 구한다면 '도'에 좀 더 접근하고 지혜를 얻을 수 있지 않을까?

인심을 얻는 수련

백성들이 통치자의 위세를 두려워하지 않으면
더욱 큰 두려운 일이 생긴다.
백성들의 편안한 삶을 핍박하지 말고
백성들의 생계를 막지 마라.
백성을 압박하지 않아야 백성이 통치자를 싫어하지 않는다.
그런 까닭에 성인은 자신을 알지만 드러내지 않으며
자신을 사랑하지만 고귀하다고 여기지 않는다.
그래서 저것(스스로 드러내거나 귀하게 여기는 짓)을 버리고
이것(스스로 알거나 자애하는 짓)을 취한다.

民不畏威¹, 則大威至². 無狎³其所居, 無厭⁴其所生.
민불외위　　　　즉대위지　　　　무압기소거　　　　무염기소생

夫唯不厭, 是以不厭. 是以聖人自知不自見⁵,
부유불염　　　시이불염　　　시이성인자지불자현

自愛不自貴⁶. 故去彼取此⁷.
자애불자귀　　　고거피취차

1 민불외위(民不畏威): 백성들이 통치자의 위세와 권위를 두려워하지 않음.
2 대위지(大威至): 큰 두려운 일이 생긴다. '대위'는 백성들의 반항이나 투쟁을 말한다.
3 무압(無狎): 핍박하지 말라는 뜻이다.
4 무염(無厭): '염'은 압박, 저해이다. 생계를 막거나 저해하지 말라는 뜻이다.
5 불자현(不自見): 스스로 드러내지 않음.
6 자애불자귀(自愛不自貴): 스스로 자신을 사랑할 뿐 고귀함을 드러내지 않는다.
7 거피취차(去彼取此): '자현', '자귀'를 버리고, '자지', '자애'를 취한다.
8 2014년 3월 18일부터 4월 10일까지 대학생들을 중심으로 한 시위대가 의회를 점거한 사건이다.
　2014년 3월 17일 대만 입법원 내정위원회(內政委員會)에서 국민당의 장칭중(張慶忠) 입법위원이 '양
　안서비스무역협정(CSSTA, Cross-Strait Service Trade Agreement)' 비준안을 30초 만에 통과시
　킨 것을 계기로 시작되었다. 양안서비스무역협정이란 중국과 대만 사이에서 서비스업과 관련된 투
　자나 취업 등의 규제를 낮추고 시장 개방을 허용한다는 내용의 협정이다. 태양화는 해바라기다.
9 대포는 대만 묘율현(苗栗縣)의 농촌 마을이다. 2008년 압도적인 표차로 당선된 현장이 지역에 과학
　단지를 조성하겠다고 주민의 동의 없이 마을과 논밭을 개발하면서 촉발된 시위이다. 현재도 논쟁이
　지속되고 있다.
10 육경(六輕)은 대만에 건설된 여섯 군데 경유 열분해 공장(석유화학공업단지)을 말한다. 그 가운데
　대소(臺塑) 그룹이 여섯 번째로 건설한 석유화학공업단지를 일러 육경이라고 한다. 환경운동가들
　의 반대로 인해 여러 차례 부지를 옮겼으며 현재 운림현(雲林縣)에 자리하고 있다.

●○

위威는 사람들에게 겁을 주어 복종하게 만드는 역량이다. 윗사람은 '위'에 기대어 아랫사람이 자신의 명령을 따르도록 한다. '위'의 형태는 다양하다. 예를 들어 권위도 있고, 위엄이나 위신도 있다. 그렇기 때문에 윗사람이 의존하는 것이 어떤 '위'인가를 살펴볼 필요가 있다. 노자가 여기서 말하고 있는 '위'는 위세 또는 권력이다. 나라의 임금은 개인의 호오에 따라 수중에 장악하고 있는 생살여탈권을 통해 백성들의 복종을 강요한다. 이러한 위세는 공포와 두려움 위에 자리하고 있기 때문에 혹여 반감이 있을 수 있으나 대

다수 백성들은 감히 아무 말도 하지 못하고 따를 뿐이다. 하지만 인내나 두려움에는 한도가 있기 마련이다. 도저히 참을 수 없게 되었을 때 사람들은 더 이상 두려워하지 않고 필사적으로 달려들어 거센 봉기를 일삼는다. 당연히 통치자에게 큰 재앙이 닥치고 사회 전체가 동란에 휩싸인다. 중국 역사에서 관리의 횡포가 심하여 백성들이 들고일어나는 일이 적지 않으니, 이 또한 노자가 말한 그대로이다.

지금은 민주의 시대이다. 대통령에서 시장에 이르기까지 명분은 '공복公僕'이라고 하나 여전히 그들 나름의 '위'를 지니고 있다. 그들이 지닌 '위'는 위엄(법률)과 위신(신임)이며, 사람들은 이로 인해 그들을 공경하고 두려워한다. 이런 조건하에서 '공복'들이 과거 봉건시대 집권자들처럼 제멋대로 통치하기 힘들지만 '큰 두려운 일이 벌어지는大威至' 상황이 전혀 없는 것은 아니다. 예를 들어 근래 대만에서 전국적인 규모로 확산된 태양화 학생운동太陽花學運[8]이나 핵발전소 폐기 시위, 대포자구회大埔自救會 사건[9], 반육경운동反六輕運動[10] 등등이 그러하다. 항쟁의 중요 원인은 정부에서 "백성들의 편안한 삶을 핍박하지 말고, 백성들의 생계를 막지 마라"라는 노자의 금기를 범한 것과 관련이 깊다. 하지만 더욱 중요한 문제는 정부가 막후에서 제멋대로 정책을 결정하여 특정 집단의 이익을 대변하고 국민들을 경시했으며, 그럼에도 당당하게 법률을 무시하고 임의로 곡해하여 국민들이 더 이상 정부를 신임할 수 없게 만들고 위엄과 위신을 땅에 떨어뜨렸으며, 이로 인해 국민들이 집권자를 경외하기는커녕 원망하기에 이르렀다는 점이다. 그래서 사람들이 사두로 나와 자신의 불만을 터뜨렸던 것이다. 이렇게 되자 노자가 말한 바대로 각급 수장들은 곤경에 빠지고 사회 또한 크게 혼란스러워졌다.

물론 현재의 체제는 노자의 시대와 큰 차이가 있다. 하지만 여전히 똑같은 문제가 되풀이되고 있다. 기본적인 인성이 바뀌지 않았기 때문이다. 황제나 재상, 총독이나 총통(대통령), 행정원장(총리), 시장, 이사장, 사장 등은 영도자로서 나름의 '위'를 지닐 수 있다. 그들의 '위'는 법령을 준수하고(위엄), 국민이나 아랫사람의 신임(위신)을 바탕으로 세워져야 한다. 그렇다면 어떻게 해야 하는가? 노자는 이렇게 말하고 있다. "성인은 자신을 알지만 드러내지 않으며, 자신을 사랑하지만 고귀하다고 여기지 않는다."

영도자라면 반드시 자기 자신을 정확히 알아야 한다. 자신이 좋아하거나 싫어하는 것이 무엇인지, 능력은 어느 정도인지, 자신이 지닌 권력은 어떤 의미인지, 그리고 무엇보다 자신의 한계가 어디까지인지도 분명하게 알아야 한다. 하지만 자신을 알고 있다고 할지라도 이를 드러내면 안 된다. 자신의 능력과 권력을 자랑하거나 과시해서는 안 된다는 뜻이다. 사실 진정으로 자신을 아는 자라면 자신이 얼마나 미천한 존재인지 인지하고 있기 때문에 더욱더 겸손할 수밖에 없다. 자신을 제대로 아는 이만이 타인을 알 수 있다. 그렇기 때문에 그는 적재적소에 인재를 임명할 수 있으며, 자신의 능력이나 공적을 과시하지 않고 권력을 이용하여 아랫사람의 복종을 강제하지 않는다. 그것이야말로 아랫사람들이 가장 싫어하는 것임을 알고 있기 때문이다.

자신을 아는 것은 물론이고 자신을 사랑하는 것도 중요하다. 자신을 사랑한다는 말은 자기연민에 빠진다는 뜻이 아니라 자신의 순결을 지키고 자신의 명예와 이상을 중시한다는 뜻이다. 하지만 자신을 사랑한 나머지 '자귀自貴', 즉 자신을 고귀하게 여기는 쪽으로 빠져서는 안 된다. 자신을 남들보다 고귀하다고 생각하여 남들을 경시하거나 무시하지 말라는 뜻이다. 사실 진정으로 자신을 사랑할 줄 아는 이만이 타인을 사랑할 수 있다. 다른 이들을 자신처럼 사랑하고 존중하니 자연스럽게 자신을 남들보다 고귀하다고 여기지 않는다.

만약 이렇게 자신을 알고 자신을 사랑하며, 남을 알고 남을 사랑하여 스스로 고귀하다고 여기지 않으면 자연스럽게 많은 이들이 존경하고 신임하며 좋아하게 된다. 사람들이 편안하게 자신의 생업을 유지할 수 있도록 최선을 다한다면 설사 약간의 불편함을 초래하거나 손실이 있다고 할지라도 이해하고 견딜 수 있으며, 자신들이 권세에 의해 어쩔 수 없이 복종한다는 생각을 하지 않게 된다. 이렇게 하면 자연스럽게 인심을 얻지 않겠는가?

제73국

인생을 위한 역방향 사고

과감하게 행동하는 데 용감하면 죽고
유약하게 행동하는 데 용감하면 산다.
이 두 가지 용감함의 결과는 이롭기도 하고 해롭기도 하다.
하늘이 싫어하는데, 누가 그 까닭을 알겠는가?
그래서 성인도 오히려 이를 어렵게 여긴다.
자연의 규율은 다투지 않고도 능히 승리를 얻고
말하지 않아도 능히 응답하며
부르지 않아도 저절로 찾아오고
담담하면서도 주도면밀하게 안배한다.
하늘의 그물은 아득하게 넓어
성긴 것 같지만 하나도 빠뜨리지 않는다.

勇於敢則殺, 勇於不敢則活. 此兩者, 或利或害.
용어감즉살   용어불감즉활   차량자   혹리혹해

天之所惡, 孰知其故?
천지소오   숙지기고

是以聖人猶難之, 天之道, 不爭而善勝, 不言而善應,
시이성인유난지   천지도   부쟁이선승   불언이선응

不召而自來, 繟然¹而善謀. 天網恢恢, 疏而不失².
불소이자래   천연이선모   천망회회   소이부실

---

1 천연(繟然): 담담하고 편안함. 왕필은 주(注)에서 '탄연(坦然)'으로 썼다.

2 천망회회, 소이부실(天網恢恢, 疏而不失): '천망'은 하늘의 그물이니, 천도의 범위, 자연의 범위라고 할 수 있다. '회회'는 넓은 모양이다. 노자의 명언 가운데 하나이다.

●○

　　노자는 용기를 두 가지로 나누었다. 하나는 '과감하게 행동하는 데 용감한 것勇於敢'이고 다른 하나는 '유약하게 행동하는 데 용감한 것勇於不敢'이다. 그가 말하는 '불감'은 우리가 일반적으로 말하는 '비겁'과 비슷한 말이다. 비겁한데 어찌 용기라고 할 수 있는가? 게다가 '감', 즉 과감하게 행동하는 것보다 낫다고 말하는가? 언뜻 이해가 되지 않는다. 하지만 그가 "유약함을 지키라"라고 하거나 "약함을 보이라"라고 한 것과 같은 선상에 놓고 본다면 그리 난해하지 않다.

　　일반적으로 누군가를 용감하다고 말한다면, 이는 주로 위험을 무릅쓰고 난관을 돌파하는 정신을 지칭한다. "용자불구勇者不懼(용감한 자는 두려워하지 않는다)"라는 말이 딱 어울린다. 하지만 진정한

'용자勇者'는 그리 흔치 않다. 노자의 말대로 위험에도 불구하고 미지의 세계나 고통스러운 시련을 겪는 자들은 흔히 "비명에 횡사한다." 하지만 그들은 오히려 인류 사회에 반드시 필요한 이들이다. 만약 그런 이들이 없다면 인류는 불을 발견했어도 감히 사용하지 않았을 것이고, 배를 만들고도 차마 바다로 나가지 못했을 것이며, 고귀한 이념을 지녔어도 감히 실행에 옮기지 못했을 것이다. 만약 '용자'의 솔선수범이 없었다면 인류는 여전히 산속 동굴에서 짐승을 잡아 날고기를 그대로 먹으며 야수와 같은 삶을 살아야 했을지도 모른다. 이런 점에서 용기는 자신이 지닌 모든 장기를 최대한 발휘하여 문명의 진전을 촉진하는 거대한 톱니바퀴이다. 그래서 거의 모든 사회에서 용기를 높이 평가하고, 용기 있게 전진하고 두려움에 떨지 말 것을 강조한다.

하지만 노자는 이러한 일반적인 관점과 상반하는 주장을 펼치고 있다. '불감', 즉 감히 하지 못함, 다시 말해 비겁함을 또 하나의 용기로 간주하고 있다. '불감'은 뒤에 나오는 '부쟁', '불언', '불소유不소유'와 일맥상통하며 모두 노자 특유의 역방향 사유의 변증법에서 나왔다. 만약 당신이 '감'을 강조한다면 당연히 '감쟁敢爭(용감한 투쟁)', '감언敢言(용감한 발언)'을 주장할 것이다. 이에 대해 노자는 '불감'으로 당신과 맞대응하며 당신이 간과하고 있는 부분을 일깨운다. "유약하게 행동하는 데 용감하면 산다." 이 말의 핵심은 '목숨연명活命'이 아니라 좀 더 깊은 뜻이 있다. 일단 중국의 도시 소주蘇州를 한 예로 들고자 한다.

"하늘에는 천당이 있고, 땅에는 소주와 항주가 있다上有天堂, 下有蘇杭." 중국의 소주와 항주가 그만큼 아름답고 풍요로운 도시라는 뜻이다. 물론 소주는 그만큼 아름답고 세계적으로 유명한 역사 문화의 도시이다. 춘추시대 오나라 왕 합려閤閭가 도성을 세운 후 지금까지 2천 5백 년이란 세월이 흘렀지만 도성의 전체적인 윤곽은 변한 것이 그리 많지 않다. 오늘날 소주 옛 성 지역의 총체적인 구조나 기본적인 수계水系나 도로 분포 등도 지금부터 7백 년~8백 년 전 송대의 「평강도平江圖」의 모습과 거의 비슷하며, 중요 건축물 역시 대체적으로 온전하게 보전되어 있다. 이는 인류 건축사에서 하나의 기적과 같다. 그렇다면 어떻게 이런 기적이 가능했을까? 지난번에 소주를 갔을 때 현지인의 자조 섞인 이야기를 들은 적이 있다. 자기네 소주 사람은 비겁하다는 내용이었다. 역대로 크고 작은 전란이 일어났을 때 적군이 성 아래까지 쳐들어오면 소주 사람들은 며칠 버티지도 않고, 심지어 아예 저항조차 하지 않고 성문을 열어주었다는 것이다. 그야말로 비겁하게 행동하는 데 용감한 셈이다. 하지만 포격이 난무하고 모든 것이 잿더미로 변하는 혈전이 없었기 때문에 오히려 중요 문화재가 그대로 보존될 수 있지 않았을까? 만약 소주 사람들이 전쟁이 날 때마다 용감하게 싸워 전원이 몰살하고 도성 전체가 폐허가 되었다면 과연 중국의 역사가 달라졌을까? 도대체 진정한 이해득실은 무엇인가? "하늘이 싫어하는데, 누가 그 까닭을 알겠는가?" 어쩌면 노자의 이 말이 답일지도 모르겠다.

비겁은 유약과 같으며 실제로 좋은 점도 적지 않다. "감히 천하에서 다른 사람 앞에 서지 않는다." "감히 그릇된 일을 하지 않는 데 용감하다." 이를 루쉰의 소설에 나오는 아큐阿Q처럼 생각하는 것은 오해이다. 두려움이 없는 '용자'는 사람들이 숭배하는 위대한 모험가나 영웅이 될 수도 있지만 사람들이 치를 떠는 악당이나 범죄자가 될 수도 있다. 이렇듯 어떤 문제든 역방향의 사고가 중요하다.

마지막으로 필자는 이런 이야기를 하고 싶다. 만약 노자처럼 '불不'자 구결을 견지하면서 "성긴 것 같지만 하나도 빠뜨리지 않는다."라는 하늘의 그물天網이 언젠가는 우리를 위해 안배하고 모든 것을 처리해줄 것이라고 생각한다면 지나치게 느릴 뿐만 아니라 너무 소극적인 자세가 아닐 수 없다. "해안가를 오랫동안 볼 수 없음을 받아들이지 못하면 신대륙을 발견할 수 없다." 프랑스 소설가 앙드레 지드Andre Gide의 말이다. '신대륙'이 아메리카 대륙이든 아니면 양자론이나 또 다른 인생이든 결코 '부르지 않아도 저절로 찾아오는 경우'는 없다. 당신은 이미 익숙한 것과 고별하고 안주에서 벗어나야만 한다. 또한 노자와 같은 권위에서도 벗어나 용감하게 새로운 것을 찾아나서야 비로소 자신이 얻고자 하는 것을 발견하고 얻게 될 것이다.

행복하여 죽음이 두렵도록 만들어라

백성들은 죽음을 두려워하지 않는다면
죽음으로 그들을 위협하는 것이 무슨 소용인가?
백성들이 죽음을 두려워한다면
나쁜 짓을 하는 이를 우리가 잡아다 죽이면 된다.
그러면 누가 감히 나쁜 짓을 하겠는가?
하지만 언제나 죽이는 일을 맡은 사람만이 죽일 수 있다.
죽이는 일을 맡은 사람을 대신하여 사람을 죽이는 것은
목수를 대신하여 나무를 자르는 것과 같다.
목수를 대신하여 나무를 자르는 사람치고
자기 손을 다치지 않는 이가 드물다.

民不畏死, 奈何以死懼之?
민불외사　　내하이사구지

若使民常畏死, 而爲奇者¹, 吾得執而殺之, 孰敢?
약사민상외사　　이위기자　　오득집이살지　　숙감

常有司殺者²殺. 夫代司殺者³殺, 是謂代大匠斲.
상유사살자살　　부대사살자살　　시위대대장작

夫代大匠斲者, 希有不傷其手矣.
부대대장작자　　희유불상기수의

1 위기자(爲奇者): '기'는 괴이한 일. '위기자'는 기이한 일을 하는 자이다. 여기서는 사악한 짓을 하는
　자로 풀이한다.

2 사살자(司殺者): 살인을 맡는 자. 죄가 있으면 법률이나 관습에 따라 벌을 받게 된다. '사살자'는 이
　러한 형벌을 주관하는 사람을 말한다. '사'는 주관, 관장의 뜻이다. 예컨대 주나라 시절 사공(司工)은
　조정에서 토목, 건축 등을 맡은 관직이고, '사마(司馬)'는 군정(軍政)이나 군역(軍役) 등을 맡은 관직이
　며, '사구(司寇)'는 형법이나 옥사, 소송 등을 맡은 관직이다.

3 대사살자(代司殺者): 전문으로 형벌을 주관하는 이를 대신하는 사람. 정해진 법률에 따르지 않고 사
　람을 죽이는 자를 말한다.

4 임각민(林覺民): 중국 복건성 출신으로 1911년 중국혁명동맹회(中國革命同盟會)에 가입하여 광주에서
　무장봉기에 참여했다가 관군에게 체포되어 죽임을 당해 황화강(黃花崗)에 묻혔다. 황화강 72열사
　가운데 한 명이다.

5 추근(秋瑾): 절강성 사람으로 1904년 일본에 유학하면서 혁명 활동을 시작했으며, 이듬해 중국으로
　돌아와 광복회에 가입했다. 1907년 상해에서 「중국여보(中國女報)」를 창간하는 등 여권신장과 혁명
　을 위해 분투했다. 서석린(徐錫麟)과 함께 절강, 안휘성에서 봉기에 참가했다가 실패하여 소흥에서
　처형되었다.

●○

　　중학생 시절 임각민林覺民⁴의 「아내가 작별하며 보내는 글與妻訣
別書」를 읽고 혁명에 헌신하기 위해 아내와 어린 자식에게 눈물로
작별을 고하는 모습에 크게 감동을 받았다. 이후 추근秋瑾⁵에 관한
자료를 보다가 그녀의 '십만 장사의 머리를 내던져 뜨거운 피를 흘
린다 할지라도 뒤바뀐 건곤 대지를 되찾아야 하리라拚將十萬頭顱血, 須
把乾坤力挽回'라는 격정적인 시를 읽고 깊은 감동에 젖기도 했다. 본
국을 읽으면서 제일 먼저 생각난 이들이 바로 임각민과 추근을 비
롯하여 만청 말년에 봉건전제를 타도하기 위해 희생을 무릅쓰고

용감하게 나아가 자신의 뜨거운 피를 흘린 혁명 열사들이었다.

"백성은 죽음을 두려워하지 않는다."

노자는 본국에서 앞서 말한 "백성들이 통치자의 위세를 두려워하지 않는다"라는 말보다 엄준한 말을 하고 있다. "죽음으로 그들을 위협하는 것이 무슨 소용인가?" 이는 인성과 시국의 정세를 통찰한 이의 발언이다. 땅강아지나 개미도 목숨을 부지하기 위해 애쓰는데 어찌하여 사람은 죽음조차 두려워하지 않는가? 죽음보다 더 고통스러운 상황일 때 그러하다. 현실생활이나 또는 개인의 이념 문제로 인해 '사는 것이 죽는 것만 못하다'라고 느낄 때 필연적으로 사회 동란이 야기된다. 정부는 아무리 고압적이고 잔혹한 수단으로 제압하려고 해도 전복의 운명을 벗어나기 힘들다. 만청晚淸 정부는 혁명당에 대해 그야말로 무자비한 탄압과 학살을 일삼았다. 심지어 주모자를 참수하여 대중들에게 본보기를 삼기도 했다. 내심의 공포를 자아내기 위함이었다. 하지만 근본적으로 아무런 효과가 없었다. 죽음을 불사하는 이들이 점점 더 많아졌으며, 혁명 기의는 들판의 불처럼 곳곳으로 번져나가 결국 만청 정부는 무너지고 말았다.

그러면 어떻게 하면 좋을까? 어떻게 해야만 이런 국면에서 벗어날 수 있는가? 노자가 제시한 대책은 사람들이 '항시 죽음을 두려워하도록 하라'라는 것이다. 비록 구체적으로 말하고 있지는 않지만 전후 문맥을 통해 그 대강을 알 수 있으니, '살인'의 방식이 아니라 오히려 그들을 행복하고 즐겁게 생활하도록 만들라는 것이다. '탐생파사貪生怕死', 즉 목숨을 아끼고 죽음을 두려워함은 인간의 본성이기 때문이다. 만약 모든 이들이 날마다 즐겁고 행복한 삶을 살아간다면 장수를 생각하기에도 시간이 모자란데 그 누가 죽음에 대해 생각하겠는가? 그래서 그는 '항시 죽음을 두려워하도록 하라'라고 말한 것이다. 이런 분위기 속에서 법률을 위반하거나 다수의 행복을 파괴하는 자가 있다면 냉큼 잡다가 목을 친다. 능히 일벌백계로 다른 이들의 본보기로 삼을 수 있다. 사형은 바로 이럴 때 의미가 있다.

노자는 이에서 한 걸음 더 나아가 설사 사형을 집행하더라도 반드시 전문적인 집행자가 있어야 한다고 했다. 나라에 사형을 담당하는 집행관이 있을지라도 그가 마음대로 집행하거나 다른 이가 직분과 상관없이 주제넘은 참견을 해서도 안 된다. 더군다나 의분에 가득 차 모든 이들이 살인에 가담하게 해서도 안 된다. 여기서 우리는 노자가 규범과 질서에 대해 존중하고 있음을 엿볼 수 있다. 사형뿐 아니라 다른 징벌의 경우도 마찬가지이다. 어쩌면 이 역시 또 다른 '무위'가 아닐까?

주제넘게 자신의 직분을 넘어 남의 일을 대신하는 것에 대한 비판은 공자의 "그 지위에 있지 않으면 그 정사를 도모하지 말라不在其位, 不謀其政"라는 말과 유사하다. 특히 징벌에 관한 일은 더욱더 그러하다. 왜냐하면 남의 신체나 정신을 훼손하는 일의 경우 자칫 당사자의 저항과 반발을 야기하기 때문이다. '명분이 옳지 않고 말이 이치에 맞지 않으면名不正, 言不順' 상대에게 꼬투리를 잡히거나 위신을 잃게 되며 결국 인심을 얻지 못하고 고립에 직면하게 된다. 그래서 노자는 이렇게 말했다. "목수를 대신하여 나무를 자르는 사람치고 자기 손을 다치지 않는 이가 드물다."

개인이나 국가뿐만 아니라 회사의 경우도 마찬가지이다. 중요한 것은 직원들의 응집력을 강화하여 그들이 회사가 자기 인생의 무대이자 행복의 원천이라고 느끼고 회사를 좋아하여 떠나지 않으며 심지어 이직을 두려워하도록 만들어야 한다. 걸핏하면 직원들에게 훈화, 위협, 처벌 등을 남발하면 오히려 역효과만 날 뿐이다. 직원을 행복하게 만들면 회사는 물론이고 사회 역시 자연스럽게 화목해지고 평온해진다.

계급 의식으로부터 벗어나라

백성이 굶주리는 까닭은
통치자가 세금을 지나치게 많이 거둬들이기 때문이다.
그래서 굶주리는 것이다.
백성을 다스리기 어려운 것은
통치자가 억지로 작위하기 때문이다.
그래서 다스리기 어려운 것이다.
백성들이 죽음을 가볍게 여기는 까닭은
통치자가 지나치게 사치를 추구하기 때문이다.
그런 까닭에 죽음을 가볍게 여기는 것이다.
사사로운 탐욕을 추구하지 않는 사람은
오직 개인의 탐욕을 중시하는 사람보다 낫다.

民之饑, 以其上食稅[1]之多, 是以饑.
민지기　　　이기상식세지다　　　시이기

民之難治, 以其上之有爲[2], 是以難治.
민지난치　　　이기상지유위　　　시이불치

民之輕死, 以其上求生之厚[3], 是以輕死.
민지경사　　　이기상구생지후　　　시이경사

夫唯無以生爲[4]者, 是賢於貴生[5].
부유무이생위자　　　시현어귀생

---

1 식세(食稅): 세금을 먹다. 세금을 징수한다는 뜻이다. 백서본은 '취식세(取食稅)'라고 썼는데, 식세를 취한다는 뜻이다. 그렇다면 '식세'를 세금의 종류, 예를 들어 전세(田稅)에 포함되는 양식세(糧食稅)로 볼 수도 있을 것이다.
2 유위(有爲): 통치자가 제멋대로 가혹한 제도나 형벌로 통치함을 말한다.
3 이기상구생지후(以其上求生之厚): 통치자가 지나치게 사치를 추구하기 때문이다. '이'는 까닭, 이유의 뜻이다. '생지후'는 지나치게 사치스러움이다.
4 무이생위(無以生爲): 개인의 사리사욕을 지나치게 추구하지 않고 남을 위해 사는 것을 말한다.
5 현어귀생(賢於貴生): '현'은 낫다, 뛰어나다. '귀생'은 자신의 삶을 지나치게 떠받들고 사치함을 말한다. 백서 갑을본은 '현귀생(賢貴生)'으로 썼다. '현'에는 중시, 숭상의 뜻도 있으니, 귀생을 중시한다는 뜻으로 풀이할 수 있다. 이럴 경우 왕필본의 내용과 전혀 의미가 달라진다.

●○

혁후어

　　전반부 내용은 주로 통치자들에게 한 말이다. 백성이 굶주리고 제대로 다스리지 못하며, 죽음을 가볍게 여기는 까닭은 모두 통치자가 탐욕스러워 사치스러운 생활을 즐기고 제멋대로 행하기 때문이다. 그러니 통치자는 그것이 경고의 뜻임을 알아야 한다. 노자의 발언은 매우 명확하다. 그래서 많은 이들이 노자가 백성들을 대신하여 발언한 것이라 여겼다.

　　하지만 역대로 적지 않은 이들은 노자가 통치자의 편에 섰으며, 『도덕경』의 많은 편장들이 통치자가 어떻게 백성들을 통치할 것인가에 대해 언급한 것이라고 생각했다. 예를 들어 제74국에 나오는 "백성들은 죽음을 두려워하지 않는다면, 죽음으로 그들을 위협하는 것이 무슨 소용인가?民不畏死, 奈何以死懼之"라는 구절은 착간錯簡이라고 하면서 "백성들은 죽음을 두려워하지 않는다면 어찌할 것인가? 죽음으로 그들을 위협하라!民不畏死, 奈何, 以死懼之"라고 해석해야 한다고 주장하고 있다. 물론 이렇게 해석하면 전혀 다른 뜻이 된다.

그렇다면 왜 사람들은 이렇게 생각하는 것일까? 노자가 주 왕조의 전장사典藏史(수장실의 사관)이기 때문이다. 왕실의 관리로 통치자와 같은 편에서 자신과 집단의 계급이익을 보호하기 위한 계책을 제시한 것이니 통치자를 대신하여 말한 것이라고 볼 수밖에 없다는 뜻이다. 그들은 설사 제1국의 내용이 명명백백하게 일반 백성들을 위한 발언임에도 불구하고 백성들에 대한 착취를 줄여야만 계속해서 고혈을 빨아먹을 수 있다는 통치자를 향한 선의의 충고라고 주장한다. 듣기에 어딘가 억지스러운데도 여전히 그럴듯하게 논의를 전개하고 있다. 그들이 이렇게 우기는 이유 가운데 하나는 개인의 사상이 필연적으로 계급의식의 산물이라고 생각하기 때문이다. 노자는 통치계급(적어도 그들과 한패)에 속하며 그의 계급이 그의 의식과 입장을 결정한다는 것이다.

그렇다면 과연 노자(또는 『도덕경』의 저자들)는 도대체 어느 계급에 속하는가? 통치계급에 속한다는 주장은 대략적일 뿐 정확하지 않다. 혹자는 아예 '몰락한 노예주 계급'이라고 단정 짓고 원래 통치자 계급이었으나 몰락하여 '지주계급' 정권에게 통치권을 빼앗겼다고 말했다. 그들의 견해에 따르면, 노자의 허정무위나 수유처약守柔處弱의 주장은 신흥 지주계급이 지배하는 상황에서 일단 숨죽여 시기를 기다리되 여건이 허락하는 상황에서 새로운 정권에 대한 공개적인 공격을 포기하지 말라는 뜻이다. 그들은 또한 '민불외사民不畏死'나 '민불외위民不畏威' 등은 백성을 착취하는 새로운 정권에 대한 비판이자 공격이라고 주장했다.

결과적으로 노자가 통치자를 위했는가 아니면 통치자를 비판했는가에 대한 논의도 각기 중설이 분분하다. 그들이 유일하게 인정하는 부분은 노자가 일반 백성들을 위해 발언한 것이 아니라는 점이다. 왜냐하면 그는 이른바 '노동계급'에 속하지 않기 때문이다. 이렇게 되면 더욱 흥미로워진다. 필자가 알기로 마르크스는 지식인이지 노동계급이 아니다. 그런데 왜 그는 노동자를 대변할 수 있고 노자는 안 된다고 하는가? 필자는 마르크스가 '진심'으로 노동계급을 대변하여 주장을 펼쳤다고 믿어 의심치 않는다(내용의 좋고 나쁨은 차후 문제이다). 필자는 탁월한 식견과 예지를 지니고 어려운 현실을 탄식하며 고통받는 자들에게 연민을 느낄 수 있는 자라면 누구나 자신의 생활 경험이나 계급의식을 초월하여 자신의 주장과 사상을 펼칠 수 있다고 믿기 때문이다. 마르크스가 가능하다면 노자 역시 가능하지 않겠는가?

이런 점에서 중요한 것은 노자의 출신이나 속한 계급의 문제가 아니라 그가 주장하는 내용이 이치에 맞는가 여부, 후세 사람들에게 끼치는 영향의 유무이다. 만약 노자가 통치계급에 속했음에도 불구하고 자신의 계급의식에서 벗어나 일반 백성들을 대변하고 그들을 위해 발언했다면 이 또한 얻기 힘들고 고귀한 것이 아니겠는가? 이러한 초월이야말로 우리가 마땅히 배워야할 것이 아니겠는가?

제76국

약자도 생존할 수 있다

사람이 살아 있을 때는 몸이 부드럽지만
죽으면 딱딱하게 굳어진다.
초목이 자라날 때는 부드럽고 연하지만
죽으면 시들고 뻣뻣해진다.
그런 까닭에 딱딱하고 강한 것은 죽음에 속하고
부드럽고 약한 것은 생명에 속한다.
용병用兵에서 강함을 드러내면 멸망하고
수목은 장대하면 베어진다.
딱딱하고 강한 것이 오히려 열세에 처하고
부드럽고 약한 것은 오히려 우세에 처한다.

人之生也柔弱, 其死也堅强.
인지생야유약   기사야견강

草木之生也柔脆[1], 其死也枯槁[2].
초목지생야유취   기사야고고

故堅强者死之徒[3], 柔弱者生之徒.
고견강자사지도   유약자생지도

是以兵强則滅, 木强則折[4].
시이병강즉멸   목강즉절

强大居下, 柔弱居上.
강대거하   유약거상

1 유취(柔脆): 부드럽고 약한 모양.
2 고고(枯槁): 나무가 마른 모양.
3 사지도(死之徒): 죽음의 부류. 제50장에도 같은 말이 나온다. 뒤에 나오는 '생지도'와 대비된다.
4 병강즉멸, 목강즉절(兵强則滅, 木强則折): 왕필본은 "병강즉불승, 목강즉병(兵强則不勝, 木强則兵)"으로 썼다. 용병에서 강함을 드러내면 이기지 못하고, 나무가 장대하고 강하면 베어져 병기로 쓰인다는 뜻이다. 본문은 『열자(列子)』 『황제(皇帝)』편, 『회남자(淮南子)』 「원도훈(原道訓)」에 근거하여 고쳤다.

●○

혁후어

'우승열패優勝劣敗', '약육강식' 등은 누구나 익히 알고 있는 관념들이다. 하지만 노자는 이에 대한 반전을 시도하고 있다. 그는 우승이 강함이 아니라 유약함이고, 강함은 오히려 열패에 속한다고 주장했다. 그가 증거로 제시하는 내용은 사람의 초목의 생사 변화이다.

한조 유향劉向이 쓴 『설원說苑』에 보면 상당히 설득력 있는 이야기가 나온다. 노자가 연로한 스승 상창常摐을 뵈러 갔다. 병색이 짙은 상창은 노자를 보자 자신의 입을 크게 벌리며 물었다. "내 혀가 아직 있느냐?" 노자가 대답했다. "네, 있습니다." 상창이 다시 물었다. "내 치아는 있더냐?" "모두 사라지고 없습니다." 노자의 대답에 상창이 다시 물었다. "이게 무슨 이치인지 알겠느냐?" 노자는 깨달

366

는 바가 있어 대답했다. "혀가 남아 있음은 그것이 부드럽기 때문이 아니겠습니까? 치아가 남아 있는 않음은 그것이 딱딱하기 때문이 아니겠습니까?"

물론 그들 두 사람의 대화는 후세 사람이 날조한 것으로 상술한 노자의 관념에 대한 해설이라 할 수 있다. 본문에 나오는 "수목은 장대하면 베어진다"라는 말도 동일한 비유에 속한다. 분명 광풍이 불면 높다랗고 단단한 나무는 견디지 못하고 꺾어지지만 부드럽고 약한 풀은 오히려 전혀 꺾이거나 뽑히지 않는다. 하지만 앞서 여러 차례 언급한 바와 같이 이러한 직관적 비유는 일종의 '선택적 인지'이기 때문에 또 다른 예를 통해 쉽게 반박할 수 있다. 예컨대 혀와 치아의 경우도 그러하다. 사람이 죽으면 부드러운 혀는 금세 썩어 사라지지만 견고한 치아는 오히려 계속 남아 있다. 이건 또 어떻게 설명해야 하나? 그래서 "딱딱하고 강한 것은 죽음에 속하고, 부드럽고 약한 것은 생명에 속한다"라는 노자의 발언은 공히 전 세계 공통의 준칙이 아니라 조건적인 사실일 뿐이다. 어떤 상황에서는 부드러운 것이 생존에 적합하지만 또 어떤 경우는 강한 것이 생존에 적합하기 때문이다.

자연계나 인류사회를 막론하고 '약육강식'은 보편적인 현상이다. 현재 과학계도 보편적으로 다윈의 진화론을 자연 규율에 가장 접근하는 생물학 학설로 간주하고 있다. 하지만 생물이 생존 경쟁을 통해 자연에 적응한 것만 선택되어 살아남는 다윈의 '자연도태설'의 핵심은 '적자생존'이지 '강자생존'이나 '약자생존'이 아니다. '강자'든 '약자'든 주어진 환경에 제대로 적응하는 자가 바로 최고의 '생존자'이다. 물론 자연진화론에서 노자의 관점에 부합하는 예를 찾아볼 수 있다. 예컨대 비할 바 없이 거대하고 강력한 힘을 가진 공룡은 당시 지구상에서 가장 막강한 패자霸者였지만 먼저 쇠퇴하여 소멸하고, 작고 허약한 도마뱀류는 오히려 지금까지 살아남았다. 하지만 어느 생물학자도 이를 근거로 "자연도태, 약자생존"이라고 주장하지 않는다.

노자가 '약자생존'을 강조한 것은 특별한 시대적 배경 때문이다. 전란이 계속되던 춘추전국시대는 조정이나 민간 가릴 것 없이 도처에 강자가 되어 남을 이기려는 분위기가 팽배했다. 네가 세다면 나는 더 세지고, 네가 단단하면 나는 더 단단해지겠다는 식이었다. 이런 악순환이 반복되면서 사람들의 삶은 더욱 피폐해지고 힘들어졌다. 노자가 제시한 '귀유처약'은 이러한 시대적 폐단을 정확하게 지적한 것이자 당시 사람들에게 나름의 도리를 설명하여 깨닫게 해주기 위함이었다.

하지만 세상에는 어느 시대든 유약을 견디지 못하는 이들이 있기 마련이다. 그들은 자신의 유약을 비통하게 생각하고 심지어 수치로 여기기도 한다. 서진 말년 정치가이자 문학가, 군사가로 활약했던 유곤劉琨은 당시 많은 이들에게 영웅으로 존경받았다. 그는 힘든 상황에서도 진양晉陽에서 석륵石勒 군대를 맞이하여 10년 넘게 싸웠다. 이후 패배하자 선비족 우두머리인 단필제段匹磾에게 몸을 맡겼다가 나중에 감옥에 갇히는 신세가 되고 말았다. 당시 옥중에서 「중증노변성重贈盧諶成(일명 중증노심重贈盧諶)」이라는 제목의 시를 썼는데, 그 가운데 마지막 구절은 다음과 같다. "백 번이나 단련한 보검 백련강이 손가락에 감는 천 조각처럼 부드럽게 변할 줄 어찌 알았겠는가?(何意百煉剛, 化爲繞指柔)"

그는 자신의 보검 '백련강'이 손가락에 칭칭 감을 수 있는 천 조각처럼 변한 것을 보고 비탄에 젖어 심히 수치스럽게 여겼다.

사실 '백련강'은 백련강대로 좋은 점이 있고, 손가락에 칭칭 감을 수 있는 천 조각은 또 그것 나름대로 좋은 점이 있다. 강해야 할 때는 강하고, 약해야 할 때는 약해야 한다. 사람의 혀는 부드럽지만 치아는 단단하다. 하지만 양자가 협조할 때 비로소 우리는 음식을 맛있게 먹을 수 있다. 사람의 두개골은 단단하고 피부는 연약하다. 하지만 연약함 속에 단단함이 들어 있고 단단한 것과 부드러운 것이 함께 있어 우리는 자연스럽게 움직일 수 있다. 이렇게 생각하고 실천할 수 있다면 더욱 융통성을 발휘하고 더욱 완미하여 자연에 부합할 것이다.

마태 효과에 도취되지 말라

자연의 규율은 활시위를 당기는 것과 같지 않은가?
활시위가 높으면 활은 아래쪽으로 당겨 누르고
활시위가 낮으면 활은 위쪽으로 올라간다.
이처럼 남는 것은 덜고 부족한 것은 보탠다.
자연의 규율은 남는 것을 덜어 모자라는 것을 보태는 데 있다.
그러나 사람의 규율은 그렇지 않아 모자라는 것을 덜고
남는 것에 바친다.
누가 남는 것으로 세상 사람들의 부족한 점을 보태겠는가?
오직 도를 지닌 이만 할 수 있다.
그래서 도를 지닌 성인은 작위作爲를 하고도 자랑하지 않고
공을 이루고도 차지하려고 하지 않는다.
그는 자신의 지혜와 능력을 드러내려고 하지 않는다.

天之道, 其猶張弓[1]歟?
천지도　　　기유장궁여

高者抑之, 下者擧之, 有餘者損之, 不足者補之.
고자억지　　　하자거지　　　유여자손지　　　부족자보지

天之道, 損有餘而補不足. 人之道[2], 則不然, 損不足以奉有餘.
천지도　　　손유여이보부족　　　인지도　　　즉불연　　　손부족이봉유여

孰能有餘以奉天下? 唯有道者.
숙능유여이봉천하　　　유유도자

是以聖人爲而不恃, 功成而不居, 其不欲見賢[3].
시이성인위이부시　　　공성이불거　　　기불욕현현

1 장궁(張弓): 활시위를 당기다.
2 인지도(人之道): 인류사회의 일반적인 법칙, 관습.
3 是以聖人爲而不恃, 功成而不居, 其不欲見賢: 이상 세 구절은 앞 문장과 상응하지 않아 착간으로 의심
　받고 있다.

●○

『성경』「마태복음」에 보면 이런 구절이 나온다.

"무릇 있는 자는 받아 풍족하게 되고 없는 자는 그 있는 것까지 빼앗기리라."

이는 노자가 본국에서 말한 "남는 것은 덜고, 부족한 것은 보탠다."는 말과 상당히 유사한데, 세상에서 흔히 볼 수 있는 불공정한 현상에 대해 발언이다. 이러한 분배의 불공정으로 인해 부자는 더욱 부유해지고 빈자는 더욱 가난해지며, 강자는 더욱 강해지고 약자는 더욱 약해지며, 좋은 것은 더욱 좋아지고, 나쁜 것은 더욱 나빠진다. 그리하여 사회의 여러 계급과 집단 간의 간극과 모순이 이로 말미암아 더욱 격화된다. 혹자는 이를 일러 '마태 효과'라고 한다.

"남는 것은 덜고, 부족한 것은 보탠다." 노자의 이 말은 통치자와 일반 백성들 간의 분배 문제에 대한 언급인데, 구체적으로 말하자면 백성은 통치자의 착취로 옷깃을 여미니 팔꿈치가 보일 정도로 빈곤한데 반해 통치자는 주지육림에 온갖 사치를 다하면서도 가렴주구를 그치지 않아 양자의 생활 차이가 점점 극대화하고 있다는 뜻이다. 시야를 좀 더 넓혀본다면 사회 각계각층에서 '마태 효과'가 유사한 일을 볼 수 있다. 예컨대 사회 자원 분배 면에서 비교적 부유하고 계급이 높은 이들은 더 많은 사회 자원을 확보할 수 있기 때문에 자신들의 우세를 더 강화할 수 있다. 이에 반해 약자들은 착취와 박탈로 인해 선천적으로 부족할뿐더러 후천적으로도 균형을 이룰 수 없기에 점점 더 약세가 될 수밖에 없다.

개인이나 단체는 물론이고 모든 계급과 지역, 국가에 이르기까지 일단 어떤 면(재부, 명예, 지위, 권세 등)에서 우세한 자리를 차지하면 일종의 축적 효과로 인해 더욱 많은 자원(인적, 물적)과 기회를 얻어 점점 더 자신의 우세를 확대하고 강화할 수 있게 된다. 반대로 처음부터 약세에 처한 개인이나 단체, 지구나 국가는 무한 경쟁 속에서 점점 불리한 상황에 직면하게 되며 상황이 더욱 악화되어 끝내 반전의 기회를 찾을 수 없다.

노자는 이를 자연에 위배되는 현상이라고 보았다. 자연계는 남는 것으로 부족한 곳에 메꾸어 균형 상태를 유지하기 때문이다. 그래서 그는 자연의 도를 통찰하고 있는 득도자는 자신의 성공이나 우세가 일정 정도 '마태 효과' 덕분이라는 사실을 인지하여 자신의 능력이나 업적을 과시하거나 스스로 대단하게 여기지 말고 마땅히 자신에게 남는 것으로 부족한 이들을 돕거나 보완하며 사회의 불공정이나 무형의 착취가 크게 줄어들 것이라고 주장했다.

자선단체가 바로 이런 일을 통해 많은 이들에게 도움과 더불어 감동을 준다. 사실 현재 많은 국가들은 빈부와 도농都農 격차를 줄여 사회 모순을 완화하기 위해 각종 정책을 시행하여 "남는 것은 덜고, 부족한 것은 보탠다." 하지만 이에 대한 저항도 만만치 않다. 원인을 살펴보면, 기득권층이 순순히 물러서지 않는다는 것 외에도 사회적으로 대다수 사람들이 유명 인사를 좋아하고 브랜드 상품만 선호하며 일류 학교만 찾아 '유명한 이는 더욱 유명해지고 별볼 일 없는 이들은 아예 존재 자체조차 드러낼 수 없는' 상황을 연출하기 때문이다. 사회적 불공정 또는 불평등 현상은 바로 당신 옆에 심지어 당신 스스로가 만드는 것일 수 있다. 그렇다면 어떻게 해야 할까?

약한 것이 강한 것을 이길 수 있는가

세상에 물보다 유약한 것은 없다.
그러나 강한 것을 공략하는 데 물보다 나은 것이 없다.
물은 무엇으로도 바꿀 수 없을 정도로 유약하기 때문이다.
약한 것은 강한 것을 이기고
부드러운 것이 단단한 것을 이긴다는 것을
천하에 모르는 이가 없다.
다만 이를 행하는 이가 없을 뿐이다.
그런 까닭에 성인은 이렇게 말했다.
나라의 굴욕을 떠맡는 사람만이
사직을 지키는 군주라고 할 수 있고
나라의 상서롭지 못한 일을 떠맡는 사람만이
천하의 왕이 될 수 있다.
바른 말은 마치 그것과 반대되는 말처럼 들린다.

天下莫柔弱於水, 而攻堅强者莫之能勝, 以其無以易之¹.
천하막유약어수   이공견강자막지능승   이기무이역지

弱之勝强, 柔之勝剛. 天下莫不知, 莫能行.
약지승강   유지승강   천하막불지   막능행

是以聖人云, 受國之垢², 是謂社稷主.
시이성인운   수국지구   시위사직주

受國不祥, 是爲天下王. 正言若反³.
수국불상   시위천하왕   정언약반

---

1 무이역지(無以易之): 물을 대체할 만한 것이 없다는 뜻이다. '역'은 대신, 대체의 뜻이다. 혹자는 '역'을 변화의 뜻으로 보고 물의 본성을 변화시킬 수 없다고 풀이하기도 한다.
2 수국지구(受國之垢): 나라의 굴욕을 떠맡다. '구'는 굴욕이다. 나라를 다스리는데 여러 가지 어려움이나 환란, 굴욕이나 치욕을 감당해야 한다는 뜻이다. 뒤에 나오는 '수국불상(受國不祥)'도 같은 뜻이다.
3 정언약반(正言若反): 바른 말은 그것과 반대되는 말과 같다는 뜻이다.

●○

노자는 제76국에서 유약柔弱한 것이 생존에 유리하다고 말했다. 본국에서 그는 물을 예로 들면서 유약이 강강剛强을 이긴다고 했다. "부드러운 것이 단단한 것을 이긴다는 것을 천하에 모르는 이가 없다." 그러나 대다수 사람들이 이해하거나 알고 있는 사실은 노자와 다른 것 같다. '유약승강강'이란 무엇인가? 글자만 보고 대강의 뜻을 짐작한다면 '쌍방이 대치하는 상황에서 약한 쪽이 강한 쪽과 싸워 이기는 것'으로 생각할 수도 있다. 그러면 누군가 시비 걸기를 좋아하는 이가 나서서 '계란으로 바위 치기'라든지 '사마귀가 앞발을 들어 수레를 막는 것'과 같다면서 계란이나 사마귀 앞발로 과연 승리를 얻을 수 있겠냐고 반문할 것이다.

맞는 말이다. 계란으로 바위 치기나 사마귀 앞발로 수레를 막는

것은 약한 쪽이 먼저 도발하고 공격하는 것인데, 이렇게 하면 먼저 공격한 쪽이 깨지거나 으스러지고 만다. 하지만 이는 노자의 본뜻이 아니다. '유약승강강'은 개인이나 국가 사이에 교전 또는 우호관계를 맺을 때 부드러운 방법이 강력한 방법보다 낫다는 뜻이다. 그렇다면 무엇이 유약, 즉 부드러운 방법인가? 앞서 말한 겸손, 물러남, 부쟁, 인욕忍辱, 우회, 방어 등등이 바로 그것이다. 특히 쌍방이 대치했을 때 지피지기知彼知己를 통해 상대와 자신의 역량을 가늠한 후 자신이 약세일 때는 즉시 유약한 자세를 취하는 것이 옳다. 예컨대 사마귀가 큰 수레가 굴러오는 것을 본다면 두말할 것 없이 길옆으로 피하는 것이 상책이란 뜻이다. 우선 자신을 보호할 수 있어야 미래를 도모할 수 있다. '청산이 남아 있는 한 땔감이 없어도 걱정하지 않는다留得靑山在, 不怕沒柴燒'라는 말이 딱 들어맞는다.

역사를 보면 이런 예가 적지 않다. 한나라 개국공신인 한신韓信이 젊은 시절 남의 사타구니 사이를 기어서 빠져나갔던 일은 누구나 알고 있는 이야기이다. 길거리 무뢰한이 그에게 자신의 사타구니 사이로 기어가라고 했을 때 만약 한신이 '선비는 죽일 수 있으나 굴욕을 줄 수는 없다士可殺不可辱'라고 외치며 강하게 맞섰다면 어떻게 되었을까? 아마도 후대의 찬란한 위업도 사라지고 중국 역사도 이로 인해 다시 써야만 했을 것이다. 사람들이 굴욕으로 여기는 일을 '유약'의 수행으로 받아들여 감당하는 것이 바로 이기는 길이다.

"나라의 굴욕을 떠맡는 이만이 사직을 지키는 군주라고 할 수 있고, 나라의 상서롭지 못한 일을 떠맡는 이만이 천하의 왕이 될 수 있다." 이 말을 들으면 제일 먼저 월왕越王 구천句踐이 생각난다. 그는 오왕吳王 부차夫差에게 패배한 후 비굴할 정도로 겸손한 언사에

후한 예물을 올리며 항복했으며, 친히 오나라로 가서 부차의 노복이 되었다. 부차가 병이 나면 병증을 판별하고자 그의 대변을 맛볼 정도였으니 그야말로 나라의 굴욕을 한 몸에 받았다고 할 수 있다. 이렇게 신임을 얻은 그는 3년 후 석방되어 자신의 나라로 돌아온 후 와신상담臥薪嘗膽하며 복수의 칼날을 갈았다. 나라의 고난을 한 몸에 짊어지고 마침내 나라의 원수를 갚음으로써 백성들의 추대를 받고 천하인의 찬사를 얻었다.

본문 마지막에 나오는 '정언약반'이란 말은 제41국에 나오는 '밝은 도는 어두운 것 같고, 나아가는 도는 뒤로 물러나는 것 같다明道若昧, 進道若退'라는 뜻과 마찬가지로 그의 역방향 사고를 제대로 보여준다. '유약'과 '강강'의 이원론적 대립 상황에서 대다수 사람들은 '강강'을 선택하고 그 가치를 더욱 높이 평가한다. 하지만 노자는 이와 반대로 '유약'의 장점을 강조하고 한 걸음 더 나아가 '유약'이 더 고차원적인 '강강'이라고 주장하고 있다. 이는 제52국에서 '부드러움을 지키는 것을 '강함'이라고 한다守柔曰强'라고 말한 것과 같다.

그렇다면 노자는 우리보다 평생 부드럽고 약한 상태에 머물라는 뜻인가? 예컨대 한신이나 구천이 보여준 유약한 모습은 일시적 또는 단계적이다. 다시 말해 열세에 몰렸을 때 후일의 '강강'을 도모하기 위해 '유약'을 일종의 수단으로 활용했다는 뜻이다. 그들은 뜻을 얻은 후 더 이상 부드럽고 약한 모습을 보이지 않았다. 오히려 더욱 강강한 자세를 취했다. 그러나 '토사구팽'의 쓴 맛을 봐야했던 한신의 말년이나 공신 문종文種마저 죽인 구천의 모습을 보면 누구나 고개를 저으며 탄식하지 않을까?

부드러움을 귀하게 여기고 약한 쪽에 처하는 일이 과연 일시적인 수단인지 아니면 평생에 걸쳐 지켜나가야 하는 도리인지 개개인이 곰곰이 생각해볼 일이다.

어떻게 원한을 풀 것인가

큰 원한은 풀어주더라도 반드시 원망이 남게 되니
미덕으로 원한을 풀었다고 한들
어찌 잘했다고 할 수 있겠는가?
그런 까닭에 지혜로운 성인은 좌계左契를 보관하고 있지만
남에게 채무를 독촉하지 않는다.
덕이 있는 사람은 계약만 관장할 뿐이나
덕이 없는 사람은 세수稅收를 관장하는 이처럼
강제로 징수한다.
천도天道는 누구도 편애하지 않으며
항상 덕이 있는 착한 이를 돕는다.

和[1]大怨, 必有餘怨, 報怨以德[2], 安可以爲善?
화대원　　　필유여원　　　보원이덕　　　안가이위선
是以聖人執左契[3], 而不責[4]於人.
시이성인집좌계　　　이불책어인
有德司契[5], 無德司徹[6]. 天道無親[7], 常與善人.
유덕사계　　　무덕사철　　　천도무친　　　상여선인

1 화(和): 화해하다.
2 보원이덕(報怨以德): 63장에 나오는 구절인데, 엄영봉의 주장에 근거하여 이곳으로 옮겼다. 왕필본
　에는 없다.
3 좌계(左契): '계'는 계약이다. 좌계는 주인의 갖는 것이고, 우계는 손님이 갖는 것이다. 좌계와 우계가
　합쳐져야 완전한 계약이 된다. 일종의 차용증이다.
4 책(責): 책임. 여기서는 채무를 갚을 책임을 말한다.
5 사계(司契): 계약만 관장함. 차용증만 가지고 있다는 뜻이다.
6 사철(司徹): 조세를 관장함. 빚을 강제로 징수한다는 뜻이다.
7 무친(無親): 편애하지 않음.

●○

　　사람과 사람, 가족과 가족, 나라와 나라 사이에 크고 작은 원한
이 존재하기 마련이니 심적으로 편할 리 없다. "원한은 풀어야지
맺어서는 안 된다冤家宜解, 不宜結"라는 말이 있듯이 원한이 생겼다면
반드시 풀어야만 한다. 하지만 노자는 "큰 원한은 풀어주더라도 반
드시 원망이 남게 된다"라고 했다. 만약 골수에 사무친 원한이 오
랫동안 누적되었다면 화해를 하더라도 피상적일 수밖에 없어 바람
이 불면 풀이 누웠다가 다시 일어나는 것처럼 채 풀리지 않은 마음
속 원한의 심정이 다시 고개를 들 수 있다.

　　중일 양국의 원한 관계가 그 좋은 예이다. 갑오전쟁 이후 양국
의 해묵은 감정이 더욱 굳어졌다. 특히 2차 세계대전에서 일본군
이 중국에서 자행한 온갖 악행은 중국인들에게 평생 잊지 못할 상

처를 주었고, 반일 감정은 뼈에 사무칠 만큼 심해졌다. 전후 양국은 평화조약을 맺고 오랜 원한 관계를 청산한 것처럼 보였다. 그러나 근래 들어 일본이 역사를 왜곡하고 위안부 강제동원과 남경대학살을 부정했다. 또한 댜오위댜오 열도釣魚島列島 강점을 시도(일본식 명칭은 센카쿠 열도尖閣列島)하면서 묵은 감정이 다시 폭발했다. 옛 원한에 새로운 원한이 쌓여 더욱 많은 이들이 격분하고 복수를 다짐하고 있다. 과거 일본이 무조건 항복을 발표하자 중국 정부는 관대한 태도로 이를 수용했다. 노자가 말한 것처럼 '미덕으로 원한을 풀었다.' 그 결과는? 일본은 배은망덕하게 타국의 반대에도 불구하고 자기 고집만 피우고 있으니 다른 나라 사람들은 그저 발만 동동 구를 뿐이다. 일찌감치 이런 사실을 알았다면 과연 그렇게 잘 대했을까? 이렇게 보건대, 미덕으로 원한을 푸는 것은 그리 좋은 방법이 아닌 듯하다.

그렇다면 어떻게 해야만 제대로 풀 수 있는가? 여기서 노자는 '성인'을 출현시켜 대신 답하고 있다. 사람들이 일본에 대해 불만을 품고 있는 까닭은 마음속에 여전히 원한이 남아 있기 때문이며, 특히 일본이 자신들의 죄과를 반성하고 우리가 입은 손해를 보상하기를 기대하기 때문이다. 하지만 성인은 그렇지 않다. 그는 손에 '좌계左契', 즉 차용증(일본이 중국에 지고 있는 빚)을 쥐고 있지만 상환을 요구하지 않는다. 설사 일본에게 미덕으로 원한을 풀어, 자신의 일관된 자세나 인격을 반영한다고 할지라도 그것으로 인해 스스로 위대하다고 여기거나 일본이 감읍하여 보답하기를 기대하지 않는다는 뜻이다. 만약 사람들이 이렇게 생각할 수 있다면 마음속 깊은 곳에 자리한 원한도 사라지고 모든 이들과 사회 역시 훨씬 홀가분하고 자유로울 것이다.

물론 가장 좋은 방법은 처음부터 누군가와 원한을 맺지 않는 것이다. 다른 사람이 자신을 침범했을 때 노자는 두 가지 대응 방식을 제시하고 있다. 하나는 '유덕사계有德司契(덕이 있는 사람은 계약만 관장할 뿐이다)'이고, 다른 하나는 '무덕사철無德司徹(덕이 없는 사람은 세수稅收를 관장하는 이처럼 강제로 징수한다)'이다. 전자는 차용증은 받았지만 강제로 갚을 것을 강요하지 않는 방식이다. 이렇게 하면 자신의 관대함을 보여줄 수 있으며, 상대는 이로 인해 고마움을 느끼게 되니 무슨 원한이 생기겠는가? 후자는 세리稅吏처럼 악착같이 채무를 징수하는 방식이니 당연히 원망과 미움이 남기 마련이다. 과연 어떤 방식을 택할 것인가? 스스로 판단해보시기 바란다.

본국은 "천도天道는 누구도 편애하지 않으며, 항상 덕이 있는 착한 이를 돕는다天道無親, 常與善人"라는 구절로 끝난다. 이 구절은 즐겨 인용되기도 하지만 잘못 이해하는 경우도 적지 않다. 주로 '선인'을 인격이 훌륭하고 덕망이 있는 이로 해석하기 때문이다. "선행과 악행은 각기 응분의 보답과 대가가 있다善有善報, 惡有惡報"라는 말처럼 사람들은 선한 사람이나 행동을 하면 하늘이 보답한다고 믿거나 믿고 싶어 한다. 그러나 과연 그러한지 회의하는 이들도 적지 않다. 예를 들어 사마천은 『사기』에서 백이伯夷와 숙제叔齊는 누구나 인정하는 선인이자 호인인데 하늘은 어찌하여 그들을 굶어죽게 만들었느냐고 묻고 있다. 하지만 노장의 입장에서 본다면, 이보다 더 큰 오해는 없다. 노자의 말대로 "천도는 누구도 편애하지 않는다." 선인이든 악인이든 편애하지 않는다는 뜻이다. '선인'은 물론 천도를 받들고 자연에 순응하는 사람이다. 콩 심은 데 콩 나고 팥 심은 데 팥 나는 것은 자연스러운 일이다. 하지만 콩이나 팥은 일반인들이 말하는 선과 악과 별개의 것이다. 노자가 말하는 '선인'은 자신의 천성, 양지良知의 자연스러움에 따라 마음속에 무슨 좋은 일을 한다는 생각조차 하지 않는 사람이다. 그의 행위나 생각은 자연에 부합하기 때문에 타인들 또한 그에게 굳이 나쁜 일을 저지르지 않으며, 좋은 결과를 가져온다. 하지만 그는 그것조차 하늘이 자신에게 보답한 것이라고 여기지 않는다. 그는 그저 기꺼이 하고 싶어 하는 일을 하고 있을 따름이다. 이것이 바로 우리가 사회에서 처신하고 일을 행하는 바람직한 모습이다.

과거로 돌아갈 것인가, 미래를 지향할 것인가

나라는 작고 백성은 적다.
설사 수많은 기물이 있어도 사용하지 않고
백성들은 죽음을 중히 여겨 먼 곳으로 옮겨가지 않는다.
비록 배와 수레가 있지만 탈 일이 없고
비록 갑옷과 무기가 있지만 배치할 일이 없다.
백성들로 하여금 다시 새끼를 엮어 기록하게 했다.
이런 나라의 백성은 음식을 맛있게 여기고
옷을 아름답게 여기며 거처를 편안하게 여기고 풍속을 즐긴다.
이웃 나라가 서로 바라보이고
닭이나 개가 우는 소리가 서로 들려도
백성들이 늙어 죽을 때까지 서로 왕래하지 않는다.

小國寡民. 使¹有什伯之器²而不用, 使³民重死⁴而不遠徙⁵.
소국과민　　　사유십백지기이불용　　　사민중사이불원사

雖有舟輿, 無所乘之. 雖有甲兵⁶, 無所陳之.
수유주여　　무소승지　　수유갑병　　무소진지

使民復結繩⁷而用之. 甘其食, 美其服, 安其居, 樂其俗.
사민복결승이용지　　감기식　　미기복　　안기거　　악기속

鄰國相望, 雞犬之聲相聞, 民至老死, 不相往來.
인국상망　　계견지성상문　　민지노사　　불상왕래

1 사(使): 설령, 설사.
2 십백지기(什伯之器): 다양한 기구나 기계, 특히 인력을 대신하는 다양한 기계를 말한다. '십백'은 극히 많다, 다종다양하다는 뜻이다.
3 사(使): …하여금…시키다. 사역의 의미이다.
4 중사(重死): 죽음을 중시하다. 생명의 위험을 무릅쓰고 경솔하게 일을 하지 않는다는 뜻이다.
5 사(徙): 멀리 가다, 이주하다.
6 갑병(甲兵): 갑옷과 무기.
7 결승(結繩): 문자가 창조되기 이전에 사람들은 새끼줄에 매듭을 지어 기록했다.
8 타조 증후군: 타조는 사냥꾼을 만나면 모래에 머리를 파묻는다. 자기 눈만 가리면 사냥꾼이 없어진다고 생각하기 때문이다. 그래서 어려운 일이 발생했을 때 적극적으로 해결하지 않고 자신의 눈과 귀를 막아 오히려 문제를 키우는 일을 비유한다. 타조 증후군, 또는 타조 심리라고 말한다.

●○

노자의 마음속에 자리한 이상국의 모습이다. 하지만 그의 이상국은 미래가 아니라 과거에 있음직하다. 게다가 실용적인 관점에서 본다면 실현 가능하지도 않고 그다지 이상적이지도 않다.

실현 불가능한 까닭은 인류의 문명이 부단히 전진하여 다시 되돌아갈 가능성이 없기 때문이다. 사람들에게 새끼로 매듭을 지어 기록하는 상태로 돌아가라고 한다면 시대를 거꾸로 올라가야할뿐더러 힘든 일을 강제할 수밖에 없다. 모든 가정에서 전기를 사용하고 있는 시대에 때로 촛불을 밝히는 일은 옛날의 정취를 되살리는 데 도움을 주고 그윽한 분위기를 연출한다는 점에서 그런대로 괜찮다. 하지만 모든 가정에서 전기 기구를 회수하고 어두컴컴한 창고 같은 곳으로 들어가 촛불을 켜고 살라면 과연 가능할까?

혁후어

그다지 이상적이지 않은 까닭은 비교해볼 때 더 나은 물건이 있는데 굳이 품질이 떨어지는 물건을 사용하도록 하면 결국 실망을 줄 수밖에 없기 때문이다. '소국과민小國寡民'이란 말도 듣기에는 그럴듯하지만 '닭이나 개가 우는 소리가 서로 들려도 백성들이 늙어 죽을 때까지 서로 왕래하지 않으면' 음울하고 폐쇄적인 생활을 할 수밖에 없으니 자연에 순응하는 삶이 아니다.

물론 노자의 주장을 이해할 수는 있다. 그가 살았던 시대는 정치적으로 암울하고 인간의 탐욕이 넘쳐나면서 사회가 혼란에 빠지고 끊임없이 전쟁이 일어나 사람들이 고향을 등지고 유리걸식하며 고통에 신음하던 때였다. 이상국은 이런 상황에서 노자가 제시한 상처받고 고통에 신음하는 이들의 마음속 대피소였다. 복고적 의미가 다분할뿐더러 물질보다 정신적인 만족에 더욱 치중하고 있기도 하다. "백성들이 늙어 죽을 때까지 서로 왕래하지 않는다"라는 말은 단순히 폐쇄적이라는 뜻이 아니라 정신생활의 만족감이 그만큼 높기 때문에 외부 세계에 관심이 없으며 자신의 삶에 타인이나 외계의 사물이 아무런 의미가 없다는 뜻이다. 그의 이상국을 생각하면 히말라야 산맥 기슭에 자리한 부탄 왕국이 뇌리에 떠오른다.

유엔이 발표한 2004년 전 세계 인류발전보고서에 따르면, 부탄은 192개국 가운데 134위로 경제나 물질생활 면에서 상대적으로 낙후하고 상당히 폐쇄적인 곳이다. 1974년에야 비로소 외국인에게 문호를 개방했으며, 1999년 처음 텔레비전이 보급될 정도였다. 하지만 2006년 영국 레스터 대학이 조사한 전 세계 행복지수에서 부탄은 전체 178개국 가운데 8위, 아시아에서 1위로 일본이나 미국보다 훨씬 높았다. 부탄 사람들은 왜 특별한 행복감을 느끼는 것일까? 부탄의 전 국왕인 지그메 싱예 왕추크Jigme Singye Wangchuck는 1980년 다른 나라들처럼 급속한 경제성장을 통해 국내총생산을 높이는 것이 아니라 국민행복지수 향상에 주력하겠다는 시정방침을 제시했다. 사회의 조화와 국민들의 정신생활 만족을 추구하는 국민총행복 개념을 도입함으로써 전체 국민 가운데 97%가 행복을 느끼는 나라를 만들었으며 이로 인해 인류 최후의 낙토라는 명예도 얻었다. 이것이 노자의 이상국을 인증하는 것이 아닐까?

흥미로운 일은 수많은 외국인들이 이런 부탄을 선망하여 최후의 낙토로 몰려든다는 점이다. 현재 부탄을 이끌고 있는 국왕 지그메 케사르 남기엘 왕추크Jigme Khesar Namgyel Wangchuck는 2008년 입헌군주제로 전환하여 민주정체를 확립하고 현대화의 발걸음을 재촉했다. 텔레비전과 인터넷이 보급되고 휴대폰이나 자동차를 지닌 이들도 많아졌다. 하지만 행복지수는 이전에 비해 점점 떨어졌다. 도둑과 강도 등 범죄가 많아지고 음주나 마약으로 인한 피해도 적지 않았다. 결국 2011년 행복하다고 느끼는 부탄 사람이 전체 인구의 41%로 떨어졌다. 이 또한 물욕을 추구하면 할수록 공허하기만 하다는 노자의 관점을 인증하는 것이 아닐까?

부탄 사람들이 이전에 비해 행복감이 떨어진 이유는 여러 가지 요인이 있을 수 있다. 행복이란 사실 주관적인 느낌이다. 과거에 부탄 사람들이 행복하다고 느낀 이유 가운데 한 가지는 다른 나라 사람들과 비교할 기회가 거의 없었다는 점이다. 하지만 이후 외부 세계와 접촉이 많아지고 아는 것도 많아지면서 자연스럽게 자신과 다른 나라 사람들을 비교하는 일이 잦아졌다. 결국 이런 비교를 통해 자신들이 행복하지 않다고 느끼게 된 것이다. "모르는 것이 행

복이다"라고 말하는 까닭이 바로 여기에 있다. 노자가 앞서 "백성
들을 무지무욕하게 해야 한다"라고 말한 것은 바로 이런 뜻이 아니
었을까? 하지만 이러한 '주관적 행복감'을 유지하기 위해 지나치
게 외부와 격절된 생활을 하거나 아예 외부 세계와 접촉을 금지해
야만 할까? 필자는 이것이 일종의 타조 증후군[8]으로 누구도 그렇게
하지 않을 것이며, 누구도 그렇게 강요할 권리가 없다고 생각한다.

　미국과학진흥협회 회장을 역임한 미국의 한 경제학자는 자신의
심리적 이상세계가 노자의 '소국과민'과 유사하다고 말한 적이 있
다. 그에 따르면, 미래의 이상세계는 대략 5백여 개의 독립된 국가
로 구성되고 마치 섬처럼 독특한 문화와 정체성을 지니고 있으며,
개별적으로 질적 변화의 능력을 갖추고 있다. 다만 소국과민의 경
우와 달리 죽을 때까지 다른 지역과 왕래를 하지 않는 것이 아니라
상호 무역, 여행, 국제조직 등을 통해 밀접하게 서로 연락하고 교
류한다. 상호 교류를 하지만 자신의 국가와 자신이 선택한 생활방
식에 대해 상당한 자부심을 느끼기 때문에 상대국을 부러워하거나
질시하지 않으며 오히려 좋아하고 감상의 자세를 유지할 수 있다.
그들은 타국의 장점을 취해 자신들의 부족한 점을 보완하되 절대
로 자신의 정체성을 잃지 않는다.

　이 정도면 비교적 이상적인 세계라고 말할 수 있다. 다만 실현
가능성이 낮을 따름이다. 하지만 개인의 인생에서 아름다운 삶이
란 돌이킬 수 없는 과거가 아니라 개발의 여지가 있는 미래에 있음
을 아는 것이야말로 비교적 이상적인 태도가 아니겠는가!

과연 무엇이 지혜이고 진실인가

진실한 말은 듣기에 좋지 않고
듣기 좋은 말은 진실하지 않다.
선량한 이는 교묘하게 꾸민 말을 하지 않으며
교묘하게 꾸민 말을 하는 이는 진실하지 않다.
진정으로 아는 이는 해박하지 않고
해박한 이는 진정으로 알지 못한다.
성인은 사사롭게 쌓아두지 않으니
다른 이를 도와주어도 자신은 오히려 더욱 갖게 되고
다른 이에게 베풀어도 자신이 더욱 풍족해진다.
자연의 도는 만물을 이롭게 하고 해를 끼치지 않으며
성인의 도는 베풀지만 다투지 않는다.

信言不美[1], 美言不信.　善者不辯[2], 辯者不善.
신언불미　　　　미언불신　　　　선자불변　　　　변자불선

知者不博[3], 博者不知.
지자불박　　　　박자부지

聖人不積[4], 既以爲人己愈有,　既以與人己愈多.
성인부적　　　　기이위인기유유　　　　기이여인기유다

天之道, 利而不害.　聖人之道[5], 爲而不爭[6].
천지도　　　이이불해　　　성인지도　　　　위이부쟁

1 신언불미(信言不美): 진실하여 믿을 수 있는 말은 화려하게 수식하여 아름답지 않다는 뜻이다.
2 선자불변(善者不辯): 언행이 선량한 사람은 교묘하게 꾸며서 말하지 않는다는 뜻이다.
3 박(博): 해박하다, 넓다는 뜻이다.
4 성인부적(聖人不積): 도를 지닌 성인은 개인의 탐욕을 위해 사사롭게 쌓아두지 않는다는 뜻이다.
5 성인지도(聖人之道): 성인의 행위 준칙. 왕필본을 따랐다. 백서 을본은 '인지도(人之道)'로 썼다.
6 위이부쟁(爲而不爭): 베풀지만 다투지 않는다는 뜻이다.

●○

혁후어

마침내 마지막 한 국만 남았다. 처음부터 끝까지 읽었으나 그저 담담하고 뭔가 미진하다는 생각이 든다. 위대한 사상가의 저작의 끝머리는 번뜩이는 예지叡智와 한마디로 정곡을 찌르는 오묘함으로 마치 띠로 막힌 것 같던 마음이 한순간에 뚫리는 듯 광명의 대도로 나아가거나 현묘한 언사로 평생 깨닫기 어려운 수수께끼를 남겨야 하지 않겠는가? 하지만 노자는 전혀 그렇게 하지 않았으며, 근본적으로 그럴 생각이 없었다.

오히려 노자는 "진실한 말은 듣기에 좋지 않고, 듣기 좋은 말은 진실하지 않다. 선량한 이는 교묘하게 꾸민 말을 하지 않으며, 교묘하게 꾸민 말을 하는 이는 진실하지 않다"라는 말로 맨 마지막 국에서 뭔가를 기대하고 있는 이들에게 찬물을 끼얹었다. 필자가 생각하기에 이것이 노자의 가장 진실하고 자연적인 생각이다. 그는 대자연의 '불언지교不言之敎'를 재차 강조하고 있다. 비록 소통과 표현을 위해 어쩔 수 없이 해야 할 말이 있기는 하지만 이 책『도덕경』의 5천언만으로도 이미 많은 말을 한 셈이다. 계속해서 이야기하자니 '도가도, 비상도'라고 하지 않았는가? 그래서 그는 인생의 도리에 대해 아무리 번지르르하게 청산유수로 이야기할지라도 아무런 소용이 없으며, 자칫 그릇된 길로 빠질 뿐이라고 단칼로 베듯이 명쾌하게 말하고 있다. 말이 중요한 것이 아니라 구체적으로 실천하는 것이 중요하다는 뜻이다.

그럼에도 호사가들은 참지 못하고 이렇게 질문할지도 모른다. "진실한 말은 듣기에 좋지 않고, 듣기 좋은 말은 진실하지 않다. 선량한 이는 교묘하게 꾸민 말을 하지 않으며, 교묘하게 꾸민 말을 하는 이는 진실하지 않다. 진정으로 아는 이는 해박하지 않고, 해박한 이는 진정으로 알지 못한다." 이런 말은 지나치게 권위적이고 독단적이지 않은가! 진실한 말이라고 반드시 듣기에 좋지 않다거나 듣기 좋은 말이라고 해서 반드시 진실하지 않다고 말할 수 있겠는가? 듣기에도 좋고 진실한 말이 아예 없다는 말인가? 해박하면서도 진정으로 잘 알고 있는 사람이 없다는 말인가?

필자는 노자가 제시한 상호 대립적인 관점이나 주장이 절대적이라고 생각하지 않는다.『도덕경』의 모든 내용 역시 절대적일 수 없다. 그렇다고 모든 발언 뒤에 "이는 절대적인 것이 아니다"라고 써넣을 수는 없지 않은가? 앞서 필자도 '절대성'의 문제를 가지고 노자와 언쟁을 벌인 적이 있다. 당연히 그는 이에 대해 해명하지 않았다. 사실 해명할 필요조차 없었는지 모른다. 왜냐하면 인생이란 본래 절대적인 것이 존재하지 않기 때문이다.

버트런드 러셀Bertrand Russell은 영국의 철학자이자 반전, 반핵을 주장한 평화주의자였다. 그는 1차 세계대전 기간에 반전운동을 펼쳤다는 이유로 100파운드의 벌금형을 받고 트리니티 칼리지 강사직에서 해고되었으며 1918년에는 6개월 동안 옥고를 치르기도 했다. 하지만 그는 이렇게 말했다.

"나는 절대로 나의 신념을 위해 죽지 않을 것이다. 나의 신념이 틀릴 수도 있기 때문이다."

사람이 살다보면 어떤 신념이 필요할 때도 있고, 자신의 신념을 굳건히 견지하거나 널리 선전해야할 때도 있다. 하지만 때로 자신의 신념을 내려놓거나 포기할 때도 있어야 한다. 우주나 인간세상의 모든 만사, 만물은 상당히 복잡하여 당신이 생각하는 것이 무조건 옳거나 좋은 것이 아닐 수 있기 때문이다. 하늘이 모르는 것이 없다고 하나 그렇다고 사람이 하늘 노릇을 할 수야 없지 않겠는가!

"성인은 사사롭게 쌓아두지 않는다聖人不積." 도를 지닌 성인은 개인의 탐욕을 위해 사사롭게 쌓아두지 않으며, 넉넉히 베풀어야 한다는 뜻이다. 하지만 '부적不積'에는 '내려놓다'라는 뜻도 있다. 재물이나 사욕은 물론이고 자신의 신분이나 권력, 주장 등을 모두 내려놓고 자신까지 내려놓으면 비로소 자유자재, 무사무욕으로 자신이 가진 모든 것으로 남을 도울 수 있으며, 모든 것을 허여하고 줄 수 있다. 이렇게 주고 돕는데도 그는 자신이 여전히 풍요롭고 만족스럽다는 것을 발견하게 된다.

『도덕경』은 노자가 우리에게 준 것이다. 그는 자신의 예지를 숨기지 않고 꺼내 우리가 함께 향유할 수 있도록 했다. 우리는 그 속에서 그의 내심에 충만함과 풍요로움을 느끼고 믿을 만한 인생의 지침을 얻을 수 있다. 이러한 인생 지침에 대해 만약 우리가 나름의 이치가 있다고 생각한다면 몸과 마음으로 힘써 견지하고 실천해나 갈 수 있다. 하지만 때로 내려놓아야 한다고 느낀다면 언제라도 내려놓을 수 있다. 내려놓음이 유약한 것처럼 보일지라도 때에 따라 단단하고 강한 것보다 훨씬 합당하기 때문이다. 그것이 바로 지혜 아니겠는가!

『도덕경』 5천언. 그야말로 양양쇄쇄洋洋灑灑, 마치 도도하고 거침 없이 이어지는 거대한 물길처럼 기세가 대단한 책이 아닐 수 없다. 중국에서 이름이 알려진 주석서와 해설서만 1백여 종에 달한다고 하니 해석의 욕구만큼이나 문장 또한 방대하다. 노자라는 인물도 확실치 않아 정사에 세 명이나 거론되고 있으며, 판본 역시 책 제목 이 바뀔 정도로 서로 달라 참으로 아리송하다.

예컨대, 가장 오랜 세월 통용된 『도덕경』은 24세에 요절한 천재 왕필王弼(226~249년)이 지은 『노자주老子注』이다. 오묘하기 이를 데 없는 『도덕경』을 18세에 주를 달고, 22세쯤에 『주역주周易註』까지 지었다고 하니 대단한 천재임에 틀림없다. 왕필은 천하만물이 '무 無'를 근본으로 삼는다는 점을 입론의 근거로 삼아 "천하의 사물은 모두 '유'로써 생명을 지닌다. 그러나 '유'는 '무'를 근본으로 시작하 니 장차 '유'를 온전하게 하고자 한다면 반드시 '무'로 돌아가야 한 다"라고 주장했다. '유'와 '무'의 이원적인 구조를 바탕으로 잘 직조 된 『노자주』는 이후 『도덕경』의 통용본으로 간주되었으며, 한대漢 代 이래로 『도덕경』의 「도」 부분은 항시 「덕」의 앞에 나오는 것으 로 여겨졌다. 그러나 1974년 장사長沙의 마왕퇴馬王堆 한묘漢墓에서 한대 초기의 백서본帛書本『도덕경』이 발견되자 학계가 발칵 뒤집혔다. 글쎄, 「도」 부분이 「덕」 뒤에 실려 있는 것이 아닌가? 백서『도덕경』은 갑본甲本과 을본乙本 두 가지인데, 전서체가 보이는 갑본은 늦어도 한 고조 시절, 즉 기원전 206년에서 195년 사이의 것이고, 예서체로 쓴 을본은 기원전 194년에서 180년 사이에 쓰인 것으로 알려져 있다. 이외에도 1993년 호북성 곽점郭店에 있는 초楚나라 무덤에서 죽간에 적힌『도덕경』이 발굴되면서 이른바 '곽점본'이 새로운 판본으로 추가되었다.

이렇듯 판본 문제만 살펴보아도『도덕경』을 읽고 학습하는 것이 심히 까다로운 일이 아닐 수 없음을 알 수 있다. 게다가 가장 중요한 것처럼 보이는 '도'에 대해 노자 스스로 말로 나타낼 수 있는 것이 아니라고 하니 난감하기 이를 데 없다.

하지만 아리송함이 오묘함으로 통하는 것처럼 난해함은 오히려 자유로움으로 통하기 마련이다. 하나의 길常道을 찾는 과정에서 수많은 길 가운데 과연 어느 길을 택할 것인가도 자유롭고, 찾아가는 목적이나 이유 또한 원하는 대로 할 수 있으니 자유롭다. 물론 제멋대로 해석하고, 의도적으로 오역하여 악용하라는 뜻이 아니다. 단지 원전에 얽매여 자신의 멋진 상상력을 훼손하거나, 자구字句에 매달려『도덕경』을 읽으면서 느낄 수 있는 반전의 묘미를 잃지 말라는 뜻이다.

　역자가 본서를 덜컥 움켜쥐고 번역을 하겠다고 생각한 것은 이러한 자유로움 때문이다. 저자인 왕이자의 책에는『도덕경』에서 흔히 볼 수 있는 주석도 달려 있지 않고, 엄밀한 학술적 토론도 실려 있지 않다. 그저 저자가『도덕경』을 읽으면서 느낀 생각, 떠오르는 상념, 나름의 경험, 그리고 몇 가지 지식들이 오밀조밀하게 엮어져 있을 뿐이다. 그럼에도 읽다가 나도 모르게 무릎을 치며 찬탄하는 부분이 적지 않다. 예를 들어 그는 "天得一以淸(제39국)"을 해석하면서 수증기가 화해되어(증발하거나 비가 되어 내림) 하늘이 또 다시 원래의 청명한 모습을 회복하는 것을 뜻한다고 말한다. 원문의 해석은 이러하다. "하늘은 하나를 얻어 청명하다." 참으로 건조하고 아리송하다. 이를 제대로 알려면 도대체 '하나'가 무엇인지, 왜 하나를 얻어 청명한지 규명해야 한다. 하지만 저자의 말대로 원래의 청명한 하늘을 회복하는 것이 바로 '도'라고 해석한다면 보다 쉽게 받아들일 수 있으며, 이와 연관하여 또 다른 상상의 나래를 펼칠 수 있다.

　역자가 생각하기에, 저자는 노자가 자연(천지만물)에 대한 세밀한 관찰과 사고를 통해 자신의 사상을 완성한 것으로 보는 것 같다. 역자는 그의 관점에 전적으로 동감한다. 아시다시피 공자가 북방의 인문지리적 특성을 반영하고 있다면, 노자는 분명 초나라를 중심으로 한 남방의 분위기를 물씬 풍기고 있다. 예를 들어 공자에게 물은 흘러가는 세월과 같은 것이지만 노자에게 물은 상선上善과 같은 것이다. 비유의 대상이 다른 것만큼이나 천지만물을 바라보는 시각이나 자세도 다르다. 물론 비유가 없다면 노자가 말하는 '도'는 전혀 알 수 없다. 바로 그런 까닭에 노자는 천지만물에서 '도'의 속성, 본질, 작용을 설명하고자 했다는 말이 설득력을 얻는다.

　본서의 또 다른 특징은 저자가 말한 바대로 『도덕경』의 매 장을 마치 '바둑 두기'로 간주하고 있다는 점이다. 저자는 바둑의 묘미는 판세 뒤집기, 즉 반전에 있으며, 노자의 철학 역시 당시 주류 관점에 대한 일종의 뒤집기이기 때문에 바둑과 적절하게 어울린다고 여긴 것 같다. 하지만 역자는 그의 시도가 그다지 탐탁지 않다. 세상에 역전, 반전, 뒤집기가 어디 바둑에만 있던가? 또한 바둑과 연계한다고 했지만 바둑 이야기는 거의 나오지 않는다.

마지막으로 역자는 지금의 상황에 빗대어 읽는 것이 노자를 읽는 최고의 방법이라는 저자의 의견에 동의한다. 중국 고문 읽기 모임인 '비창'에서 『도덕경』을 돌려 읽으며 가장 재미있고, 너 나 할 것 없이 한마디씩 할 수 있는 경우가 바로 '지금의 상황', 즉 지금 우리가 살고 있는 현실과 빗대어 이야기할 때였다. 뉴스가 가장 재미있는 대한민국 사회에 살면서 빗댈 상황이 좀 많겠는가? 게다가 『도덕경』은 주류, 정설, 상식에 대한 뒤집기를 시도하고 있다고 하지 않던가. 역자는 『도덕경』을 읽으면서, 또 이 책을 번역하면서 때로 슬프기도 하고, 기쁘기도 했다. 그리고 이제 끝났다.

굳이 원서에 없는 주석과 독음을 단 이유는 오로지 독자가 읽으실 때 편리하도록 함이다. 주석은 그냥 건너뛰셔도 좋다. 다만 바라건대, 저자의 이야기를 들으면서 독자 여러분의 상상력을 최대한 발휘하셨으면 좋겠다.

'라의눈'과 같이 작업한 지가 꽤 되었다. 함께 기다리고 함께 만들어가는 재미가 쏠쏠하다.

제주 월두 마을에서
역자 심규호

✧ 당신은 언제나 옳습니다. 그대의 삶을 응원합니다. — **라의눈 출판그룹**

노자와 인생이라는 바둑을 두다

초판 1쇄   2018년 1월 5일

지은이   왕이자
옮긴이   심규호
펴낸이   설응도
펴낸곳   라의눈

편집주간   안은주
편집장   최현숙
편집팀장   김동훈
편집팀   고은희
영업·마케팅   나길훈
경영지원   설동숙
전자출판   설효섭

출판등록   2014년 1월 13일(제2014-000011호)
주소   서울시 서초구 서초중앙로29길 26 (반포동) 낙강빌딩 2층
전화번호   02-466-1283
팩스번호   02-466-1301
e-mail   편집 editor@eyeofra.co.kr 마케팅 marketing@eyeofra.co.kr
          경영지원 management@eyeofra.co.kr

ISBN   979-11-88726-04-2 03140